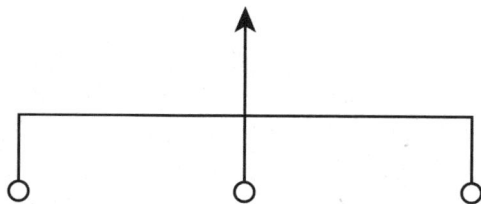

强管理

企业管理系统自主建设指南

打胜仗

宗东升 ◎ 著

电子工业出版社·

Publishing House of Electronics Industry

北京·BEIJING

内 容 简 介

本书总结并提炼了针对中小民营企业经营管理系统化提升的咨询经验，包含三大部分，分别为企业顶层设计、组织建设体系、人才管理体系。

本书具有以下三个显著特点。第一，咨询师的视角。每章内容均以"问题现象、原因分析和提出解决方案"三段论的方式进行。第二，简单化的逻辑。不空谈理论，而是高效解决问题，以较小的管理成本投入提出具有针对性的解决方案。第三，系统化的方案。全书内容是基于系统化提升企业规范化管理水平，并按照项目实施操作的先后顺序精心设计的。

本书是中小民营企业管理层提升企业规范化管理水平的得力助手，适合中小民营企业的老板和管理团队学习和借鉴。

图书在版编目（CIP）数据

强管理　打胜仗：企业管理系统自主建设指南 / 宗东升著 . -- 北京：电子工业出版社，2025. 10.

ISBN 978-7-121-51270-4

Ⅰ . F279.243

中国国家版本馆 CIP 数据核字第 2025QT9161 号

责任编辑：刘伊菲

印　　刷：三河市鑫金马印装有限公司

装　　订：三河市鑫金马印装有限公司

出版发行：电子工业出版社

　　　　　北京市海淀区万寿路 173 信箱　　　邮编：100036

开　　本：720×1000　　1/16　　印张：18.5　　字数：356 千字

版　　次：2025 年 10 月第 1 版

印　　次：2025 年 10 月第 1 次印刷

定　　价：88.00 元

　　第一次看到宗老师编写的《强管理 打胜仗：企业管理系统自主建设指南》初稿时，我颇为惊讶。这本书总结得非常简练，干货满满，无疑是助力中小民营企业提升管理水平的优质参考书。公司的文化理念体系自 2017 年与宗老师合作提炼形成以来，一直沿用至今。

　　　　　　　　浙江雅虎汽车部件股份有限公司　　池瑞伟（总经理）

　　与宗老师合作的过程中，我们深切领略到他对企业管理的深刻洞悉，他的丰富经验在合作项目中得到充分展现。《强管理 打胜仗：企业管理系统自主建设指南》这本书对管理问题的总结和分析十分全面，给出的解决方案简洁实用，实实在在地为中小民营企业提供了一套全面且实用的管理策略。特别是在企业文化建设和战略规划梳理上，宗老师的帮助让我们受益匪浅。

　　　　　　　　浙江巴腾动力系统有限公司　　赵典秋（董事长兼总经理）

　　恭喜宗老师，您终于要出版自己的第一本书了！我从头到尾品读了初稿，宗老师对管理问题的总结非常客观，对问题成因的分析也十分到位，尤其是提出的方案措施简洁明了，极具实操性。书中的很多方法都是我们在多年项目合作中应用过的。当然，由于奇铭科技不是生产制造型企业，所以有些方法在我们公司暂未派上用场。但总体而言，这是一本实用价值颇高的管理著作。

　　　　　　　　杭州奇铭网络科技有限公司　　任炯（总经理）

多年前，在宗老师的参与和帮助下，我们提炼出了以"天道酬勤 地德为富"企业哲学为核心的文化理念体系，并系统梳理了企业的五年战略规划。那次顶层设计的项目成果，为天富科技后期的快速发展奠定了坚实基础。此前我们合作的其他项目的实施方案及思路，在这本书里都有详细的总结和介绍。如果您的企业是像我们这样已成立 20 多年，但管理基础依然薄弱的制造类企业，强烈推荐将这本书作为您的企业学习与参考的资料，相信定能让您的企业少走一些弯路！

浙江天富科技有限公司　邵成国（董事长）

我与宗老师的首个合作项目，是 2020 年 3 月启动的"品客成管理提升年度顾问"项目。当时，宗老师在进行组织诊断后，确定了整个项目的辅导思路和方案。我们共同提炼出了品客成的文化理念和总体战略，并将文化理念和品牌理念有机融合。前不久，我再次见到宗老师，惊喜地发现他竟然准备出书。我迫不及待地将书稿从头到尾拜读了一遍，书中内容真是干货满满。等新书出版后，我会第一时间多购置几本，使管理干部人手一本，组织大家系统学习和借鉴。

瑞安市品客成服饰有限公司　董学淀（总经理）

在项目合作期间，通过与宗老师的深入接触，我对他的儒雅举止和渊博学识深有感触。写书对于他而言，本就并非难事。然而，当我看了《强管理 打胜仗：企业管理系统自主建设指南》的目录和内容后，还是颇感意外与惊喜。书中没有介绍那些高大上的专业理论，全是对咨询经验的高度总结与提炼，非常适合管理基础较为薄弱的中小民营企业的管理人员学习和借鉴。

浙江亚美力新能源科技有限公司　陈元锋（总经理）

才四个月没有见到宗老师，他就把书写好了，这写作速度可真够快！我迫不及待地通读了初稿，单看书的目录和大纲，就能体会到宗老师写作时的用心程度。这本书简直就是对我们合作项目的浓缩呈现，书中大多数的工具和模板，都是宗老师教我们使用过的，因此看着特别眼熟。在我看过的相关书籍里，这是最系统、最简洁且最实用的一本管理工具说明书，实在是针对我们中小民营企业管理的"OTC 药方"。

温州市辰铠洁具有限公司　钱晨晖（董事长）

我虽不常读管理类的书籍，但宗老师的《强管理　打胜仗：企业管理系统自主建设指南》书稿却让我印象深刻。该书没有那些枯燥晦涩的理论，而是针对我们在管理过程中面临的问题，给出了条理清晰的解决方案，为我们中小民营企业提供了一套系统完备的管理策略。

浙江天虹紧固件有限公司　谢天奉（总经理）

在宗老师的悉心指导下，我们高效地完成了企业文化理念的提炼工作，顺利编撰了《三美家书》文化手册，还成功创作了《早安三美》司歌。最近，我通读了宗老师的《强管理　打胜仗：企业管理系统自主建设指南》书稿，深切地感受到这本书为我们中小民营企业提供了全面且系统的管理策略。对照公司当前的管理状况，我们目前仅仅触及其中一个管理体系。未来，我们还需要深入实践书中的其他方法，从而全面提升公司的管理水平。

三美优家生活用品有限公司　缪亚儒（总经理）

短短三个月的时间，在宗老师的帮助下，我们顺利完成了战略目标梳理、绩效考核优化、薪酬体系设计，以及组织体系完善等基础管理工作。在合作过程中，我们深切感受到他在企业经营管理方面有着高度认知和丰富经验。《强管理　打胜仗：企业管理系统自主建设指南》这本书对中小民营企业的管理问题和现象总结得非常客观与全面，同时，给出的解决方案简单明了、通俗易懂，使我们受到很大启发。这是一本不可多得的管理宝典。

浙江丰禾过滤器股份有限公司　张智勋（董事长兼总经理）

注：上述内容以咨询项目合作时间的先后排序。

前言

　　在 20 多年的企业人力资源管理工作及管理咨询经历中，尤其是在为温州地区的中小民营企业咨询辅导时，我不仅帮助不少中小民营企业构建起规范的管理体系，自己也在这个过程中收获颇丰、成长显著，包括个人的思维方式、解决问题的方法、对企业管理理论及工具的理解和应用等方面。

　　在我和咨询团队的同事们接触过的大多数温州中小民营企业中，这些企业在经营方面普遍表现良好，但管理基础却十分薄弱。这一状况对于温州中小民营企业而言，既是优势也是劣势，或许这与大多数温州"创一代"亲力亲为的行事风格和务实精神有关。当企业发展壮大，或是经营遇到困难时，经营良好但管理薄弱的弊端便会凸显。管理基础的薄弱，不仅无法助力企业在经营困境中突围，更难以支撑企业实现持续的成功和健康的发展。

　　中小民营企业因实力有限，愿意花钱聘请专业的咨询公司进行管理变革的毕竟是少数。即使聘请了专业的咨询公司，并做了大量的基础管理建设方案，也会因为咨询老师的退场，而导致方案很难得到落实和执行。这也是许多中小民营企业不愿意聘请咨询公司的主要原因。我曾接触过的几家企业就是这种情况，有的老板甚至会把原来咨询公司交付的厚厚一沓方案文件拿给我看，说是让我参考，以免再走弯路。

　　在温州给中小民营企业做咨询的这些年，我发现绝大多数中小民营企业的老板和管理团队的文化教育水平都不高，也没有时间和财力参加管理提升的系统化培训。因此，我想把自己对中小民营企业咨询成功与失败的经验做个系统的回顾和梳理，这样也能够为其他想做管理提升而又不愿聘请专业咨询团队的中小民营企业提供宝贵的参考和指导，通过这种方式，希望能服务更多的中小民营企业。

　　许多中小民营企业的内部管理问题是系统性和全面性的，而非某一方面模块化的专业性问题。如果用管理标准去衡量的话，我们会发现，其管理几乎在每个方面都有短板。这种管理现状同管理咨询公司越来越专业化和精细化的发展趋势似乎有些矛盾。因此，给中小民营企业做管理咨询的顾问或辅导，不能太看重所谓的"专业化管理"，只需要告诉管理团队基本的管理逻辑，让管理团队理解我们的方法和逻辑就可以了。我们应该引领管理团队一边培训学习，一边共同解决企业的实际管理问题。同时，在整个咨询项目中，还需要把我们思考的过程和分析方法，毫无保留地交给管理团队，并让咨询师带领他们一同完成咨询的项目。这种咨询方式虽然会大大影响咨询项目的交付周期，但对客户来说是最实用的，因为即使咨询师退场了，这些方案也会得到延续和落实。其实，这对咨询公司来说，就等于砸了自己的饭碗，因为咨询公司的咨询工具大多是标准化的，咨询的方法也是流程化的，这些很容易被模仿，尤其是管理团队综合素质较高的中小民营企业，它们是可以直接拿过来做自我诊断和咨询的。

　　经过长时间的思考，我还是决定把自己认为成功的咨询经验，也就是我常用的咨询工具和方法总结出来分享给大家。毕竟我们国家的中小民营企业数量太庞大了，它们也花不起大价钱聘请专业的咨询公司。况且，我总结出来的这些咨询工具和方法，其他的咨询公司也不一定看得上、用得好、有成果。

　　因此，在本书中，我尽量不讲专业的术语、概念，也尽量不引用专业的管理理论，而是从咨询师的视角，把多年来从事人力资源管理和组织发展咨询顾问的工作经验，系统地梳理和提炼出来，分享给广大中小民营企业的管理团队。为了让大家更好地理解和应用本书的内容，并自行解决日常管理问题，我对每章的内容均从"问题现象""原因分析""方案措施"三个维度进行描述和呈现。

　　问题现象，是我们在为中小民营企业提供系统化管理提升咨询或模块咨询服务时，通过访谈调研发现的具有普遍性或代表性的问题和现象。其中包括进行员工访谈时的部分谈话记录，从各个维度和层面反映了员工对企业管理问题的认知、建议或诉求。

原因分析，是针对中小民营企业存在的普遍性或代表性问题和现象，从咨询师的角度进行成因分析。这些原因既有主观因素，也有客观因素。更关键的是，大多数中小民营企业都没有掌握相对简单而实用的解决方法或方案。

方案措施，是基于我们对中小民营企业多年的咨询经验，从中小民营企业的管理现状出发，本着简单化的逻辑和更少的管理投入，总结并提炼出的适合中小民营企业的解决方案和措施。

本书的主体内容分为三大部分，共九章，也是解决企业管理问题的九个管理体系，从企业顶层设计的"战略管理、文化建设"，到组织建设体系的"流程制度、组织架构、岗位体系"，再到人才管理体系的"人才选拔、人才培养、人才激励、人才梯队"。从第一章到第九章，总体上是依据系统化提升企业规范化管理水平这一咨询项目内容之间的逻辑关系，以及项目实施操作的先后顺序而特别设计的。

做好一家企业无外乎是做好两大系统：一是经营系统，通俗讲就是如何满足外部客户的需求，为客户创造价值并让客户满意，最终获得合理的利润回报；二是管理系统，通俗讲就是如何调动内部员工队伍的积极性，增强员工的幸福感，提升企业的能力，从而实现企业的阶段性战略目标。再具体点来讲，做好经营系统，重点就是要做好"产品、技术和营销"，这是企业的"经营金三角"；做好管理系统，重点就是要管好"岗位、事情和人才"，这是企业的"管理金三角"。

企业创始人要把自己的一系列意图或想法，通过企业或公司这个组织的有效持续运作来实现。为了更加形象地表达，我把企业比喻成一个透明的三棱柱，把创始人的意图比喻成一束光线。这束光线经过三棱柱的折射，呈现出看得见的彩色光线，这种彩色光线意味着成果的输出。经营管理三棱柱模型，如图 0-1 所示。

意图
输入

成果
输出

图 0-1　经营管理三棱柱模型

这个透明的三棱柱主要由"经营金三角"和"管理金三角"构成，因此也叫经营管理三棱柱，如图 0-2 所示。

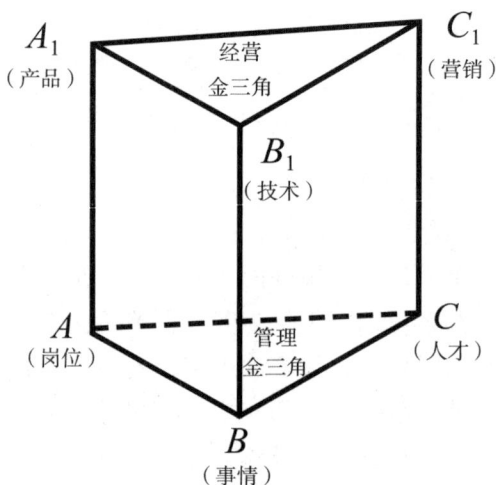

图 0-2　经营管理三棱柱

"经营金三角"的三个角（A_1，B_1，C_1），分别代表着企业的产品、技术和营销。我们可以把产品看作后台，需要呈现得简单化；把技术看作中台，需要体现出专业化；把营销看作前台，需要体现出职业化。

"管理金三角"的三个角（A，B，C），分别代表着企业的岗位、事情和人才。岗位属于组织架构的范畴，需要做到职责化；事情属于业务流程的范畴，需要做到流程化；人才是企业最活跃的资源，需要做到机制化。

其实，上述"经营金三角"和"管理金三角"是一种比喻的说法，在企业的实际运作中，我们也不会刻意去分割哪些属于经营、哪些属于管理。深究这些经营和管理方面的称谓和术语概念，我认为意义不大。对绝大多数的中小民营企业来讲，关键是要懂得它们之间的逻辑关系。

无论是创办还是运营一家企业，老板都要考虑清楚三个问题：管理团队的意图和想法是什么？做哪些事情最有价值？需要什么样的人才来完成？因此，为简化起见，我对本书的内容大纲进行了多次思考和重构，才有了现在的三大部分、九章内容。

第一，管理团队的意图和想法？这就是本书的第一部分——企业顶层设计，包括企业战略管理和企业文化建设。

第二，做哪些事情最有价值？这就是本书的第二部分——组织建设体系，包括流程制度梳理、组织架构设计和岗位体系设计。

第三，需要什么样的人才来完成？这是本书的第三部分——人才管理体系，包括人才选拔机制、人才培养机制、人才激励机制和人才梯队搭建。

本书三大部分、九章内容，将企业运作的"经营金三角"和"管理金三角"进行了融合，形成了一个相互关联、互为因果、相互促进、协调共生的有机几何体，这就是企业经营管理三棱柱模型。

我之所以用三棱柱比喻企业这一组织，是因为三棱柱具有很好的稳定性，无论三棱柱五个平面中的哪个面先着地，它都能平稳站立。这寓意着企业无论遭遇何种困难和挑战，只要筑牢经营和管理这两个"金三角"，企业的管理根基便会坚如磐石，也才有可能在市场浪潮中永不言败。这正是我撰写本书的最终用意。

接下来，我将把自己总结提炼的成果分享给诸位。让我们一起打造您心目中理想的企业经营管理三棱柱。

目录

第一部分　企业顶层设计

方案措施： 通过基本认知、战略思考、战略方针、发展纲要、部门计划和战略复盘这六个简要的步骤，完成企业战略的制定、分解和落地实施。

方案措施： 通过基本认知、理念体系、培训宣传、落地实施和优化升级这五大板块的内容，完整呈现企业文化建设的整体框架。

第二部分　组织建设体系

方案措施：通过一条价值链分析主线、一张流程制度清单和一个员工手册模板的"三个一"方案，完成企业流程制度的梳理工作。

方案措施：通过部门间的纵向管控机制与横向协调机制这两条主线，以及设计组织架构图、编写部门组织描述、拟定岗位编制计划和试行逐步完善优化这四个阶段，完成组织架构的设计工作。

方案措施：通过岗位工作分析和岗位价值评估这两个基础工程，完成企业岗位体系的设计工作。

第三部分　人才管理体系

方案措施：通过"健全三个标准，走好三个流程"的"3+3"方案，建立企业的人才选拔机制。

> **方案措施：** 通过五大岗位序列、三个晋升通道、两种晋升标准、三级培训体系和一套职业规划的"53231"方案，建立企业的人才培养机制。

> **方案措施：** 通过三个短期激励方案和两个长期激励方案，建立企业的人才激励机制。

> **方案措施：** 通过开好四个会、画出一张图和建立一个库的"411"工程方案，搭建企业的人才梯队。

第一部分

企业顶层设计

第一章
企业战略管理

大多数的中小民营企业无法承担高昂的战略咨询费用，虽然企业规模不大，但是在企业管理逐步走向规范化的过程中，确实需要一套实用而高效的战略管理方法，使企业能够在不断变化的市场环境中持续成长和发展。

本章所讨论的企业战略管理话题涉及范围较广，专业性较强，国内外与之相关的研究文献也非常多。在本章中，我既不介绍战略管理的概念和战略工具的用法，也不重复战略管理的所谓流派，以及战略同哲学和人性的关系，仅分享基于战略管理思想、经多年总结的简易版中小民营企业战略管理方法，内容涵盖企业战略的制定、分解、执行和复盘。

一、问题现象

我在为中小民营企业做系统化的管理提升和咨询辅导中发现，绝大多数的企业并没有开展系统性的战略规划及管理工作，即使有个别企业聘请过咨询公司做战略规划，也仅限于经营目标的制定和分解，或是出于绩效考核需要而制定所谓的战略目标。下面，我将具体介绍中小民营企业在战略管理方面存在的问题和现象。

（一）战略管理常见问题

1. 战略都在老板的脑子里

很多中小民营企业看起来似乎没有战略规划，但其实都在老板的脑子里，并且只有老板一个人清楚。老板要么认为战略很简单，只要按自己的思路和要求做就可以了；要么怕外界知道，既不想对其他人多讲，也不想形成书面文件。

2．顺其自然地发展

有的老板亲自负责销售，他们认为市场变化太快，根本无法预测未来的销售目标，没有太大的必要做战略规划，走到哪儿算哪儿，反正每年订单都还可以。

3．有销售目标无整体规划

部分中小民营企业把每年的销售目标当作企业的发展战略，并没有做整体的发展规划。

4．销售目标定得不科学

除上述将销售目标误解为战略的情况外，部分中小民营企业在制定销售目标时通常也有两个极端：一是目标定得太高，片面追求高速发展，团队经常完不成任务，从而逐渐丧失了信心；二是目标定得太保守，虽然看起来每年都能超额完成，但若多年过后与同行对比，会发现公司已经落后于其他的同行了。

5．有战略规划但不系统

有的企业虽然有做战略规划的习惯，但是大多侧重于经营规划，而对管理方面的规划思考较少，进而造成管理水平一直没有明显的提升，甚至越来越不能支撑企业发展的局面。

6．战略目标没有达成共识

有的企业在制定每年的战略目标时，没有让各部门深度参与，基本上都是由老板一个人制定，并强制分配下去的。这种制定战略目标的方式，往往会造成高层对战略目标没信心、中层对战略目标不理解、员工对战略目标不知情的情况。

7．战略目标分解不到位

有的企业战略规划和目标虽然相对完整，但是忽视了目标分解的逻辑性，没有把企业的目标科学地分解到各个部门和岗位中去，最终造成企业战略目标与战略实施脱节，无法实现企业、部门和岗位之间的目标联动。因此，在绩效考核中经常出现个人或部门目标完成了，但是企业战略目标没有完成的情况。

8．战略规划及措施没有实施

有的企业每年都会制定战略规划和措施，并且也进行了内部分解，但到年底进行总结时发现，很多计划方案根本就没有落实。有的是因为人员变动没有人负责了，有的是因为太忙了没有时间做，有的是因为管理者没有明确要求做，等等。因此，不得不把今年没有实施的计划推迟到明年，而明年又很有可能会推迟到后年。

9．配套的资源没有到位

更多的情况是，企业制定的战略目标未能达成，原因在于配套资源没有提供到位，且各部门缺少必要的协作。例如，设备陈旧、员工能力不足、工艺技术存在问题等，在老板都没有办法解决的情况下，大家也就觉得没有什么责任，很多计划和方案只能不了了之。

10．战略管理缺少复盘

大多数企业既没有建立对战略目标的定期复盘机制，也没有具体指定由谁来追踪稽核。即使有的企业会召开经营管理例会，但也没有把战略规划的具体事项纳入会议内容。因此，就会造成战略管理"虎头蛇尾""有始无终"。

（二）员工访谈的问题摘录

以下是我们为中小民营企业做咨询项目期间，在访谈调研中员工对战略管理方面问题的反馈摘录，这些反馈从多个层面和维度反映了员工们对企业战略管理的认知和心态。

- "今年的目标具体要做多少我也不知道，但是今年受外部因素的影响，应该会有所下降。"
- "总经理开会讲过，今年的目标好像是 1.5 亿元吧，但没有具体说明怎么去达成这个目标。"
- "我们生产部没有年度目标，我是根据生产管理者给的月度计划来安排生产的。"
- "我认为公司是因为战略目标没有真正分解到位，所以才导致运行的效率和质量比较低。"
- "公司的规范化管理比较弱，尤其是目标管理。无论大小事都是向下收集意见，但说了意见也没什么用。虽然今年的目标确定为一亿元，但是市场部门决定不了，因为他们缺乏对市场的分析和对趋势的判断。"

● "公司去年虽然做了战略目标的征集，但是最后没有看到结果，可能是总经理太忙了，也可能是他的决心还不够大，具体什么原因我们就不清楚了。"

● "公司去年提出'357'的战略目标，具体内容不记得了。个人认为战略目标定得太高并且没有聚焦，也没有分解下去，根本落不了地。"

● "今年6月中下旬，公司的主要股东及营销大区的十几人，讨论过新战略及每个部门的重点工作。但是讨论后没有人主导，并没有把战略目标变成可以落地实施的东西。"

● "老板定的战略目标一般都完不成，与实际不相符。"

● "低的目标都完不成，后面反而越来越高，更完不成。以前还比较有信心，现在却没什么信心了。"

● "今年公司的战略目标是多少我也不清楚，我们这个阶层应该不需要知道吧。"

● "公司的战略目标没有做好，我认为主要还是管理层怕考核、怕竞争、怕担责任，不想改变现状！"

● "销售部好像没有什么目标，我们都是把订单临时输入 ERP 系统，今年的目标也不清楚。"

● "我们有目标，就是工作千万别出错，一出错就会被扣钱。"

【问题小结】中小民营企业的战略管理问题，从总体上来讲，要么是不愿意制定战略或不知道怎么制定战略，要么是制定的战略不系统、分解不到位、缺少有效落地和实施的方法等，从而导致产品研发迟缓、质量提升乏力、团队士气不振等管理问题，并且这些问题一直得不到有效解决。

二、原因分析

中小民营企业在战略管理方面，之所以存在上述的诸多问题和现象，我认为其原因可以归纳为以下五个方面。

1．对企业的战略管理有畏难情绪

有的企业老板觉得战略管理太高大上了，他们认为，战略管理是一种理想化的、无法触及的概念，只有大企业才需要做战略管理，小企业不具备制定战略管理的条件、工具和方法。对他们来说，战略管理很难理解，更谈不上应用。

2．对战略管理的重要性认识不够

在当前的社会环境下，不少企业往往表现得急功近利，过于关注短期的经济利益，而忽视了长远的发展。这些企业的老板认为，企业当前规模还小，等企业以后做大了再推行战略管理。

3．整个团队的管理能力不足

企业的管理团队及老板本人，由于文化程度不高，也没有参加过系统提升管理能力方面的培训和学习，所以缺乏现代化企业管理的基本专业知识和技能。他们大多沿用传统的管理模式，有的甚至只凭借自己的生活经验来进行企业的管理工作，这些尤其在企业"创一代"及"元老级"的人身上体现得更为明显。

4．对企业的战略目标没有达成共识

部分企业虽然制定了战略目标，但其内部管理团队的战略共识度却并不高，这背后有多种原因和情况。例如，老板是企业中最具有雄心壮志和前瞻眼光的人，虽然老板有强烈的变革意识，但是团队的其他人跟不上老板的思路；有的老板自己想好了变革方向和思路之后，就拍板决策，既不征求大家的意见和想法，也不关注下属们的状态，其实大家根本就没听懂、不理解，也跟不上；还有的老板认为自己已经明确提出了新方向，其他管理干部或相应部门就应该自觉地承接，其实这个新方向只是个概念层面的东西，并没有具体的细节内容，更没有落地策略和行动计划。

5．在战略管理上缺少有效的方法和措施

虽然许多中小民营企业在战略管理上存在以上主观和客观方面的现实原因，但大多数的中小民营企业是有长远发展的内在需求和愿望的，只是苦于没有一套切实可用的战略管理方法而已。

综上所述，中小民营企业普遍缺少战略管理的方法和措施，这既是问题的现象也是问题的原因，并且是最主要的原因。

在多年为中小民营企业做战略管理咨询和辅导的过程中，我们吸取了许多国内外先进的战略管理思想，同时结合中小民营企业的特殊管理现状，总结出了简易版的企业战略管理方法，涵盖了企业战略的制定、分解、执行和复盘四个主要环节。

三、方案措施

对于中小民营企业的战略管理工作，我们在多年的管理咨询中，逐步总结出系统化和简捷化的企业战略管理方法论，即基本认知、战略思考、战略方针、发展纲要、部门计划、战略复盘六个步骤。

我将基于企业战略管理的基本逻辑，从咨询师的经验和角度出发，给出能够有效解决中小民营企业在战略管理工作中所遇问题的方案和措施。

（一）方案综述

总体来讲，系统解决中小民营企业的战略管理问题，需要遵循以下六个步骤。

（1）基本认知：解决管理层对企业战略管理的基本认知问题，包括企业战略与企业文化的关系、战略管理的基本逻辑、制定战略及目标分解的方法等。

（2）战略思考：成立战略管理小组，共同思考企业面临的外部环境及内部资源与条件，并对自身优势和劣势达成共识，形成书面的"企业战略信息汇总"。

（3）战略方针：战略小组根据最终确定的"企业战略信息汇总"，结合企业的使命与愿景，提炼出企业的战略方针（也称总体战略），其中应涵盖企业层面的经营方向和管理目标。

（4）发展纲要：战略小组邀请各部门负责人一起参与、集思广益、分工协作，共同从财务、客户、内部流程及学习成长四个维度分解总体战略，并制定企业未来三年（或五年）的战略发展纲要。

（5）部门计划：战略小组召集各部门负责人，根据企业的战略发展纲要，分别组织各部门的团队成员讨论并制订本部门的年度行动计划，再分解成本部门的月度行动计划，同时明确相关责任人，确定谁主导、谁协助。

（6）战略复盘：战略小组讨论并确定战略复盘的流程和要求，在形成一套完整的工作章程后，实施定期或不定期的战略复盘。最终，通过战略复盘机制，不断调整和优化企业的战略规划体系。

为了使大家对企业战略实施方案有一个整体而清晰的认知，以及方便对本书后面内容的学习、借鉴和应用，我对以上六个步骤，分别从目的、内容、方法、成果输出、实施周期、主导人和参与人等方面做了对比分析，即企业战略管理实施方案综述，如表 1-1 所示。

表 1-1　企业战略管理实施方案综述

方案步骤	基本认知	战略思考	战略方针	发展纲要	部门计划	战略复盘
目的	了解战略管理的基本专业知识	对企业的外部环境和内部资源与条件进行分析	提炼出企业的战略方针	制定企业的五年发展纲要	把企业战略目标分解成部门的年度目标和计划	稽核战略目标达成结果，并修正企业战略
内容	战略与文化的关系、战略管理的逻辑、发展纲要与部门计划的操作技能	战略思考20问	践行使命、分解愿景、经营方向、管理目标	五年战略发展纲要模板	部门年度行动计划模板	复盘的流程、周期和要求
方法	课堂学习	布置作业、小组讨论	布置作业、小组讨论	布置作业、小组讨论	部门讨论、小组审核	拟定文件、讨论审核
成果输出	企业战略管理指南	企业战略信息汇总	企业战略总方针	企业五年战略发展纲要	各部门的年度行动计划	企业战略小组工作章程
实施周期	1～2天	3～4周	1周	2周	2周	1～2天
主导人	人力资源部	企业领导	企业领导	人力资源部	战略小组	人力资源部
参与人	领导层、战略小组	战略小组	战略小组	战略小组、各部门负责人	各部门负责人	战略小组

说明：项目实施周期，是指在专业顾问老师的指导下需要的时间，如果没有顾问老师的指导，项目周期会更长，需要企业根据实际管理情况做具体的计划。

（二）方案实施

实施企业战略管理方案，最终目的是要制定一套能为企业和各部门提供明确目标与方向指引的目标管理体系。

　　高质量的企业战略管理不仅能提升企业的竞争力，还能确保企业在不断变化的环境中稳健发展。同时，还要能体现出书面化、系统性、平衡性、参与性、可控性、可衡量、目标导向等特征。接下来，我将围绕中小民营企业战略管理实施方案的六个步骤，全面梳理高质量目标管理体系。

1．基本认知

　　做好企业的战略管理工作，至少要熟悉和掌握以下四个知识点：企业战略与企业文化的关系、企业战略的三个层次及关系、企业战略管理的四个环节、企业战略管理的基本逻辑。

1）企业战略与企业文化的关系

　　企业文化的核心要素是使命和愿景，使命是"干什么"，愿景是"要干成什么样"，而企业战略则是"怎么干"，即怎么去实现企业的使命和愿景。对于企业文化的相关内容，将在第二章做具体介绍。

　　总的来说，使命是战略的起点，愿景是战略的终点，战略是践行使命和实现愿景的具体步骤和措施。如果战略不清楚，使命和愿景就必然会落空。企业战略与企业文化的关系如图 1-1 所示。

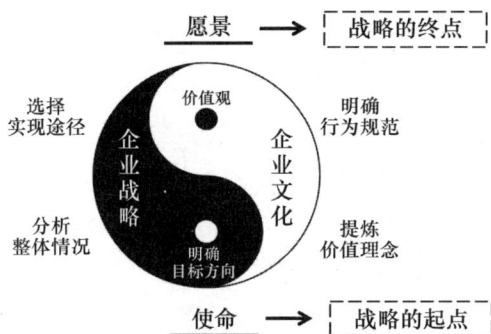

图 1-1　企业战略与文化的关系

　　企业战略在企业的经营管理中起着承上启下的作用，承上就是承接企业的使命和愿景，启下就是指导企业的业务流程和组织架构设置，企业的业务流程是基于企业战略而设计的，具体内容在后面的章节会详细介绍。

　　企业战略和企业文化是相互融合、不可分割的，就像一枚硬币的正面和反面。本书为了方便介绍，将企业战略和企业文化分成两章，因此，我将这两章内容合称为企业的顶层设计。

2）企业战略的三个层次及关系

企业战略分为总体战略、经营战略和职能战略三个层次。企业战略的三个层次及关系如图 1-2 所示。

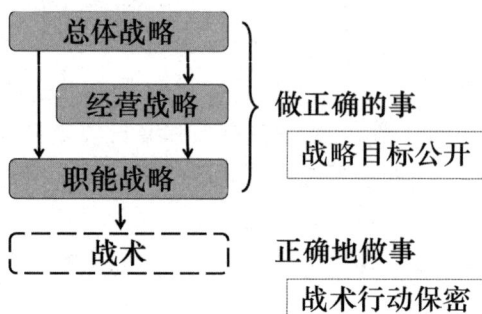

图 1-2　企业战略的三个层次及关系

所谓总体战略，也可以称作战略方针，是引领企业全面发展的战略规划，是企业经营管理的最高纲领性文件。

所谓经营战略，是企业选定业务范围后，进行市场竞争及超越竞争对手的全局性的经营管理计划，它关系到企业的长远利益。

所谓职能战略，是为支持企业的总体战略，企业内部各个职能部门制定的战略规划。

3）企业战略管理的四个环节

企业战略管理一般包括制定战略、分解目标、执行计划和复盘迭代四个环节，如图 1-3 所示。具体可解释为制定企业战略、分解战略目标、执行战略的行动计划、对企业战略进行复盘和迭代。

图 1-3　企业战略管理的四个环节

以上四个环节具有时间及逻辑上的先后顺序，不能颠倒，具体的操作方法见方案实施的内容介绍（P12 步骤 2 ～ P22 步骤 6）。

4）企业战略管理的基本逻辑

企业战略从承接使命和愿景出发，先经过制定总体战略方针、分解战略目标、形成考核指标和行动计划，对战略规划进行落地，再通过战略复盘机制对战略管理的成果进行评估，最后对战略目标进行优化和改进。

以上步骤最终形成了一个闭环系统，这就是企业战略管理的基本逻辑，如图 1-4 所示。

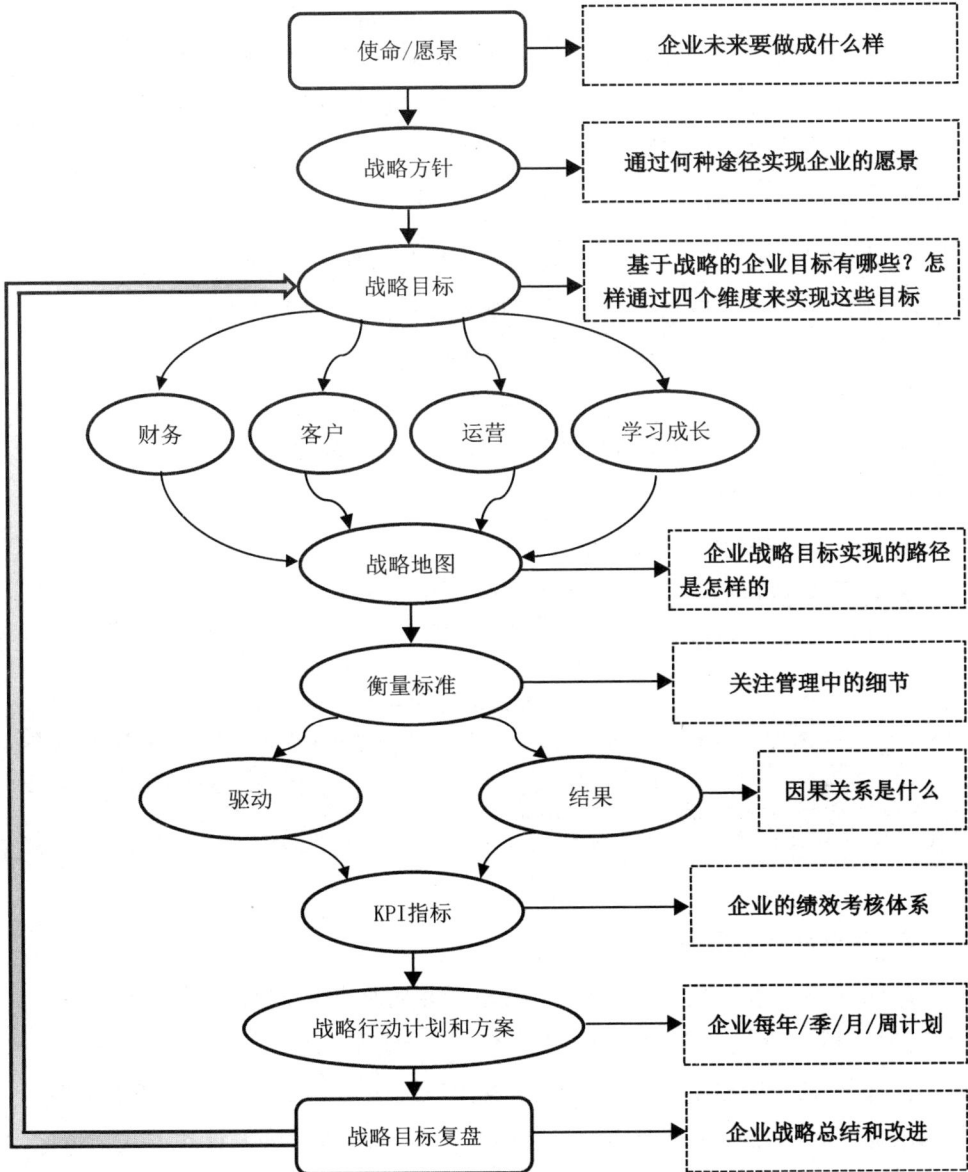

图 1-4　企业战略管理的基本逻辑

2．战略思考

在充分掌握了企业战略管理的基本知识后，就可以开始思考如何制定企业战略了。

经过多个中小民营企业战略咨询项目的经验积累，我们最终总结出了战略思考的五步法，即成立战略小组、完成战略思考作业、作业成果汇总、小组集中讨论、战略信息汇总定稿五个环节。

1）成立战略小组

战略小组一般由 7 ~ 10 人构成，总经理担任组长，副总经理或者总经办主任担任副组长，小组成员包括研发、技术、销售、生产、财务及人事部门的负责人，建议再聘请一位有经验的咨询老师协助。

战略小组的职责，一般包括以下几项。

- 收集战略信息并根据战略问题提纲进行系统的思考。
- 参与企业总体战略规划的讨论。
- 参与拟定和审核企业的五年发展纲要。
- 参与审核各部门的年度行动计划。
- 参与企业的战略复盘会议。

【特别说明】如果战略管理已经运行了多年，并且企业的战略管理工作已经走向正规化，那么企业就可以组建战略决策委员会，而战略小组就可以退出舞台了。

2）完成战略思考作业

战略思考主要是对企业外部环境和企业内部条件进行系统分析和思考。外部环境分析包括宏观环境、行业现状、市场情况、客户情况、竞争对手等分析，内部条件分析包括企业资源、核心竞争力、组织能力、问题短板等分析。

战略分析的专业工具有很多，我融合了各种战略分析工具和方法，拟定出一个企业战略问题思考提纲，具体见下文。战略小组的成员可以按照提纲，分别对这 20 个相关问题进行解答。

企业战略问题思考提纲

第一部分　外部环境

1. 企业所在行业的发展趋势如何？

答：

2. 行业现状是怎样的？

答：

3. 市场及竞争情况是怎样的？

答：

4. 客户情况及其对我们企业的评价如何？

答：

5. 上游和下游的产业链情况如何？

答：

6. 未来3~5年最大的机遇是什么？有可能面临怎样的风险？

答：

第二部分　内部条件

7. 未来3~5年主攻的专业领域或产品方向是什么？

答：

8. 未来3~5年的总体目标是什么？

答：

9. 业务模式是如何规划的？

答：

10. 市场拓展方面是如何规划的？

答：

11. 产品的定位是怎么考虑的？

答：

12. 主要的竞争对手有哪些？与他们竞争的策略和方式是什么？

答：

13. 企业的核心优势是什么？

答：

14. 人力资源如何支撑以上战略的达成？短板如何弥补？

答：

15. 财务管理的短板是什么？如何管控？

答：

16. 在研发、生产、品质、销售、服务的内部运营中，有哪些短板？

答：

17. 如何打造企业的核心团队？

答：

18. 企业在接下来的一年内最重要、最亟须解决的是哪几个问题？

答：

19. 对于企业的使命"××××"，接下来我们应该怎么去践行？

答：

20. 对于企业的愿景"××××"，接下来我们应该怎么去实现？

答：

姓名：　　　　日期：

【特别说明】根据我多年的实操经验，一般只有企业老板能给出较为全面的回答，而其他的小组成员对以上问题则回答得有深有浅，有人较为认真，有人较为敷衍，有人根本就回答不了，这些都是正常现象。企业老板可以借此检验一下战略小组成员的真实工作状态。通过这种讨论的方式，可以让大家全面了解企业经营管理的真实情况，并且引导大家对企业的战略目标达成共识。

3）作业成果汇总

战略小组成员在承诺的时间内，把"战略问题思考提纲"的答案统一发给指定的人进行汇总。汇总人把所有人的答案分别汇总到每个问题的下面，最终形成一个 Word 文档，这个文档不用体现出作答者的姓名。

对于同一个问题，每个人的回答都不一样，汇总人对大家填写的内容进行初步加工后，形成一个规范的 Word 文档，即"战略信息汇总初稿"，以便下一步进行集体讨论。

4）小组集中讨论

在战略小组集体开会讨论前，把"战略信息汇总初稿"发给参会的每一个人。讨论会由总经办主任或人力资源经理主持，按"企业战略问题思考提纲"中问题的顺序逐一进行讨论。

集体讨论时，要围绕信息内容是否有补充、问题描述是否客观准确、意见建议是否合理等问题展开讨论。在一般情况下，需要经过两三次的讨论、修改和补充。

【特别说明】小组讨论的过程，本质而言就是在开展头脑风暴，战略小组组长需要营造出民主的氛围，鼓励大家畅所欲言。组长尽量不要过早发言，避免太早给答案定基调，从而压制其他人发表不同观点。大家在发言的时候，组长要认真倾听，不要急于打断或反驳。

5）战略信息汇总定稿

战略信息汇总的初稿经过两三次的讨论后，基本就会较为全面、较为系统了。汇总之后的定稿是需要保密的文件，请参会人员务必不要外传，也不要发给小组以外的企业内部人员，在讨论时可以使用打印稿，不要发电子版。

【特别说明】因为对于战略咨询的项目都是要保密的，所以我不能给大家展示已做项目的战略信息汇总成果，请理解。这个成果很重要，以后还需要经常用到，建议大家在做年终复盘时，检查并总结哪些问题已经解决，哪些问题还没有解决，确保每年做一次更新。

深度分享

企业老板的战略思考，很大一部分仅停留在其个人脑海中，而很少与管理团队做充分的沟通。这种类型的老板如果是因为缺少开放的头脑或心态，建议在推行战略思考前，做一个心理准备度自评。

企业老板心理准备度自评

1. 企业的使命，是自己内心真实的想法吗？

2. 企业的愿景，是自己带领团队一起追求的梦想吗？自己是否有信心实现？

3. 以前是否同管理团队讨论过企业的战略问题，他们的态度如何？哪些人执行了，哪些人没有执行？没有执行的原因是什么？

4. 对于战略问题思考提纲，哪些问题的答案自己清楚，哪些自己不清楚？

5. 对于战略问题思考提纲，管理团队是否清楚？哪些人清楚，哪些人不清楚？

6. 对于战略问题思考提纲，自己和管理团队看待每个关键问题的答案是否一致？

7. 对于企业的发展方向和目标，管理团队是否都高度认同？哪些人认同，哪些人不认同？为什么不认同？

8. 对于企业的发展方向和目标，每个管理干部是否都知道自己和团队如何发挥作用、做出贡献？

9. 自己是否清楚地了解每个管理干部的真实能力？自己对他们的评价是否客观？

10. 现在的工作氛围是否能让大家表达真实的想法？自己是否要带头做些什么来鼓励大家畅所欲言？自己是否能够换位思考，倾听他们的意见和建议？

3. 战略方针

企业战略总方针，又称为总体战略规划，需要大家在战略信息汇总定稿的基础上，结合企业的使命和愿景，进一步提炼出企业层面的经营方向和管理目标，这将是企业未来若干年发展的总体方针和纲领性文件。

所谓经营方向，一般包括技术方向、产品方向、渠道方向、市场方向、客户方向、友商方向等。

所谓管理目标，一般包括业绩目标、利润目标、市场目标、生产目标、质量目标、组织目标、人力目标、社会目标、研发目标、规模目标等。

企业的使命和愿景，请参考本书第二章企业文化手册对使命和愿景的解析。

　　提炼出来的企业战略总方针，最好能浓缩成一个口号或一句简短的话，以方便日后的宣传。

　　我选了四个不同风格的咨询项目案例模板供大家参考，出于对咨询项目的数据保密承诺，每个模板的企业名称和具体内容及数据已被我删除或隐藏。大家可以根据自己的需要选择模板。

　　企业战略总方针：模板 A

某企业的两龙腾飞战略

做一套好的水龙头产品

坚守三大战略方向

第一，技术类（包括设备、结构、工艺、技术等）

第二，产品类（包括品类、功能、材质等）

第三，营销类（包括市场、渠道、队伍、品牌、服务等）

做一家具有龙头地位的企业

实现六大战略目标

目标一：业绩（略）

目标二：利润（略）

目标三：生产（略）

目标四：组织（略）

目标五：人资（略）

目标六：研发（略）

　　企业战略总方针：模板 B

某企业的五年战略规划

专注一类 ×× 产品

聚焦两种业务模式（线下和线上）

主攻五大经营方向（市场、服务、渠道、研发、供应链）

实现八大管理目标（业绩、利润、生产、品质、财务、人力、文化、战略）

企业战略总方针：模板 C

某企业的五年战略规划

专攻"一器"（略）

围绕"三向"

1. 产品方向（略）

2. 市场方向（略）

3. 渠道方向（略）

锁定"六标"

1. 业绩目标（略）

2. 利润目标（略）

3. 研发目标（略）

4. 生产目标（略）

5. 组织目标（略）

6. 信息化目标（略）

企业战略总方针：模板 D

某企业的战略方针

一个坚持（略）

两个建设（略）

三个实现（略）

四个模式（略）

五个布局（略）

六个业务（略）

【特别说明】很多企业的战略思考薄弱、讨论效率低下，是因为企业的管理层背景各异，往往采用不同的思路框架，甚至还会互相争夺话语权。如果一个企业的战略讨论框架每年都变，团队就不得不每年都从头学习新框架。这不仅会浪费大量时间，还极易引发团队的抱怨和反感。毕竟，无论讨论框架和工具如何不同，其本质目的与最终所要的效果都是一致的。

4．发展纲要

这里讲的发展纲要，是指企业 3 ~ 5 年的战略发展纲要，建议至少规划三年，最好是五年。例如，有的中小民营制造型企业，在五年甚至十年内，其业务方向及业务模式变化都不会很大；有的中小民营企业并没有追求大规模扩张的野心，而是聚焦于一个细分领域深耕多年，并且发展得颇为稳健。

制定一个相对完整且具体的五年战略发展纲要，需要遵循如下操作流程。

（1）统一模板：拟定一个五年战略发展纲要的模板，建议用 Excel 制作。

（2）分工填写：战略小组成员根据个人的管理范围，分别填写各自负责的板块，一般是哪个部门主导，就由哪个部门的负责人填写。

（3）信息汇总：战略小组指定一个人收集信息并汇总成初稿，内容填写不完整或描述不清楚的需要单独沟通。

在实际咨询项目中，这个环节令我花费的时间和精力最多。大部分管理干部，包括企业战略小组的成员，虽然具体工作做得很好，但是书面总结和表达能力欠缺，往往是"茶壶里煮饺子——有嘴倒（道）不出"，这就需要我们一个一个地进行深入沟通和辅导，甚至要一项一项地帮他们总结和提炼。

（4）小组讨论：战略小组集体对发展纲要的初稿进行讨论，组长需要深度参与，全面而系统地呈现小组各成员的想法和意图，再把修改和补充的意见和建议，甚至是对部门的要求，反馈给各部门。

（5）部门讨论：各部门收到战略小组的反馈意见，或者需要修改和补充的内容后，由部门负责人组织其内部团队成员进行深入的讨论，拟定具体的实施方案和计划并验证可行性，再重新提交给战略小组审核。这是让战略目标达成共识，通过战略目标凝聚团队、调动团队积极性的重要环节。

（6）讨论定稿：经过从上而下和从下而上的多次目标分解和讨论，最终才能确定企业的五年战略发展纲要，并作为各部门制订下一个年度行动计划的基本的、可靠的依据。

我建议大家参照"××公司五年战略发展纲要（2025—2029 年）"（见表 1-2），制定企业的五年战略发展纲要。

表 1-2　××公司五年战略发展纲要（2025—2029 年）

序号	BSC维度	战略规划	规划主题	目标或意图	方法或措施	衡量指标	主导部门	协作部门	五年规划					特别说明
									2025年	2026年	2027年	2028年	2029年	

编制：　　　　审核：　　　　批准：　　　　　　　　日期：　　年　月　日

表格的填写说明如下所述。

（1）BSC 维度：BSC 就是平衡计分卡，是较为常用的战略目标分解工具，包括财务维度、客户维度、内部流程维度和学习成长维度。具体内容可以自行上网了解。在实际操作中，这一列可以删除，也可以最后再做分类。

（2）战略规划：代表总体战略的二级目标，也就是战略的方向和目标。

（3）战略主题：代表总体战略的三级目标，也就是每个战略方向和目标要求的具体事项。

（4）目标或意图：填写的是每个三级目标的具体数值，若没有具体数值，则描述需要达成的目标。

（5）方法或措施：填写为了实现战略目标需要开展哪些具体工作，以及采取什么方法和措施才能完成。这是让战略目标落地的关键部分。

（6）衡量指标：是判断和衡量各项战略目标是否达成的考核标准，也是后期推行绩效管理的重要依据。

（7）主导部门：是指对战略目标达成情况负第一责任或主要责任的部门，主导部门有且只能有一个部门。

（8）协作部门：是指对战略目标达成情况负次要责任的部门，协作部门可以有多个。

（9）五年规划：针对前面提及的各个战略主题及其对应的方法措施，要依据每个战略主题的特性及公司实际状况，明确在五年内分别达成何种程度。并非所有战略主题都必须规划出完整的五年行动方案。对于尚未考虑成熟的，可先规划近一年的工作；若近一到两年内实施条件不具备，要明确第三年启动的计划；至于那些在五年内无法实现或暂不打算启动的工作，可暂不纳入规划，留待日后再议。

5．部门计划

部门计划，也就是各部门的年度行动计划。各部门依据企业的五年战略发展纲要，把最近一个年度本部门主导的、需要协作的工作事项，全部纳入本部门的年度行动计划中并进行管理。除了五年战略发展纲要中的事项，各部门负责人需要把本部门的重点职责、存在的问题及客户要求等其他重要事项，也纳入部门的年度行动计划进行管理。

各部门的年度行动计划，经部门内部全体成员讨论定稿后，呈报战略小组审核确认，如果合格就开始正式执行。

我建议大家参照"××部2025年目标分解及行动计划"这一模板（见表1-3），来制订部门的年度行动计划。

表1-3　××部2025年目标分解及行动计划

序号	推进项目	子序号	推进事项细则	预期效果	数据来源	完成日期	负责人	配合人	计划完成时间（12个月）											
									1	2	3	4	5	6	7	8	9	10	11	12
1		1.1																			
		1.2																			
		1.3																			
		1.4																			
		1.5																			
2		2.1																			
		2.2																			
		2.3																			
编制：				审核：					日期：												

表格的填写说明如下：

（1）推进项目：是指五年战略发展纲要的战略主题事项，包括五年战略发展纲要中需要主导和协作的事项，以及结合部门的重点职责、遗留问题或客户要求，认为需要纳入年度行动计划的其他重要事项。

（2）推进事项细则：是指五年战略发展纲要的方法措施，或者本部门需要开展的具体工作内容和关键步骤。

（3）预期效果：是指每项具体工作需要在本年度达成的定量或定性目标。

（4）数据来源：用于判断工作事项是否达到预期，需明确由哪个部门提供判断的标准和数据。此处直接填写提供判断的标准和数据的部门名称，或者更为具体的数据报表或报告的名称。

（5）完成时间：是指每项具体工作的截止完成日期。

（6）负责人：是指对该项工作承担首要责任或起主导作用的人员。

（7）配合人：是指本部门内承担具体工作的岗位人员，也包括来自其他部门的相关岗位人员。

（8）计划完成时间：是指每个推进的具体事项，从开始启动到最后完成的计划时间周期，在对应月份处打"√"或进行统一标注。

【特别说明】经过以上五个步骤，企业的战略管理工作基本上就能将企业目标、部门目标和岗位目标贯穿起来。只有岗位目标加上部门目标略高于企业的目标，才能确保企业总体目标的达成这一逻辑在分解各项目标时需不断测试验证。另外，还需与各部门签订目标责任书并举行宣誓承诺仪式，具体参考做法将在后续人才激励章节详述。

深度分享

面对新的战略规划或管理变革，企业老板和管理干部在兴奋点和紧迫感上往往存在差异。对很多中小民营企业来说，老板想要的"共识同频、上下同欲"在现实中颇具难度。

企业老板常常沉浸在自己对未来的憧憬和兴奋之中，却未留意管理干部内心的想法、面临的问题、存在的顾虑及产生的猜疑等。由于管理团队没有搞明白企业最重要的战略话题，也就很难要求普通员工理解战略。当员工不理解企业战略的时候，就会对企业信心不足，缺乏归属感，自然不会改变自己的工作重心，而只是习惯性地忙于当前的工作任务，最终导致基层工作方向与企业战略严重脱节。

针对上述管理困境，除了要在战略管理阶段尽量达成共识，还需借助企业文化建设、人才管理、流程制度等多种管理手段进行综合解决。

6．战略复盘

企业战略复盘，既是检验战略成果是否达成的关键收尾环节，也是推动企业战略迭代升级、开启下一个战略循环的起点。

企业战略复盘，是对战略规划、目标、计划及方案的落实情况进行全面分析与评估的过程。以下是战略复盘的常规流程和方法。

（1）熟悉战略目标：战略小组成员在复盘会议前，需要熟悉企业的战略发展方针、五年战略规划发展纲要，以及各部门的工作重点、具体目标和衡量标准。

（2）收集数据结果：收集相关的财务数据、市场数据、运营数据等，以评估战略实施的效果。

（3）分析目标差距：比较实际成果与预期目标，分析形成差距的原因。

（4）识别关键因素：找出影响战略成功或失败的关键因素，包括内部能力、外部环境、竞争动态等。

（5）学习反思改进：从成功和失败中吸取教训，反思可以改进的地方。

（6）制订改进计划：根据复盘的结果，调整或制订新的战略。

（7）持续跟踪优化：将新的战略付诸实践并定期跟踪进展情况，将复盘过程作为一个持续的循环，从而不断优化战略以适应市场环境的变化。

以下这份《企业战略小组工作章程》，可以作为大家构建战略复盘机制、拟定战略复盘文件的参考依据。

企业战略小组工作章程

一、目的

1．通过集体管理与集体决策的方式对企业目标、方针政策、战略规划、干部选拔等重大经营事项进行集体审议，提高决策的民主性和科学性。

2．提升管理人员的领导力，培养和建立管理人员的责任感、归属感。

3．有效组织与调动人、财、物资源，贯彻落实企业的会议决策，最终将其转化为企业的生产力。

二、人员构成

1．战略小组由组长、副组长、秘书、成员组成。

2．组长作为战略小组会议的召集人，由总经理担任。

3．秘书由×××兼任。

4．小组成员由各部门负责人或关键岗位人员组成（具体名单由组长指定）。

三、主要职能

1. 负责制定企业战略规划和目标，审议各部门的工作规划，以及季度、月度工作计划的执行情况。

2. 负责协调各部门的工作，监控各部门的运营发展状况，并针对部门情况实施管理。

3. 审议、批准企业重大人力资源政策。

4. 审批企业主管以上管理人员（不含总经理）的任免决定。

5. 负责企业组织架构和业务流程的评估及改进，制定与完善运营规则，并且对业务流程有终审权。

6. 审议、引进外部咨询项目，负责落实项目的各项计划和措施。

7. 负责对总经理授权提议的其他事宜展开研究并做出决定。

四、工作方式和决策程序

1. 战略小组实行季度例会与临时会议相结合的工作方式。

2. 季度例会召开的时间由组长确定，并由秘书在例会召开前至少三天发出会议通知和会议议题。

3. 组长有权决定召开临时会议，并由秘书在临时会议召开前至少一天发出会议通知和会议议题。

4. 小组成员有权提议召开临时会议。

5. 组长有权根据议题决定每次会议的出席人员。

6. 每个参会成员都应就会议的议题做好充分准备，如有必要，还应准备书面材料或电子材料，以提高会议的效率。

7. 战略小组实行组长负责制。在战略小组与出席人员充分讨论并发表意见的基础上，由战略小组的组长做出最终决策。

8. 战略小组会议表决实行一人一票制。小组会议须有半数以上成员出席方可举行，会议决议经半数以上的成员同意即为通过。

9. 当决议的反对票与赞成票相等时，由组长裁决。

10. 组长因特殊原因不能履行职务时，由副组长或组长指定的其他成员代其行使职权。

11. 战略小组会议通过的决议由组长签字后方可生效。

12. 秘书负责会议记录及跟踪会议所做决议的执行情况，并向组长汇报。

13．所有战略小组成员，包括组长、副组长、秘书、普通成员及特邀列席人员，均对企业负有诚信和勤勉的义务，严禁任何损害企业利益的行为。

五、关于战略复盘

1．会议时间：在每季首月的第一周，召开对上季度战略执行情况的复盘会议，具体会议时间由秘书负责通知。

2．四项内容：总体战略方针是否需要修正和补充；企业五年战略发展纲要是否需要修改和完善；各部门的年度行动计划是否切实落实到位；上次的战略复盘决议是否已得到有效执行。

3．五个步骤：①季度战略目标回顾；②执行结果差距判断；③过程质询，集体剖析；④经验总结，管理沉淀；⑤形成决议，复盘归档。

六、附则

1．本章程可根据需要进行修改，修改建议可由战略小组集体讨论确定，并经组长批准后执行。

2．组长任期为一年，可连选连任。若小组成员在工作期间长期未见实效、毫无进步，或严重违反企业管理制度，又或对企业形象造成不良影响、给企业带来损失，经讨论可对其予以警告、罢免甚至除名处理。

3．战略小组根据本章程制定的实施细则和有关规定，视为本章程的组成部分。

4．本章程的解释权属于总经办。

【特别说明】①每季度的战略复盘会议，需要同企业每周或每月的管理例会相结合，小组成员需要利用这些机会关注战略目标的日常进展情况；②关注外部的相关信息（如客户的信息、竞争对手的信息等），并将其带到复盘会议现场，时刻保持商业敏感度，及时收集外部数据；③要注意观察关键人员的能力和态度，包括是否能够走出舒适区、跟上变革的脚步和要求，一旦发现因人员因素致使工作推进受阻，就必须及时进行反馈沟通，安排针对性培训，必要时对人员进行调整。

【方案小结】企业战略管理实施方案的主要内容就是做好本章方案实施中所讲的六个步骤，但要真正落实到位并不简单。对大部分的中小民营企业来说，开展战略管理工作基本都要从零起步，因而更需要制订详细的实施计划。

以下是我总结的企业战略管理导入实施计划，可供大家参考，具体内容如表 1-4 所示。

表 1-4 企业战略管理导入实施计划

步骤	推进事项		具体要求	成果输出	主导人	时间
第一步 基本认知	1	干部学习	组织一次管理干部对"企业战略管理指南"的培训学习活动	—	人力资源部	
	2	成立小组	成立由董事长领导下的战略小组，共同推进战略管理的导入工作	企业战略小组	总经理	
第二步 战略思考	3	提交作业	战略小组成员各自填写"战略问题思考提纲"并及时提交	—	战略小组	
	4	作业汇总	对所有人的战略问题思考答案进行汇总整理，形成企业战略信息汇总初稿	企业战略信息汇总（初稿）	战略小组	
	5	小组讨论	战略小组召开会议，讨论修改企业战略信息汇总初稿	—	战略小组	
	6	信息汇总	根据小组讨论的结果，进行修改和补充，最后形成终稿	企业战略信息汇总	战略小组	
第三步 战略方针	7	选择模板	选择一个想要呈现的战略方针的模板，并高度提炼重点内容	—	战略小组	
	8	讨论定稿	经过多次讨论和思考，形成企业的战略方针	企业战略总方针	战略小组	
第四步 发展纲要	9	统一模板	用 Excel 制作一个五年战略发展纲要的模板	—	战略小组	
	10	分工填写	战略小组成员各自收集相关信息填写五年战略发展纲要	—	战略小组	
	11	信息汇总	收集并汇总填写的初稿，同时对各部门做沟通辅导	五年战略发展纲要（初稿）	战略小组	
	12	小组讨论	战略小组集体讨论发展纲要初稿，并反馈给各部门进行完善	—	战略小组	
	13	部门讨论	各部门负责人组织内部讨论，验证后重新提交给战略小组审核	—	各部门	
	14	讨论定稿	战略小组多次讨论五年战略发展纲要并形成定稿，发给各部门落实执行	五年战略发展纲要	战略小组	

步骤		推进事项	具体要求	成果输出	主导人	时间
第五步 部门计划	15	拟定计划	各部门负责人按要求拟订部门的年度工作计划	各部门年度工作计划（初稿）	各部门	
	16	审核定稿	战略小组审核各部门的年度工作计划	各部门年度工作计划	战略小组	
第六步 战略复盘	17	收集数据	收集相关的财务数据、市场数据、运营数据等，供战略小组复盘会议使用	各项数据统计报表	相关部门	
	18	分析差距	比较实际成果与预期目标，找出完成情况出色和完成情况欠佳的重点项目	—	战略小组	
	19	原因分析	对未达标的重点项目，分析原因并拟定对策	—	战略小组	
	20	跟踪优化	定期跟踪新的战略规划，以及改进措施的落实情况	—	战略小组	

第二章
企业文化建设

　　本章探讨的企业文化，已然是一个被广泛热议的话题。在网上搜索"企业文化"，可得到数以万计的查询结果，无数文章汇集了对其深入研究的结果。基于此，我在这一章中，并非重复涉足他人深耕过的领域，而是将注意力聚焦于中小民营企业如何更简捷地建设自身企业文化这一工作。毕竟，企业文化对于中小民营企业的可持续发展至关重要，这样做更具实用价值。

一、问题现象

　　我在为中小民营企业做系统化管理提升或企业文化建设咨询辅导中发现，无论是已经有企业文化理念，需要优化升级的企业，还是没有企业文化理念，需要重新提炼的企业；无论是成立超过30年的老牌企业，还是成立3～5年的新企业，在企业文化建设方面均存在各类问题。以下是我们在为企业做组织诊断和企业文化调研过程中发现的一系列问题和现象，并对其进行了归纳总结。（如未特殊说明，后文化理念均指企业文化的理念。）

（一）有文化理念的情况

　　（1）文化理念缺乏系统性：文化理念的要素提炼不完整，还不能被称为文化理念体系。

　　（2）文化理念缺乏逻辑性：有的企业提炼的文化理念涵盖了使命、愿景、价值观、核心价值观、企业精神、企业宗旨、企业作风、企业哲学、员工誓言、企业之歌等部分要素。然而，在呈现和介绍文化理念的时候，它们并没有遵循内在的逻辑。

（3）文化理念缺少群众基础：大部分中小民营企业在提炼文化理念时没有让广大员工参与，有的是请咨询公司帮助提炼的，有的是请大学老师帮忙提炼的，有的是请广告公司设计制作的，有的是老板参观其他企业文化之后东拼西凑的，还有的是由人力资源部独自编写的，等等。

（4）文化理念没有解析：对于如何践行使命、怎样达成愿景、价值观的定义、价值观的要求，以及经营理念和管理理念如何在业务流程和管理制度中体现等问题，均未阐释清楚。正因如此，大部分员工并不理解这些文化理念。

（5）文化理念缺少培训：绝大部分的中小民营企业，只是将文化理念展示在墙上或印刷成小册子发给员工，但是在员工入职培训时，并没有对其做具体的企业文化专题培训。例如，我们在做文化调研和访谈时，发现大部分员工都不记得企业的文化理念，有的企业虽然举办了企业文化发布会，但是发布会结束之后，便无人再提起相关内容。

（6）文化理念没有落地：大部分企业的文化理念和日常管理是脱节的，没有真正把文化理念融入企业的业务流程和管理制度之中。基本上，企业都未对价值观进行考核，在员工奖罚制度、年度先进评选、文化活动等方面，也很少与文化理念建立关联。

（7）文化建设活动不能坚持开展：许多企业的行政人事部每年都会组织几次文化活动，但是这些文化活动一般很难做到年年持续开展，并且活动主题也缺乏精心策划。加之行政人事部经理岗位人员更迭频繁，新人上任便采用全新做法，使得文化活动缺乏连贯性与延续性。

（8）文化理念没有及时更新：有的企业文化理念会经常变，基本上都是企业老板提出的，或者因行政人事部领导更换而进行更新。然而，员工对于文化理念变更的缘由并不明晰。这就导致企业内部出现多个版本的文化理念，员工难以分辨哪个才是最新、最权威的版本。

（二）认知上的误区

（1）将企业文化等同于文体活动：有些中小民营企业错误地将企业文化建设等同于举办各种文体娱乐活动，认为这些活动就是企业文化。

（2）将企业文化等同于口号和标语：有些企业把名言警句、口号或一些哲理当作企业文化的核心，认为只要员工能够背诵这些文化理念的文字或口号，就有了自己的企业文化。

（3）将企业文化等同于对外形象宣传：有的企业认为企业文化就是用来对外进行宣传提升企业形象用的，从而忽视了企业文化的内部建设。

（4）认为企业文化太抽象了，无法落地：一些中小民营企业可能没有充分认识到企业文化对于企业发展的重要性，认为它不如产品销售或利润增长那么实际有用，所以也就不想在企业文化建设中投入太多的时间和精力。

（5）认为企业文化是老板的事情，老板定就可以了：相当一部分员工，甚至包括管理层，都认为企业文化只需由老板一人制定，其他人无须参与。

（6）认为企业文化就是做好员工关怀工作：有的企业认为只要做好员工的人文关怀和思想工作，让员工有家的感觉，就能形成良好的企业文化。

（7）认为企业文化可以一劳永逸：有的企业开始很重视企业文化建设工作，觉得构建起文化理念体系以后就无须操心了，所以就不再对企业文化进行创新与变革。

（三）不和谐的文化氛围

（1）工作沟通不畅：因为缺少有效的沟通渠道、信息不透明等管理问题，导致企业内部工作沟通很不顺畅，包括不同部门之间、管理层与员工之间都缺乏有效的交流与合作，甚至出现频繁的内部冲突，经常消耗企业资源、影响管理层决策、降低工作质量，进而影响企业的整体运行效率。

（2）工作环境压抑：大部分员工感觉到紧张、压抑、工作压力大，工作与生活不平衡，从而影响员工的身心健康和企业的工作氛围。

（3）工作态度消极：受到企业文化氛围的影响，部分员工表现出消极的工作态度，如抱怨、推诿或缺乏工作热情等。这种消极态度会影响整个团队的士气和工作效率。

（4）领导太过强势：企业领导者缺乏对企业文化的深刻理解，且没有正确的价值观作引导，往往会在管理上较为强势，呈现出权力高度集中、管理决策独断、武断的状态。这种状态不仅会对管理层产生不良影响，还会波及整个员工队伍，最终导致企业文化氛围恶化。

（5）缺乏创新精神：由于资源有限或管理理念的滞后，中小民营企业往往缺乏创新的文化氛围，造成员工不敢冒险，不敢尝试新事物或提出创新性的想法，最终导致企业的产品或服务缺乏竞争力。

（6）员工流失严重：一些中小民营企业注重短期利益，而忽视长期发展，在企业文化建设方面缺乏前瞻性和持续性，导致在员工培训、成长发展、晋升机制等方面投入不足，从而影响员工的工作积极性和职业成就感。大部分员工缺乏归属感和忠诚度，致使企业在人才留存方面困难重重，团队稳定性也较差。

（7）裙带关系复杂：中小民营企业的亲属关联现象较为普遍，产生的问题明显且复杂，因为在管理上的不透明和个人的特殊身份，经常会出现猜疑和不信任的现象，从而降低员工的工作积极性和参与度。

（四）员工访谈的问题摘录

以下是我在员工访谈过程中的问题摘录，从多个角度反映了员工对企业文化的看法，在一定程度上体现了他们的心声。

- "老板挺重视企业文化的，但其他的管理层并不重视。"
- "记不住企业文化，没什么感觉！"
- "企业文化变了七八次了，新人基本上不知道有'企业文化手册'。"
- "当时企业公布文化理念的时候，也没有对价值观做解释，我认为关于价值观的解释应该让我们参与。"
- "企业文化方面，我认为目的和意义是清楚的，主要是没有落地，我们不知道实施落地的方法。"
- "我认为我们的企业文化建设就是个摆设，就拿我们企业的两个工厂来说，在管理上就像两家不同的企业。"
- "人事部培训过一次文化手册上的内容，但是具体讲的什么我忘了！"
- "我们企业几乎没有什么优良传统，就举办过几次生日会。"
- "我们科室这边还好，车间那边感觉很乱。"
- "我不知道有文化理念，但是新来的人资经理组织过一些活动。"
- "我没有参加过文化培训，也不知道使命、愿景、价值观是什么，虽然企业曾搞过一些活动，但也不系统。"
- "我们已经多年没有开展企业文化建设的相关工作了，四年来没有组织过任何集体活动，近三年也没有年终分岁酒了。"
- "我感觉工作氛围变差了，布置工作都是以发通知命令的方式进行，缺少了尊重。"
- "现在的工作氛围比较压抑，而且频繁更换经理，经常是刚磨合好就又换人了。"

- "各部门的执行力很弱，办事情要靠人情关系，扯皮推脱的现象很多。"

【问题小结】中小民营企业的文化建设工作存在的一系列问题和现象，概括起来就是：要么没有文化理念或文化理念不成体系，要么有文化理念体系，但没有进行有效的落地实施，导致企业文化仅具有观赏价值，而没有太大的使用价值。

二、原因分析

对于中小民营企业，尤其是生产制造型企业而言，其企业文化建设工作中之所以存在上述问题和不良现象，总体来看是由客观、主观及根本原因造成的。

（一）客观方面的原因

1. 企业处于快速发展阶段

大部分中小民营企业正处于快速发展的上升阶段，存在内部管理基础较弱，业务流程和管理制度尚未健全，外部生存环境变化较快，市场竞争压力较大等客观条件。为了生存和发展，这些企业不得不更注重短期的业务增长，而忽视了企业文化的建设。它们既没有将企业文化建设当作重点工作来抓，也没有制定企业文化建设的方向和目标。

2. 员工队伍综合素质不高

在一些制造低端产品（如螺丝、塑料配件等）的生产制造企业中，员工的教育背景和文化水平普遍较低，员工们对企业文化的理解和接受程度有限，导致企业文化在实际操作中很难统一，这也是企业文化在推广和执行中面临的客观困难。

3. 企业可投入的资源不足

由于中小民营企业规模相对较小，受人力、物力和财力等资源条件的限制，难以像大企业那样在企业文化建设上投入大量资源。中小民营企业需要把钱花在刀刃上，对企业文化建设缺乏耐心和毅力，往往更注重当下的生产和销售问题，而企业文化建设则被视为次要的任务。

（二）主观方面的原因

1．领导层重视不够

中小民营企业在快速成长的过程中，经常将主要精力集中在业务扩展和市场占有上，而对内部管理细节和企业文化建设的关注度不足。这种现象尤其在低端产品制造业中更为普遍，其中一些企业领导可能认为企业文化是虚无缥缈的，相较于生产需求和成本效益，其重要性并不突出。因此，他们往往倾向于关注那些能够迅速体现业绩的指标，如生产效率、质量控制及短期成本节约等。

这种短视的策略导致了企业对文化建设的投入不足。企业文化的核心在于塑造一种贯穿整个组织的共享价值观和行为标准，它对于激发员工的潜能、增强团队的凝聚力和提升组织的整体效能至关重要。一个强大且成熟的企业文化可以成为企业在市场竞争中的一种独特优势，有助于吸引人才、提高员工满意度和忠诚度，从而促进企业的长期可持续发展。

2．管理层意识不足

部分管理层因为缺乏对企业文化的理解，忽视企业文化建设的重要性，缺乏企业文化建设的策略和方法，并且对企业文化建设的监督和评估不足，从而导致企业文化建设的效果不理想。

缺乏对企业文化的理解：这主要表现在对企业文化的内涵、作用和建设方法等方面的认识不清晰或理解不深入。

忽视企业文化建设的重要性：这主要体现在日常管理和决策中，很少考虑企业文化的影响，或者认为企业文化建设是次要的，不如业务发展和利润增长等重要。

缺乏企业文化建设的策略和方法：即使认识到企业文化的重要性，也可能不知道如何去构建和传播企业文化，或者没有将企业文化建设纳入长期的管理规划中。

对企业文化建设的监督和评估不足：没有建立有效的监督和评估机制，无法及时了解和调整企业文化建设的进展和效果。

3．员工层参与度低

员工层对企业文化建设活动的参与不够积极，缺乏足够的动力和资源去积极参与，是由多方面的原因（包括培训、沟通、激励、文化认同度、领导示范、资源分配和反馈机制等方面的问题）造成的，具体情况如下。

参与意愿不强烈：员工对企业文化活动缺乏兴趣，或者认识不到其重要性，因而不愿意投入时间和精力。

沟通不畅：企业没有进行有效培训来传达企业文化的价值和意义，导致员工不理解或不认同企业文化，进而无法产生共鸣。

激励措施不足：企业未能提供充分的激励和支持机制，员工可能觉得参与企业文化建设的收益不足以吸引他们。

对企业文化不认同：企业文化可能与员工的个人价值观不相符，导致员工难以在心理上认同和接受。

领导示范作用缺失：领导层和管理层未能通过自身行动展示对企业文化的拥护，员工可能觉得高层对此并不重视，从而降低了参与的动力。

反馈和认可缺失：员工参与企业文化建设的努力未能得到及时的反馈和认可，导致他们感到不被重视，从而降低了进一步参与的意愿。

（三）根本的原因

虽然某些中小民营企业没有开展企业文化建设，或者企业文化建设的效果不佳，存在上述客观和主观方面的部分原因，但是大部分的企业老板及其团队还是有意愿投入一些资源建设自己的企业文化的，甚至建设企业文化的愿望较为迫切。当然，每家企业建设企业文化的动机各不相同：有的是因客户倒逼，有的是受企业文化学习后的触动，有的是新厂房搬迁需要展示新的形象，有的是"二代接班人"希望推动管理变革，还有的是随着企业发展壮大，创始人的使命感和社会责任感增强了，等等。

在多年的企业管理咨询和企业文化建设辅导实践中，尤其是通过对众多中小民营企业的老板、管理干部和基层员工进行访谈后，我们深刻地领悟到，中小民营企业在企业文化建设中面临的最关键问题，是普遍缺少一套简捷明了且系统性的建设方案。

所谓简捷明了，就是能够用通俗易懂的语言，快速说明企业文化建设的基本逻辑，即是什么（基本概念）、为什么（目的意义）和怎么做（方法工具）。

所谓系统性，就是能够用科学而严谨的思路，完整呈现企业文化建设的整体框架，并且整个框架的内容也应该是层次分明的。

【原因小结】许多中小民营企业，特别是制造型企业，在企业文化建设方面存在的问题是全方位的，造成问题的原因也是多层次的。这其中既有客观原因，也有主观原因，而缺少企业文化建设的系统性方法则是最为根本的原因。

三、方案与实施

对于中小民营企业的文化建设工作，在多年的管理咨询中，我们逐步总结出了较系统、简捷的企业文化建设方法论，它由企业文化的基本知识、理念体系、培训宣传、落地实施、优化升级五大板块组成，同时也隐含了企业文化建设的五个步骤。

以上关于企业文化建设方案的框架内容，是本章论述的重点。接下来，我将继续借鉴第一章对中小民营企业战略管理问题解决方案的思路，用简单的逻辑，从咨询师的角度出发，做详细而具体的介绍和说明。

（一）方案综述

为了方便大家理解本部分的内容，我先对方案总体框架中五个板块的内容做一个概况性的解释与说明。

第一，企业文化的基本认知：指的是企业领导和广大员工需要了解的、最基本的企业文化相关知识，包括企业文化的定义、要素、原则、层次、功能、实施步骤及实施要求等。

第二，企业文化的理念体系：指的是企业领导和企业文化小组需要熟悉和掌握如何提炼企业文化理念、如何确定文化理念体系的要素、如何对文化理念进行解析，以及如何编写"企业文化手册"等。

第三，企业文化的培训宣传：指的是在完成了企业文化理念的提炼，并编制成"企业文化手册"后，人力资源部和企业文化小组需要熟知企业文化培训和宣导的方式方法，需要掌握培训宣导相关技能，同时要把对企业文化的培训融入企业的培训管理体系中。

第四，企业文化的落地实施：指的是人力资源部和企业文化小组需要熟悉和掌握企业文化一系列的落地实施方法，需要从点到面逐步开展并做到长期坚持，最终做出自己企业的应有特色，获得良好口碑。

第五，企业文化的优化升级：指的是企业领导、人力资源部和企业文化小组需要了解企业文化建设自我诊断的方法、优化和改进的措施、迭代升级的时机，以及应掌握的相关技能要求。

为了让大家对企业文化建设项目有一个整体而清晰的认知，方便对后面具体内容的学习、借鉴和应用，我总结归纳了"企业文化建设方案综述"，如表2-1所示。

表2-1　企业文化建设方案综述

方案框架		基本认知	理念体系	培训宣传	落地实施	优化升级
1	目的	了解企业文化相关专业知识	提炼出企业的文化理念体系	全员熟知企业文化理念体系	有效推进企业文化建设整体工作	实现文化引领企业的持续发展
2	内容	企业文化的定义、要素、原则、层次、功能、实施步骤及实施要求等	要素提炼、理念解析，手册编制等	文化发布、入职培训、辩论竞赛、线上宣传、线下宣传等	价值观考核、荣誉标杆、能力素质词典、人才评估等	半年文化诊断、文化融入评估
3	方法	课堂学习	内部访谈、专题调研、小组座谈	课堂学习、故事分享、制作专栏	团建活动、文化仪式、员工座谈、树立标杆	文化诊断、融入审计事项
4	成果输出	企业文化建设指南	企业文化理念体系、企业文化手册	文化培训课件（PPT）	相关落地措施的实施计划	相关优化升级的实施计划
5	实施周期	1～2天	4～6周	长期	长期	长期
6	主导人	人力资源部	企业领导	人力资源部	人力资源部	企业领导
7	参与人	领导层、管理层及员工代表	人力资源部、企业文化小组、全体员工	管理层、员工层	企业文化小组、管理层、员工层	企业文化小组、人力资源部

说明：
① 该方案是基于企业没有文化理念体系或者文化理念体系不完整的情况下设计的，各企业需要根据自己的企业文化建设现状做调整，但步骤不能省略，每个步骤在具体操作上可以灵活变通。
② 方案实施周期，是指在专业顾问老师的指导下需要的时间。如果没有专业顾问老师的指导，则实施周期会更长，需要企业根据实际情况做具体的计划。

（二）方案实施

企业文化建设方案的总体目标是打造企业独特的文化理念体系，并实现以文化引领企业长期可持续发展。以下将围绕该方案五个板块的内容，进行具体的操作说明。

1．基本认知

关于企业文化的相关专业知识和书籍有很多，在这里我只介绍自己理解和总结的五个重要知识点：定义、原则、层次、要素和功能。

1）企业文化的两个定义

定义一：简单而概括地表述，企业文化就是"群体性的习惯"。

定义二：从大到小按层次地表述，企业文化是指企业的价值意义、企业的精神品格、团队的观念准则和员工的行为习惯。

2）企业文化建设的三个原则

原则一：领导重视

作为企业的领航者，领导者不仅自身要成为企业文化的践行者和传播者，更要通过积极参与和持续支持，为企业文化建设注入源源不断的动力。通过有效的沟通机制，领导者应向员工传达企业的核心价值观和理念，确保企业文化深入人心。同时，领导者还应关注员工的成长与发展，通过培训和指导，帮助员工更好地理解和践行企业文化。此外，领导者还需保持敏锐的洞察力，根据员工反馈和市场变化，及时调整和完善企业文化建设策略，确保企业文化能与时俱进，并不断焕发新的活力。

原则二：全员参与

企业文化不仅是领导层的责任，还是每一位员工共同投入、共同建设的过程。全员参与确保了企业文化能够真正融入每一位员工的心中，成为大家的共同信仰和行为准则。当每位员工都积极投身于企业文化的塑造时，他们不仅能够更深刻地理解并认同企业的核心价值观，还能够通过自身的实践和贡献，推动企业文化不断发展和完善。这种全员参与的文化氛围，有助于增强员工的归属感和责任感，进而形成更为团结、和谐、积极向上的企业氛围。

原则三：长期坚持

企业文化是一种长期的、稳定的价值观和行为模式，需要经过长时间的积累和沉淀才能形成。因此，企业在建设文化的过程中，必须持之以恒、不断努力。长期坚持不仅要求企业在遇到困难和挑战时保持信心和决心，更要求企业在日常运营中始终如一地遵循和弘扬企业的价值观和理念。通过长期坚持，企业能够逐渐培养出一种独特而有力的文化氛围，这种文化氛围将成为企业发展的重要推动力，并帮助企业在激烈的市场竞争中脱颖而出。

总之，长期坚持是企业文化建设的基石，它决定了企业能否在不断变化的市场环境中保持稳定发展态势，并最终实现可持续发展。

3）企业文化的四个层次

层次一：精神层面

精神层面即企业的价值理念体系，是企业文化的精神内核，也是企业文化建设的源泉。其包括企业哲学、使命、愿景、核心价值观，以及具体的经营理念和管理理念。

层次二：制度层面

制度层面即企业文化核心理念通过制度融入管理，是员工践行企业文化及树立企业形象的重要保障，包括企业的各项管理规章制度、规范与流程。

层次三：行为层面

行为层面即员工践行企业文化理念的具体言行表现，包括员工行为规范与员工的思维方式、行事风格等，还包括企业习俗、仪式活动等。

层次四：形象层面

形象层面即企业通过视觉设计、产品和服务、文化传播网络、社会责任等物质与行为向企业内外传播和树立的社会形象，包括企业 VI、英雄人物、象征物、产品和服务、文化传播网络、品牌形象、利益相关者关系与社会形象等。

本章重点介绍的是企业文化的核心部分，即精神层面的企业文化，内容包括如何提炼出企业的文化理念体系。企业文化的四个层次如图 2-1 所示。

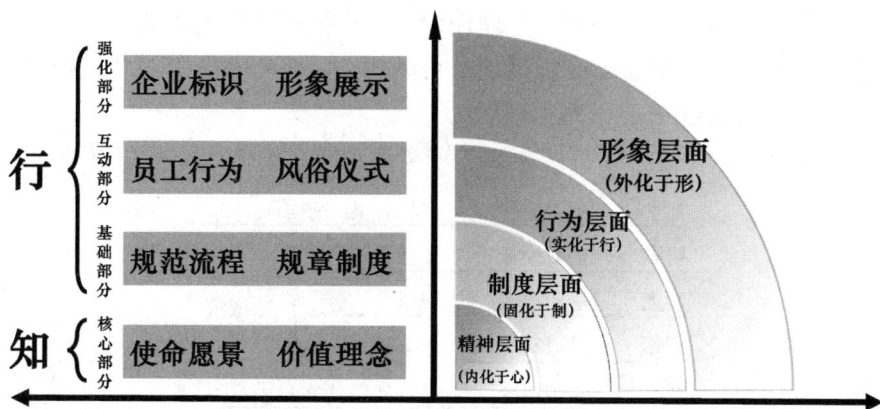

图 2-1 企业文化的四个层次

4）企业文化的六个要素

要素一：企业哲学

企业哲学也被称为企业的核心理念，具体来讲就是企业创始人的初心，是企业名称的含义，也是企业文化的基因。

要素二：企业使命

企业使命是指在社会进步和经济发展中企业所应担当的角色和责任，是对自身和社会发展所做出的承诺，也是企业存在的理由和依据。简单来讲就是做什么。

要素三：企业愿景

企业的愿景是指企业的长期愿望及未来状况，是未来发展的蓝图，是全体员工共同追求的目标。简单来讲就是做成什么样。

要素四：价值观

企业的价值观是指企业全体员工判断事物的善恶、是非与好坏的标准，是企业全体员工克服各种困难的精神支柱。简单来讲就是怎么做。

要素五：经营理念

企业的经营理念是指企业全体员工如何为客户和合作伙伴创造最大的价值，通俗地讲就是如何提高客户的满意度。经营理念又可以分成不同的亚理念，如生产理念、研发理念、品质理念、营销理念、服务理念、品牌理念等，也可以同经营理念做区分，称作生产观、研发观等。

要素六：管理理念

企业的管理理念是指企业在内部管理上如何让员工成长和发展，通俗地讲就是如何提升员工的幸福感。管理理念又可以分成不同的亚理念，如用人理念、学习理念、沟通理念、成长理念、行动理念、执行理念等，也可以同管理理念做区分，称作用人观、学习观等。

企业文化的六个要素（见图 2-2），形象体现了各要素之间的逻辑关系。

要素	：企业哲学	名称含义，创始初心	
要素	：企业使命	做什么	
要素	：企业愿景	做成什么样	三法宝
要素	：价值观	怎么做	
要素	：经营理念	对外如何让客户满意	
要素	：管理理念	对内提升员工幸福感	

图 2-2　企业文化的六个要素

5）企业文化的七个功能

我认为企业文化的功能可以用"七力"来总结，即引导力、凝聚力、约束力、激励力、协调力、辐射力和优化力。企业文化的七个功能如图 2-3 所示。

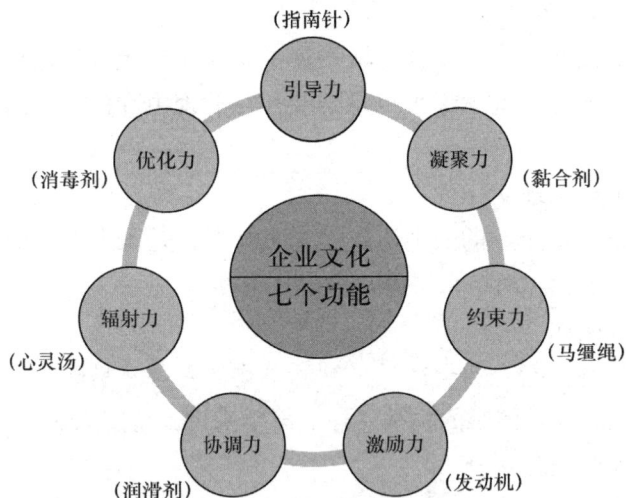

图 2-3　企业文化的七个功能

功能一：引导力（指南针）

企业文化的引导力如同指南针一样，为企业和员工指明方向。它提供了明确的目标和愿景，使员工能够理解企业的核心价值观和目标，并朝着这个方向努力前进。

功能二：凝聚力（黏合剂）

企业文化的凝聚力就像黏合剂一样，将员工紧密地连接在一起。共享价值观、信念和目标有助于建立团队协作精神，增强员工之间的信任与合作。

功能三：约束力（马缰绳）

企业文化的约束力可以看作一种自我调节机制，它能像马缰绳一样控制和引导员工的行为。这种文化框架可以确保员工遵守企业的制度和道德准则，同时也培养了他们的责任感和纪律性。

功能四：激励力（发动机）

企业文化的激励力类似于发动机，可以为员工提供动力和激情。通过对员工的积极表现予以认可和奖励，鼓励创新与追求卓越。这一功能可以激发员工的潜能，推动他们不断突破瓶颈，创造更好的业绩。

功能五：协调力（润滑剂）

企业文化的协调力如同润滑剂，可以促进企业内部的顺畅合作和协同一致。它有助于减少内部摩擦和冲突，确保各部门和个人之间的和谐合作，进而提高工作效率和整体绩效。

功能六：辐射力（心灵汤）

企业文化的辐射力犹如一碗温暖的心灵汤，不仅可以滋养员工的心灵，还可以向外传递企业的价值观和形象。这种正面影响有助于吸引客户、合作伙伴和投资者，同时也有助于提升企业的社会声誉。

功能七：优化力（消毒剂）

企业文化的优化力可以看作一种"消毒剂"，它能不断清洗和净化企业内部的不良习惯和做法。这一功能通过持续的自我反省和改进，能使企业适应不断变化的市场环境，并保持竞争能力和生存能力。

深度分享

企业在组织管理层或全体员工开展企业文化知识学习和培训时，可以借助这个时机策划一次动员大会。实际上，从动员大会的环节起，企业文化的落地工作就已经开启了。

2．理念体系

在系统学习了关于企业文化的基本知识后，我们就可以开始学习第二个板块的内容了，即提炼企业的文化理念，形成完整的企业文化理念体系，并编制成企业文化手册。

要想顺利完成该板块的内容，需要经历以下七个阶段：成立小组、素材收集、汇总提炼、讨论精进、理念定稿、编写手册、文化发布。文化理念提炼的七个阶段如图 2-4 所示。

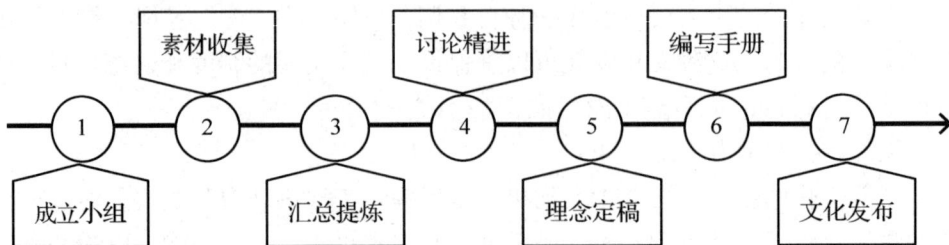

图 2-4　文化理念提炼的七个阶段

阶段一：成立小组

在企业第一负责人的主持下，首先成立企业文化建设小组（简称文化小组），为了文化小组能够顺利开展工作，需要确定文化小组的成员、职责和行动计划。

1）文化小组成员的构成

组长：1 人，由企业领导或第一负责人担任。

副组长：1 ~ 2 人，由行政副总或总经办主任担任，或再聘请一位咨询老师协助。

小组成员：5 ~ 10 人，由各部门负责人和员工代表组成。

> 【特别说明】文化小组成员的推荐要求是：熟悉本企业整体业务、了解行业背景、理解创始人的心路历程、善于沟通表达、思维活跃、有较好的文字功底、本人愿意额外付出时间和精力。

2）文化小组的职责

（1）提炼文化理念：参与讨论和提炼文化要素及解析。

（2）编制文化手册：负责分工编写文化手册或参与收集相关资料。

（3）宣贯企业文化：参与内部的文化培训、引导、考核，以及对外的线上线下形象展示工作。

（4）策划文化活动：参与策划劳动竞赛、技能比武、娱乐活动、团建活动、员工大会等文化类活动。

（5）代表模范榜样：在日常工作中，处处体现文化使者的模范带头作用。

3）文化小组行动计划

根据每个阶段的工作目标和需求，副组长或人力资源主管需要制订小组的工作计划，并呈报组长审核。下面的文化理念提炼工作计划（见表2-2），是我主导企业文化建设项目时常用的模板，供大家参考。如表2-2所示。

表2-2　文化理念提炼工作计划

序号	事项	具体内容	完成时间
1	培训学习	全员学习《企业文化建设指南》	
2	访谈调研	对创始人及关键岗位面对面深入访谈	
3	素材收集	文化小组成员内部征集文化故事和建议	
4	理念提炼	文化小组讨论确定文化理念体系	
5	标语提炼	文化小组讨论确定文化墙及现场标语内容	
6	定稿发布	制作文化理念解析课件并正式发布	

阶段二：素材收集

企业文化小组在收集企业文化建设的素材时，一般采用收集文化资料、内部访谈调研、文化故事征集、文化理念建议收集四种方法，下面就对这四种方法分别作具体的操作说明。

1）收集文化资料

无论企业是否有文化理念，都或多或少会有与文化建设相关的资料。例如，团队活动的方案和照片，企业内部的宣传标语和宣传栏，领导关于企业文化的讲话记录和关于文化理念的说辞，以及正式和非正式的文化理念等。

2）内部访谈调研

企业文化小组在做文化建设的访谈调研中，需要做到如下三步。

（1）确定访谈对象：包括创始人、股东、管理干部、核心岗位的人员、部分工龄较长的老员工（如10年或15年以上的）、部分新入职员工（如1年或半年以内的）。

（2）准备访谈提纲：我通常准备两个访谈提纲，一个是针对创始人和股东的[见企业文化建设访谈参考提纲（一）]，另一个是针对管理层及部分员工的[见企业文化建设访谈参考提纲（二）]。

企业文化建设访谈参考提纲（一）

（创始人和股东）

一、过去

1. 在您的人生经历中，您认为可以分为几个阶段？每个阶段的标志是什么？

2. 对您产生影响的人和事有哪些，包括正面和反面的？

3. 您信奉的人生格言是什么？

4. 谈谈您创办企业的初心，以及这期间的心理变化历程。

5. 在经营管理和企业文化方面，您有哪些成功的经验？对现在有什么积极影响？还有哪些失败的教训？是方向性（战略性）失误还是操作性失误？对现在有何影响？

二、现在

1. 目前企业文化形成的具体时间和方式是什么？

2. 企业现有的使命、愿景、价值观、经营理念和管理理念是什么？

3. 企业的质量、成本、市场、客户、竞争、创新、危机、学习等意识如何？

4. 员工的哪种言行是您无法容忍的，甚至要将其辞退的？哪些言行是您最为欣赏的，一定会委以重任的？

5. 您认为企业的主要优势有哪些？有哪些不足亟须提升和改善？

6. 企业有哪些优良传统是必须要发扬光大的？

7. 企业在标识的设计上有什么特殊的含义或者寓意？

8. 这些年来，随着企业的发展壮大，企业文化发生了哪些变化？具体来讲，哪些方面发生了变化，哪些方面没有发生变化？发生这些变化的原因是什么？

9. 您认为企业的文化建设已经取得了哪些成绩？现有文化有哪些不足？在企业文化建设上会有哪些困难和阻力？您有什么建议？

三、将来

1. 您对企业所处行业的未来发展趋势有何预见？

2. 您对企业未来的发展是如何规划的？在哪些方面要加大投入？做到什么程度会使您感到满意？

3. 为了企业未来的可持续发展，如未来的 5 年、10 年，甚至更长的时间，您希望建立什么样的企业文化？

4. 企业的竞争对手有哪些？它们有哪些值得您学习、借鉴的地方？

为何要对创始人进行访谈？

创始人的核心价值观就是企业文化的基因

创始人的初心决定了企业的使命

创始人的抱负决定了企业的愿景

创始人的核心理念决定了企业的哲学

企业文化建设访谈参考提纲（二）

（管理层及部分员工）

一、过去

1. 您对所在企业的名称及其含义有怎样的理解？

2. 您所在的企业自创办以来大致可划分为几个阶段？每个阶段分别以什么作为标志性特征？

3. 在企业发展进程中，关于文化、战略和人员方面，有没有对您触动或影响极大的事情，能否回忆并分享一下？

4. 在企业文化建设过程中，有哪些成功经验与失败教训，可否简要介绍一下？

5. 您所在的企业具备哪些优良传统，用哪几个形容词能够精准描述企业的特色？

二、现在

1. 能否简单介绍一下您所在企业的标识设计代表了什么？

2. 您认为企业目前的管理制度是否完善？在实际执行过程中存在哪些优点和不足？

3. 就目前企业的工作氛围或风气而言，哪些方面是您满意的，哪些方面是您不满意的？

4. 请阐述一下企业的使命、愿景和价值观分别是什么，以及您对它们的理解是怎样的？

5. 您在该企业工作的动力源自哪些方面？

6. 关于企业文化建设，您最钦佩的是哪家企业？原因是什么？

三、将来

1. 您期望企业在未来5年、10年，甚至更长的时间里，发展成为怎样的企业？

2. 对于企业文化建设工作，您还有哪些意见或建议？

以上两个访谈提纲都是按照过去、现在和将来的时间顺序进行设计的，主要目的有以下三点。

第一点：通过对过去的回忆与挖掘，梳理出企业的优良传统，这些在后期企业文化建设中需要继续保持。同时，察觉不良的行为习惯，对此类现象需加以规避并摒弃。

第二点：通过对当下管理现状的分析，发现企业管理方面的优势与不足，这需要引起企业管理层的足够重视。这并非单纯的文化建设问题，而是需要文化小组进行综合考量和应用。

第三点：通过对未来美好愿景的展望，思考并规划企业共同的理想和目标。

（3）分组实施访谈：在访谈中，务必做好以下准备工作。

访谈计划：根据访谈的人员和上班时间等情况，预约访谈时间，并拟定一个访谈计划表。

访谈分组：为确保访谈的质量，需要分成由2～3人组成的访谈小组，以多对一的方式进行访谈，有人负责提问，有人负责记录。

访谈时间：一般员工需要半个小时，管理层或重要员工需要一个小时，创始人需要两个小时。

访谈场地：谈话的环境应尽可能地安静和放松。

访谈记录：可以借助录音笔进行记录，所有的访谈内容，务必整理成文字稿，以便于访谈信息的汇总和梳理。

深度分享

对创始人的访谈极为重要和宝贵，需要提前筹备，并规划好后续应用。要挑选一个正式的场合，准备好摄影和摄像器材，并且至少安排三人参与访谈，分别负责主访、协访和记录工作。

3）文化故事征集

征集企业文化小故事时，应注意以下事项。

（1）参与对象：全体员工均需参与企业文化小故事的提交，提交时采用实名制，这是全员参与企业文化建设的重要环节。对于提交数量不做限制，员工也可以选择不提交，相信总会有员工自愿并积极提交。

（2）提交时间：一般情况下要求一周内提交即可，建议不要超过两周的时间，不要让员工养成工作拖拉的习惯。

（3）故事质量：为了方便汇总整理，建议采用统一的模板，若有员工不熟悉电脑操作，可以先手写内容，再由他人整理成电子版。故事要求真实，题材可以是部门内部、与客户或供应商之间，以及个人亲身经历的能体现企业正能量的人与事。故事需具备基本要素，包括时间、地点、人物、事件及经过。在故事的完整度、条理性、生动性和逻辑性方面先不做过高的要求，后期可由文化小组进行修改和完善。企业文化小故事的征集模板，如表 2-3 所示。

表 2-3 企业文化小故事

姓名		部门		岗位	
入职时间		标题			
关键词					
（故事正文）					
说明： ① 故事要求真实，题材可以是部门内部、与客户或供应商之间，以及个人亲身经历的能体现企业正能量的人与事。 ② 故事需具备基本要素，包括时间、地点、人物、事件及经过，力求做到故事完整、内容生动、思路清晰。					

【特别说明】关键词即能体现该故事所蕴含的企业价值观或理念的词汇。在提交初期，无须强行套用企业现有的价值观，后期可以再提炼价值观的用词。对于提交的文化故事，必须做好实名登记，因为后续将开展文化故事的评选和奖励。若提交的文化故事配有相关照片，务必要一并收集，这对后期设计制作文化手册大有用处。

4）文化理念建议收集

对于文化理念建议的收集，也需要全体员工参与，可以与文化故事的征集同步进行。文化理念建议的收集模板，如表 2-4 所示。

表2-4 文化理念建议

序号	要素	内容描述	补充说明
1	企业名称的含义		
2	企业使命		
3	企业愿景		
4	价值观		
5	经营理念		
6	管理理念		

建议人：	岗位：		日期：

阶段三：汇总提炼

进展到这个阶段，需要完成访谈信息汇总、文化故事汇总编辑、文化故事推荐评选、文化理念汇总编辑及文化理念草案讨论五项工作。

1）**访谈信息汇总**

访谈计划完成后，由一个人负责汇总访谈的信息，建议根据访谈的提纲，把所有访谈者的回答先汇总到一起，再进行去重、去次后，归纳整理成一个规范的 Word 文档。

2）**文化故事汇总编辑**

由一个人把收集到的文化故事汇总编辑成一个 Word 文档，隐去作者姓名，并使每个文化故事务必完整，包括主题、关键词和正文三个部分（见参考案例《品质小故事》）。

品质小故事

作者：×××　　　　　　关键词：品质为先

在 2021 年上半年，我们公司接到了一个特别的订单——外贸 8160 奶瓶沥干架。这款产品不仅是我们首次推出的同类型产品，而且客户对其外观设计和色系搭配有着极为严苛的要求。在经过多次工艺调整后，我们终于满足了出货标准。

然而，在第二次生产中，我们遇到了一个棘手的问题。客户发现产品定位处出现了轻微的发白现象。尽管我们不断尝试优化工艺，但始终无法满足客户的严格要求。车间内弥漫着紧张的气氛，订单面临被取消的危机。

在这个关键时刻，我们向总经办求助。缪总果断地联系了路桥的模具供应商，共同深入分析并采取了多项改进措施。经过他们的不懈努力，问题终于得到了解决，产品成功达到了客户的要求并顺利出货。

这次事件给我留下了深刻的启示：只要我们用心去做，不畏困难，坚持不懈，就一定能够取得成功。同时，缪总的果断与恒心也充分展现了企业的成功决心。这件事使我们深受鼓舞，我们坚信只要怀揣着对成功的向往，必定能够在任何挑战面前取得胜利！

3）文化故事推荐评选

文化小组的所有成员均应认真阅读、整理汇总每一篇文化故事，并分别从"典型性""价值意义"这两个维度，按照5分制（0～5分）对每个故事进行评分。在这里推荐两个表格供大家参考，优秀文化故事评选表，如表2-5所示；文化故事评选结果汇总表，如表2-6所示。

表2-5 优秀文化故事评选表

文化故事	1	2	3	4	5	6
评分						
文化故事	7	8	9	10	11	12
评分						
文化故事	13	14	15	16	17	18
评分						
文化故事	19	20	21	22	23	24
评分						
文化故事	25	26	27	28	29	30
评分						
文化故事	31	32	33	34	35	36
评分						
文化故事	37	38	39	40	41	42
评分						

续表

文化故事	43	44	45	46	47	48
评分						
文化故事	49	50	51	52	53	……
评分						
评分人：					日期：	
说明：认真阅读每篇文化故事，从"典型性""价值意义"这两个维度，按照5分制（0～5分）对每个故事进行评分。						

表2-6　文化故事评选结果汇总表

编号	故事名称	关键词	打分1	打分2	打分3	…	合计	奖项	备注

【特别说明】为了提高员工提交文化故事的积极性，建议给予适当的奖励，奖励的标准也要提前告知。根据评选结果的分数排名来确定文化故事的等级，奖项数量及奖励金额需要根据企业的情况而定。例如，优秀的故事2～3个，每个奖励200元；良好的故事3～5个，每个奖励100元；一般的故事5～8个，每个奖励50元；其他的或没有被文化小组采纳的故事，均评为参与奖，每个奖励10元。

4）文化理念汇总编辑

对于收集上来的所有关于文化理念的建议，推荐一个人按照文化理念六大要素（企业哲学、企业使命、企业愿景、价值观、经营理念和管理理念）的顺序进行归纳并汇总成一个规范的 Word 文档，注意隐去提建议者的姓名。

根据多年提炼文化理念的项目咨询经验，员工所提的建议会出现五花八门、抄袭雷同、张冠李戴等情况，需要汇总者进行去重、拆分、合并、舍弃等大量的编辑工作，才能把有参考价值的建议筛选出来。接下来，按拼音顺序排列有参考价值的建议，把没有参考价值的建议舍弃或统一放在后面。

5）文化理念草案讨论

根据整理后的文化理念汇总文档，制作一个讨论草案，由人力资源主管或文化理念汇总者（建议请专业的咨询顾问协助）主持首次讨论会议，重点围绕文化理念的六大要素逐一展开讨论。为了提高会议的效率，需要主持人提前一天把要讨论的草案发给文化小组的所有成员。

在讨论会议上，给每人发一份企业文化理念推荐表（见表2-7），现场填写完毕后交给主持人。从这个阶段开始，就要重点考虑总经理或创始人的推荐建议了。

表 2-7　企业文化理念推荐表

一、关于企业名称的哲学含义
1. 我推荐：＿＿＿＿＿＿＿（每人推荐 1 个，写序号即可）
2. 我建议：＿＿＿＿＿＿＿＿＿＿
二、关于企业的使命
1. 我推荐：＿＿＿＿＿＿＿（每人推荐 1～5 个，写序号即可）
2. 我建议：＿＿＿＿＿＿＿＿＿＿
三、关于企业的愿景
1. 我推荐：＿＿＿＿＿＿＿（每人推荐 1～5 个，写序号即可）
2. 我建议：＿＿＿＿＿＿＿＿＿＿
四、关于企业的价值观
1. 我推荐：＿＿＿＿＿＿＿（每人推荐 1～5 个，写序号即可）
2. 我建议：＿＿＿＿＿＿＿＿＿＿
五、关于企业的经营理念
1. 我推荐：＿＿＿＿＿＿＿（每人推荐 1～5 个，写序号即可）
2. 我建议：＿＿＿＿＿＿＿＿＿＿
六、关于企业的管理理念
1. 我推荐：＿＿＿＿＿＿＿（每人推荐 1～5 个，写序号即可）
2. 我建议：＿＿＿＿＿＿＿＿＿＿
推荐者：　　　　　　　日期：

阶段四：讨论精进

在讨论精进的阶段，企业文化小组的所有成员需要共同完成文化理念投票、文化小组讨论、形成建议方案三项工作。

1）文化理念投票

根据文化小组的第一次会议讨论结果，对阶段三的文化理念草案进行更新和修改，制作"企业文化理念提炼投票问卷"并进行内部投票。

企业文化理念提炼投票问卷

各位 ×× 家人：

经过全体家人的积极参与，企业文化征集活动已经顺利结束。根据企业文化建设的推进计划，现将征集结果做全员投票表决，具体说明如下。

1. 此次投票表决紧紧围绕企业的使命、愿景、价值观、经营理念和管理理念五大要素进行，每个要素包括 10 ~ 20 个选项，请选出您认为最合适的选项。

2. 每个要素最多只能选择三项，多选无效。

3. 请在收到通知后的两天内提交该问卷，过期系统会自动关闭。

一、以下是关于企业使命的描述，请选择您认为最合适的选项，最多选三项。

知识回顾：企业的使命是指在社会进步和经济发展中应该担当的责任，是对自身和社会发展做出的承诺，也是企业存在的理由和依据。

1. ……

2. ……

3. ……

二、以下是关于企业愿景的描述，请选择您认为最合适的选项，最多选三项。

知识回顾：企业的愿景是指企业的长期愿望及未来状况，是未来发展的蓝图，是全体员工共同追求的目标。

1. ……

2. ……

3. ……

三、以下是关于企业价值观的描述，请选择您认为最合适的选项，最多选三项。

知识回顾：企业的价值观是指全体员工判断事物的善恶、是非与好坏的标准，是企业克服各种困难的精神支柱。

1. ……
2. ……
3. ……

四、以下是关于企业经营理念的描述，请选择您认为最合适的选项，最多选三项。

知识回顾：企业的经营理念是指全体员工如何给客户和合作伙伴创造最大的价值，通俗地讲就是如何提高客户的满意度。

1. ……
2. ……
3. ……

五、以下是关于企业管理理念的描述，请选择您认为最合适的选项，最多选三项。

知识回顾：企业管理理念是指企业在内部管理上如何让员工成长和发展，通俗地讲就是如何提升员工的幸福感。

1. ……
2. ……
3. ……

【特别说明】在进行企业文化问卷内部投票时，要确保全体员工经过了企业文化基本知识的培训，并且对企业文化有了统一认知。内部投票的方式要灵活，可以同时采用纸质投票、电子问卷、内部沟通系统投票等多种方式。

2）文化小组讨论

对文化理念投票的结果进行汇总整理，并做初步的分析，组织文化小组成员进行再次讨论聚焦，这个阶段一般需要2～3次小组讨论才能锁定想要的成果。

在此阶段，每个小组成员都需要熟悉和掌握文化理念的设计原理和提炼要点。

以下"企业文化六要素提炼标准"（见表2-8）是我根据多年经验研究出来的成果，在此分享给大家作为参考。

表2-8　企业文化六要素提炼标准

文化要素		含义	设计原理	提炼要点
1	企业哲学	核心理念 名称含义 历史渊源	企业取名的过程 股东创业的发心 标识设计的想法	解析企业的简称 体现股东的初心 赋予时代的内涵
2	企业使命	做什么	服务对象是谁？ 满足他们的什么需求？ 自身的核心优势是什么？ 做事的态度如何？	聚焦到客户的群体 定位自身的优势和卖点 满足客户长期和主要的需求 确定关键词，整理表达逻辑
3	企业愿景	做到什么程度	时间长远，持续百年 空间广阔，放眼全球 目标宏大，追求卓越 价值独特，明确定位	言简意赅的一句话 呼应使命的关键词 时间空间的想象力
4	价值观	如何去做	维度：做人/事/事业 原则：先做人，后做事 逻辑：先对内，后对外 层次：对客户/团队/个人	过去：发扬企业的优良传统 现在：满足客户的现实要求 未来：符合行业的发展需要
5	经营理念	如何让客户满意	质量：高于客户的期望 技术：超出行业的水准 服务：超过对手的水平 成本：符合客户的预期	选择客户最需要企业最关注的一点，或者进行多点突破
6	管理理念	如何让员工幸福	需求：满足不同层次需求 态度：体现核心的价值观 行为：起到模范带头作用 结果：创造出更高的业绩	选择员工最需要、企业最关注的一点，或者进行多点提升

3）形成建议方案

所谓的建议方案，是从员工们提出的众多方案中，经过多次讨论和聚焦，针对每个要素，最多锁定三个方案而确定的。随后，制作企业文化理念初步方案PPT课件（建议使用企业统一的PPT模板），并对各个方案的选择理由进行简要说明。完成后的建议方案初稿需统一发送给文化小组成员，并与企业领导商定下一次小组讨论的时间。

阶段五：理念定稿

在理念定稿的阶段，需要完成两项重点工作：一是确定企业文化理念体系的终稿；二是经营理念和管理理念的亚理念（又称分支理念）。

关于文化理念的定稿讨论会议，务必邀请文化小组的组长（企业领导）来主导。在会议中，企业领导需向大家阐明选择某些方案的理由，对于未被选择的方案，同样要说明不选择的原因。若企业领导对现有方案仍不满意，也可提出新的想法与需求，以便文化小组对方案进行再次优化和调整。

关于经营理念和管理理念的分支理念提炼，可以放在文化手册的编写阶段进行，分配给各职能部门拟定即可。分支理念一般为 5～6 个，不需要太多。

例如，经营理念可从生产、研发、技术、品质、营销、服务、品牌、采购等角度选择确定；管理理念可以从人才、用人、学习、沟通、成长、行动、执行、创新、分享等角度选择确定。

深度分享

理念定稿阶段是企业领导对管理层进行企业文化教育培训的重要环节，企业领导一定要借助每一次的机会带头宣导企业的文化理念。尤其是当企业的文化理念体系确定后，更要开展诸如文化融入之类的工作，并营造文化理念的宣传场景。

阶段六：编写手册

对于企业文化手册的编写工作，需要文化小组成员分工协作完成。我不建议完全依赖外部咨询公司编写，毕竟由企业内部自行产出的内容，才更具真实感与切身体验。当然，若企业能够聘请一位咨询老师来指导编写，那再好不过，这能让我们少走些弯路。

对于企业文化手册的编写流程，建议按以下几个步骤完成：推荐一个主笔者—讨论确定手册的提纲—小组分工收集资料—汇总编写成册—小组讨论优化—企业领导审核。其中，文化手册的提纲是最能体现专业性的，所以我把多年来总结的"企业文化手册参考提纲"分享给大家，供大家参考。

企业文化手册参考提纲

目录

—前言—

企业之歌

一、关于企业

（一）企业简介

（二）发展历程

（三）企业荣誉

二、企业哲学

哲学释义

三、企业使命

（一）使命释义

（二）践行使命

四、企业愿景

（一）愿景释义

（二）愿景分解

五、价值观

（一）×××

1. 释义

2. 如何做到

（二）×××

1. 释义

2. 如何做到

（三）×××

1. 释义

2. 如何做到

（四）文化故事

1. ×××

2. ×××

3. ×××

　　　4. ×××

　　　5. ×××

六、经营理念

　　（一）释义

　　（二）分支理念

　　　1. ×× 理念

　　　2. ×× 理念

　　　3. ×× 理念

　　　4. ×× 理念

　　　5. ×× 理念

七、管理理念

　　（一）释义

　　（二）分支理念

　　　1. ×× 理念

　　　2. ×× 理念

　　　3. ×× 理念

　　　4. ×× 理念

　　　5. ×× 理念

八、企业 CIS

　　（一）构成元素

　　（二）主题寓意

　　（三）商标应用

九、文化建设

　　（一）信息收集

　　（二）文化故事

　　（三）文化仪式

　　（四）文化活动

　　（五）线下宣传

　　（六）线上宣传

—后序—

深度分享

　　企业文化小故事是企业价值观的具体行为体现，也是表扬员工的重要抓手。在日常工作中，这种正能量的文化故事经常发生。这就需要管理者拥有一双善于发现美的眼睛，如此才会有更多的文化故事不断涌现，助力企业价值观顺利落地。否则，企业价值观的落地将会面临重重困难。

　　阶段七：文化发布

　　经过前面六个阶段的辛勤付出，企业文化理念体系的提炼工作才算顺利完成，接下来就可以择日进行文化发布了。如果条件允许，可以组织一场隆重的发布会，以扩大企业的影响力；也可以借助年会、厂庆等重要节日，组织一场内部的发布会。如果不对文化理念进行正式发布，员工们就不知道企业的文化，企业前面的所有努力都将失去意义。

　　对于文化发布环节，我相信许多中小民营企业是有条件完成的，这里有几点建议可供大家参考。

　　（1）组织者：人事行政部或总经办，负责策划和主持。

　　（2）主讲人：一定是企业的负责人（企业领导）。

　　（3）准备材料：企业文化理念体系 PPT，企业文化手册（需提前设计和印刷，人手一册），文化故事表彰的用品，企业领导审核同意的会议议程。

3．培训宣传

　　举行文化发布会并非企业文化建设工作的结束，而是企业文化建设工作的正式开始。很多中小民营企业虽然已经有了相对完整的文化理念体系，然而员工对其毫无印象和感觉，企业领导也认为企业文化未能发挥实际效果。究其原因，就在于缺少培训宣导环节，或者培训宣导工作没有持续推进，最终致使企业文化建设工作虎头蛇尾，甚至中途夭折。

　　对企业文化开展培训与宣导工作，最终目标是要让企业内外知晓和了解企业的价值理念体系。具体来讲就是让管理层对其精通，员工层对其熟悉，客户们都能知晓，在社会上也广为人知。

　　企业文化的培训宣导方式丰富多样，需要企业不断结合自身的实际情况进行创造性的实践和巩固优化，并将其与人力资源的整体工作相结合。在此，我总结了"七个动作"供大家参考，即开设培训课程、举办座谈会、设置文化墙、打造宣传栏、撰写标语、传唱企业歌曲，以及举办演讲比赛。

动作一：开设培训课程

方法：通过开设专门的企业文化专题培训课程，如讲师授课、案例分析、小组讨论等形式，向员工系统介绍企业的使命、愿景、价值观等核心文化元素。

说明：培训课是一种正式、系统的学习方式，可以确保员工对企业文化有深入、全面的了解，同时也有助于统一员工的思想和指导员工的行为。

动作二：举办座谈会

方法：定期或不定期举办座谈会，邀请企业领导、业务骨干或外部专家与员工进行面对面交流，分享企业文化建设的经验和心得。

说明：座谈会具有互动性强、氛围轻松的特点，可以激发员工的参与热情，促进员工之间的思想碰撞和经验交流。

动作三：设置文化墙

方法：在办公区域设置文化墙，通过张贴企业文化标语、宣传画、员工风采展示等内容，营造浓厚的文化氛围。

说明：文化墙以视觉形式呈现企业文化，能够潜移默化地影响员工的思想和行为，增强员工对企业的认同感和归属感。

动作四：打造宣传栏

方法：利用宣传栏发布企业文化相关信息，包括企业新闻、活动报道、优秀员工事迹等，及时更新内容，保持其时效性。

说明：宣传栏是企业文化的传播窗口，通过及时、准确地传递企业文化信息，可以引导员工树立正确的价值观和行为准则。

动作五：撰写标语

方法：组织员工参与撰写企业文化标语，选取最能体现企业核心价值的标语进行推广和宣传。

说明：写标语可以激发员工的创造力和参与热情，同时，标语本身具有简洁明了、易于传播的特点，有助于加深员工对企业文化的理解和记忆。

动作六：传唱企业歌曲

方法：创作或选用具有企业文化特色的歌曲，组织员工进行演唱，使歌曲成为传递企业文化的载体。

说明：唱歌能够以一种轻松、愉悦的方式让员工接受和传递企业文化，增强员工的凝聚力和向心力。

动作七：举办演讲比赛

方法：举办以企业文化为主题的演讲比赛，鼓励员工围绕企业文化进行思考和表达，评选出优秀演讲者并给予奖励。

说明：演讲比赛能够锻炼员工的表达能力和思维能力，通过演讲的形式可以让企业文化更加深入人心，激发员工的自豪感和归属感。

以上七个动作各有特色，企业可以根据自身情况和需求选择合适的方法进行企业文化的培训和宣导。

> **【特别说明】**在企业文化的培训宣导中，要充分利用和发挥企业文化手册的作用，总体来说，企业文化手册具有以下五个功能：一是企业文化理念的说明书；二是企业文化落地的指导书；三是企业发展成长的历史书；四是员工培训学习的教科书；五是企业基业长青的基石。

4. 落地实施

很多中小民营企业已构建起相对完整的企业文化理念体系，也深知企业文化的重要性和意义，并且人力资源部门也一直执行着企业文化建设的培训和宣导，使企业文化形象看起来颇为美观。然而，从领导层到普通员工都感觉企业文化虚无缥缈，有一种"食之无味，弃之可惜"的感觉。究其根源，在于企业文化理念未能真正落地，企业管理层尚未掌握推动企业文化理念落地的方法和措施。

关于企业文化理念实施落地的方法和措施，就像培训宣导一样，也需要企业不断结合自身的情况进行创造性的实践和总结优化，并融入企业的业务流程和管理制度中，形成长期的文化落地机制。企业的文化理念只有同工作标准相融合，才能从虚向实转化，真正落地。

我总结了推动企业文化理念落地的"七个举措"供大家参考：价值观考核、举行文化仪式、评选先进标杆、授予荣誉称号、开展团队建设、融入制度流程、影响合作伙伴。

举措一：价值观考核

方法：通过设定与企业价值观相契合的考核标准和指标，将价值观考核纳入员工的绩效评价体系中。这包括定期评估员工在工作中是否践行企业的核心价值观，以及在决策和行动时是否符合企业文化的要求。

说明：价值观考核不仅是对员工行为的约束和引导，更是对员工价值观的塑造和提升。通过考核，企业可以确保员工真正理解和认同企业文化，并将其转化为实际行动。

关于价值观的考核，我会在第八章人才激励的绩效管理体系设计中做具体的介绍。

举措二：举行文化仪式

方法：通过组织各种形式的文化仪式和活动，如入职宣誓、表彰大会、周年庆典、文化故事分享等，来强化员工对企业文化的感知和认同。

说明：文化仪式能够营造一种庄重、神圣的氛围，让员工在参与中感受到企业文化的魅力和力量。同时，这也是一种有效的传播方式，能够让更多的员工了解并接受企业文化。

举措三：评选先进标杆

方法：根据企业文化理念，尤其是价值观的要求，定期评选出在工作中表现突出、符合企业价值观或企业精神的先进员工或团队，为员工树立起榜样和标杆。

说明：通过评选先进标杆，企业可以激发员工的积极性和进取心，形成向榜样学习的良好氛围。同时，这也是对优秀员工的一种认可和奖励，能够增强他们的归属感和忠诚度。

举措四：授予荣誉称号

方法：对在企业文化建设中做出突出贡献的员工或团队，授予相应的荣誉称号和奖励。

说明：荣誉称号是对员工贡献的一种肯定和鼓励，能够激发员工的自豪感和荣誉感。同时，这也是对其他员工的一种激励和示范，能够促进企业文化的进一步传播和落实。

举措五：开展团队建设

方法：通过组织各种形式的团队建设活动，如户外拓展、团队集训、团队游戏等，增强团队凝聚力和协作精神，推动企业文化的落地。

说明：团队建设活动能够让员工在轻松愉快的氛围中增进彼此的了解和信任，形成共同的目标和价值观。这有助于打破部门壁垒，促进跨部门协作，从而推动企业文化的全面落地。

举措六：融入制度流程

方法：将企业文化的核心要素和价值观念融入企业的各项规章制度和业务流程中，确保员工在工作中能够时刻感受到企业文化的存在和影响力。

说明：通过融入制度流程，企业文化能够真正成为企业运营的内在动力和准则。这有助于规范员工行为，提高工作效率，同时也能够增强员工对企业的认同感和归属感。

举措七：影响合作伙伴

方法：与合作伙伴建立基于共同价值观和文化的合作关系，通过合作项目的实施和推广，共同传播和践行企业文化。

说明：影响合作伙伴不仅能够扩大企业文化的传播范围，还能够提升企业的形象和声誉。通过与合作伙伴的深入合作，可以共同推动行业的进步和发展，实现共赢。

以上推动企业文化落地的七个举措各具特色，也是相互补充的，企业在实际操作中可以根据自身情况进行选择，并结合多种手段进行综合施策，以确保企业文化能够真正落地生根并发挥应有的作用。

> 【**特别说明**】不管三七二十一，文化建设先走起。理念提炼七阶段、宣传培训七动作和落地实施七举措，共同构建了企业文化建设的完整框架。企业需要结合自身的实际情况进行选择和运用，从点到面逐步开展，持续坚持，以实现企业文化的真正落地和有效传播，最终打造出具有本企业特色的文化体系。

5．优化升级

企业文化理念体系一旦确定，就应该保持相对的稳定性，通常情况下不用做变更。对于大多数中小民营企业而言，五年甚至十年内都没有必要变更文化理念，因为文化理念本身要求较高且具有超前性。除非企业的发展遇到重大特殊情况，例如，业务模式需要做重大调整，发展的方向和业务需要改变；企业规模倍增，实力明显增强，原来的文化理念滞后了；企业搬迁至新场地，需要新的形象展示，等等。

虽然企业文化理念体系没有必要做频繁的改变，但是对这些理念的贯彻落地，却需要经历循序渐进与不断深入的漫长过程。所有的文化理念落地方法和措施都需要一个实践检验和优化改进的过程，这就是所谓的"企业文化是在企业内部长出来的"。在企业成长的过程中，需要定期进行企业文化建设的自我诊断，以便尽早发现问题，并及时加以纠正、优化和改进。如此一来，文化理念才能随着企业的发展逐步升级。

下面是我总结的企业文化建设自我诊断表（见表2-9），该表适用于多种情况：既适用于准备导入企业文化理念体系的企业，也适用于文化理念体系不系统、需要升级的企业，还适用于企业文化落地实施效果不理想的企业。

表2-9　企业文化建设自我诊断表

板块	内容或步骤 有无明确内容或相关要求		现状分析		其他说明
			存在的问题和难点	未来的目标和建议	
文化认知	1	领导层			
	2	管理层			
	3	员工层			
文化理念	4	企业哲学			
	5	企业使命			
	6	企业愿景			
	7	价值观			
	8	经营理念			
	9	管理理念			
	10	文化手册			
培训宣传	11	入职培训			
	12	文化专栏			
	13	文化墙			
	14	企业官网			
	15	企业之歌			
落地实施	16	文化仪式			
	17	文化标杆			
	18	团建活动			
	19	价值观考核			
	20	文化输出			

【方案小结】针对中小民营企业的企业文化建设方案，内容相对较为丰富且深入，具体包括五大板块内容，以及多项工作和步骤。若要正式实施，需要拟定一个项目推进计划。大部分的中小民营企业都缺少完整的文化理念体系，基本上都要先从文化理念的提炼工作入手。以下是企业文化理念提炼实施计划（见表2-10），供大家参考。

表2-10 企业文化理念提炼实施计划

步骤	推进事项		具体要求	成果输出	主导人	时间
步骤1 项目启动	1	干部学习	组织一次管理干部的项目启动会议，学习企业文化建设指南，并拟定具体议程	—	人力资源部	
	2	成立小组	成立包括各部门负责人的企业文化建设小组，共同推进企业文化建设工作	企业文化小组	总经理	
步骤2 全员培训	3	文化培训	分批组织全员学习"企业文化专业知识"，知晓企业文化项目实施要求	—	文化小组	
	4	效果测评	① 拟定企业文化知识测试题目，并组织测评； ② 抽查各部门的培训及学习效果	企业文化知识学习总结	文化小组	
步骤3 素材征集	5	理念征选	发放文化六要素征集问卷，实名制征集员工建议	文化六要素建议	文化小组	
	6	文化专访	① 根据访谈提纲，与核心创始人进行深度交流； ② 根据访谈提纲，与部分核心骨干员工进行深度沟通	访谈原始记录 提炼文化素材	文化小组	
	7	故事征选	① 发放文化故事征集模板，内部征集各类故事，征集有价值的故事30个以上； ② 项目工作组审阅并评出优秀的文化故事	文化故事汇总 评选优秀故事	文化小组	

续表

步骤	推进事项	具体要求	成果输出	主导人	时间
步骤4 理念提炼	8 词汇提炼	①根据访谈结果、文化故事、理念征集，总结提炼出价值观的关键词汇； ②文化小组对员工建议展开讨论、辨析，选出留用的关键词，并说明理由； ③文化小组审阅并评选出基本相符的经营和管理理念	文化理念建议及筛选结果汇总	文化小组	
	9 讨论精炼	文化小组进行专题讨论研究，集思广益，每个要素聚焦10～15条建议	形成文化理念投票稿	文化小组	
步骤5 理念定稿	10 网络投票	制作文化理念网络投票问卷，进行全员投票表决	全员投票结果	人力资源部	
	11 讨论精进	根据投票表决结果，文化小组进行多次专题讨论，直至定稿	企业文化理念初稿	文化小组	
	12 理念解析	对提炼的企业文化理念进行解释，对经营和管理理念进行分解			
步骤6 文化发布	13 文化手册	组织文化小组编制"企业文化手册"作为全员学习的官方资料	企业文化手册	文化小组	
	14 审核定稿	"企业文化理念PPT"和"企业文化手册"经过总经理审核后，准备正式发布	—	总经理	
	15 理念发布	举行内部发布会，正式发布企业文化理念体系	—	人力资源部	

第二部分

组织建设体系

第三章
流程制度梳理

本章所讨论的流程制度，对大部分中小民营企业来说都是非常熟悉的，每个企业或多或少都有一些流程制度方面的管理文件。除了流程制度，很多企业也会有规定、办法、条例、细则、政策、手册、标准、说明书、指导书、通知、会议决议，甚至会议纪要等不同形式和名称各异的管理文件。在本章中，凡是未做特别说明的，相关内容均统称为流程制度。

我个人的感悟和体会是，在企业管理的所有规范化体系中，流程体系和制度体系对管理者专业度的要求是相对较低的，因为流程或制度所呈现的内容就是大家天天在做的事情。流程制度看似简单、说起来容易，可真要落实并做到规范化，其梳理和整理工作则极为烦琐。若不投入一定时间和精力，很难达到预期的效果。

在正式介绍流程制度梳理之前，我想还是有必要简单总结一下流程制度的定义、关系及意义这三个知识点，以便大家更好地理解流程制度梳理的方案措施。

1. 流程制度的定义

所谓流程，简单来讲是指做事情的先后顺序，类似于我们开车使用的导航。如果按功能分类，可以分为业务流程和管理流程；如果按层级分类，可以分为一级流程、二级流程、三级流程、四级流程等。

所谓制度，简单来讲是指要求大家共同遵守的行为规范或行动准则，类似于道路交通中的红绿灯和摄像头。同流程一样，企业的制度也可以按部门、功能、目的等分为各种类别。

2．流程制度的关系

流程是制度的来源，我们可以从企业价值链导出企业的流程体系，再从流程体系找到需要制定的相关制度。同时，借助流程体系，还可以对企业制度体系的健全度进行判断。

制度是保障流程顺利运行的控制手段，也就是说，制度因流程而存在。通过执行制度，能够推动流程的执行。

从流程制度的执行角度来讲，如果制度在执行中出现了问题，或者说制度无法执行时，往往是它所包含的流程有问题导致的。因为同制度相关的流程标准与实际操作情况不符，这就是所谓流程标准和实际操作"两张皮"的现象。

总之，流程与制度既有联系又有区别，其本质和内涵是一致的，都是企业的管理文件。当制度的编写具体到了工作的每个步骤，并以文字或图片的形式将工作的前后逻辑关系都描述清楚了，此时的制度也可以被称为流程。而当流程以手册的形式呈现，并且作为管理要求在企业中强制推行，即实现流程制度化后，同样也可以将其称为制度。

3．流程制度的意义

流程制度是企业管理的基础，对流程制度进行梳理，是提升企业规范化管理水平的重要基础性工作。企业的流程制度若能在日常管理中得到有效的贯彻执行，必然会提高工作效率、降低运营成本、提高服务质量、实现战略目标等，从而推动企业的持续健康发展。

因此，我们从企业经营管理的整个系统来看，流程制度把"经营金三角"（产品、技术和营销）和"管理金三角"（岗位、事情和人才）的两个三角形有机融合在一起，才有了坚实而稳固的经营管理三棱柱。流程和制度都是为实现企业战略目标服务的，无论是流程还是制度，都应该以企业战略规划为引领。

一、问题现象

虽然流程制度对大多数中小民营企业来说是最基础的管理工作，但大多数中小民营企业很少给予其足够的重视。从我们接触过的中小民营企业现实情况来看，在流程和制度管理上，主要存在如下几个方面的问题和现象。

（一）流程管理方面的问题

1．没有制定流程

没有制定相关的业务流程，销售、生产、采购、研发等工作都是按习惯和经验开展的。

2．有流程但不系统

有的企业虽制定了一些流程，却未对流程管理进行整体的策划，缺乏系统性考量，各流程之间的逻辑关系也不清晰。部分流程是新入职的部门经理从原单位沿用过来的，或是其自认为有必要制定的一些工作要求和规范；还有部分流程是因管理体系认证的临时需求而制定的。总体而言，这些流程基本都没有从企业整体管理需要出发进行系统的规划和梳理。

3．有流程但很少执行

大多数的中小民营企业都通过了 ISO 质量管理体系的一个或多个认证，甚至还取得了行业特殊认证书。在开始认证时，企业投入了不少时间和精力，整理了很多流程，然而这些流程大多形同虚设，在实际管理中很少按流程的规范要求执行。更有甚者，部分中小民营企业本就只是打算花钱买个认证书装装样子，根本没想借认证的契机梳理企业的流程制度。这些企业甚至都不清楚管理者代表是谁，也没有配备内审员，所谓的外审和内审完全就是走个过场。

4．有流程但很少更新

有的企业起初颇为重视，管理层也会按流程要求执行。但随着企业的发展和外部环境的变化，流程并没有及时更新，造成流程和实际执行之间的差距越来越大。原本的管理体系最终沦为存放在不同文件柜里的一本本手册和制度规范，执行起来相互矛盾、无法统一。久而久之，流程制度与实际的业务情况彻底脱节，形成"两张皮"现象。

5．流程体系同企业战略脱节

少部分中小民营企业在流程管理方面相对规范，执行程度能达到 70% ~ 80%。然而，多年来它们很少对流程进行优化升级，更没有从企业战略需求的角度出发，借助价值链的设计优化来助力战略的落地。当然，这一要求对很多中小民营企业而言确实有点高，毕竟不少中小民营企业本身就缺乏战略规划。

（二）制度管理方面的问题

1．制度缺失或不完整

许多中小民营企业在管理制度方面，很少进行整体策划，缺乏系统性考量，各种制度之间的逻辑和主次之分不清晰，给人一种生搬硬套的感觉。例如，在人力资源管理方面，薪酬制度、培训制度、晋升考核机制等存在不完整、不规范的情况；在财务管理方面，成本核算、资产管理、预算管理等制度有所欠缺；在生产管理方面，现场管理、生产计划、设备管理制度同样不完善。

2．制度执行不到位

即使中小民营企业有一定的管理制度，但由于员工对制度的认知不足或理解不到位，导致制度的执行不够彻底。部分员工甚至对制度存在漠视或抵触情绪。

3．制度繁多更新滞后

有些制度规定性较强，不够灵活；有些企业以罚代管，各种罚款条目较多，奖励的情况较少；有些企业制度文件种类繁杂，内容上相互重复甚至相互矛盾，让被管理者无所适从，最终背离了文件制定者的初衷，无法实现企业管理目标。

4．制度与实际操作脱节

有的企业在制定管理制度时，没有真正了解或充分考虑员工的工作现状和实际情况，往往只是根据想象或理论层面的考量，其中还可能夹杂着经营管理者的个人意志。而且，很少有基层员工代表参与制度的制定工作，给员工一种从上往下高压强推的感觉。这就导致员工在工作中难以真正落实管理制度的要求，使得管理制度失去了应有的约束力和有效性。

5．制度培训不到位

一些企业在制度制定完成之后，往往只是简单地进行一次培训或发布，后续缺乏必要的持续教育和沟通，使得制度未能在全体员工中有效普及。部分员工可能对制度内容不够熟悉或理解不够深入，从而无法正确应用制度。

（三）访谈调研的问题摘录

以下是我在项目访谈调研期间，收集到的管理干部和员工针对流程与制度方面存在问题的反馈摘录。这些反馈都是比较有代表性的，反映的都是中小民营企业普遍存在的问题。我认为，在梳理和制定企业的流程制度时，应该关注并重视内部员工的心声。

- "销售部业务员各下各的单，各追各的货，交期都是他们自己定的。本来配备了跟单的人，但是业务员经常绕过跟单的人，直接在车间催货。"
- "由于市场不稳定，订单忽多忽少，所以生产安排会有难度。以前要求过销售部提前做预测，但是比较难，这些问题都转嫁到生产部了。"
- "生产、采购、仓库、计划都不顺畅，即使订单评审有流程，那也是虚的。关于订单评审事宜，以前也提过，但是一直没有解决。"
- "生产协调最大的难点，在于发货时货物无法按时完成生产，协调工作太多，感觉很累！"
- "好多销售订单会突然发生变化，影响我们的生产效率，甚至有的订单做了一半，对方又不要了，根本没人负责。"
- "在仓库库存管理中，物料卡没有执行到位，这导致仓库盘点存在一定难度，所以暂时还未开展盘点工作。"
- "生产流程是失控的，而且工艺流程、工艺路径都未建立起来。"
- "产品质量异常的解决方式，基本上就是再投料生产，领导不但没有追责问责，计件员工还可以再拿一次钱。"
- "订单交付不及时，大多是采购不及时导致的，采购及时率若能达到90%就可以了。建议采购部多开发供应商。"
- "加工工艺不清晰、工作指导书也看不懂，没有标准。"
- "包装要求不规范，包装箱也没有规范的尺寸，好多包装箱都是临时拼凑的，不是太大就是太小。"
- "流程不顺常常导致浪费与加班，比如要发货了仓库才说没零件。"
- "车间经常出现成本浪费的现象，比如需要六个厚的板，却买十个厚的，还要再刨掉四个厚度。"
- "流程衔接上还是有不少问题，比如产品信息会录错，入库不规范。"
- "没有明确的工作流程和标准，都是自己摸索出来的。"
- "职能部门在工作目标和推进计划上各自为战，跨部门扯皮多、协同难。"

- "成本管控意识、库存意识不够。这两年推行了成本系统，目前基本流程能进行，但基础不牢固，实际上并没有完全按系统流程执行。"
- "制度很多，却没有执行，精细化和量化管理只是口号，没法落实。"
- "领导说孩子不能在公司住，但是有人带孩子住也没人管，到底孩子能不能住也不清楚。"
- "管理制度不太完善，基本的员工手册也没有。"
- "我这个岗位不需要什么管理制度，我管好自己就行了。"
- "制度很多，一出问题总经理就会制定一个新的制度，我们都有被套了紧箍咒的感觉。"
- "奖罚制度不合理，老板想怎么改就怎么改，比如工龄奖原先是每个月发，但是临时改到了年底一起发。"

【问题小结】许多中小民营企业在流程制度管理方面存在的问题，要么是流程制度缺乏，不系统、不健全；要么是流程制度太多，太烦琐、太混乱。而流程制度的培训不足、执行不力是中小民营企业普遍面临的问题，也是其管理基础薄弱最常见的表现。

二、原因分析

许多中小民营企业之所以在流程制度这些基础管理工作方面存在上述不系统、缺执行、少培训等情况，主要原因有以下几点。

1. 企业规模不大、资源有限

许多中小民营企业在发展初期，资金、人力、物力等资源都比较有限，组织架构也不健全，不能像大企业那样可以投入足够的人力和物力。例如，中小民营企业的部门设置比较单一，有的部门只有一个人，甚至几个部门只配备一个人，在这种一人多岗、职务交叉重叠的现实情况下，要想做规范化的流程制度，确实是非常困难的。

2. 业务发展太快、变化较大

许多中小民营企业往往业务模式不够成熟，加之市场变化迅速、外部环境不稳定，即使制定了相应的流程制度，也会因计划赶不上变化而很快过时，于是干脆就先不进行流程制度方面的规范建设了。

3．管理经验缺乏、能力不足

许多中小民营企业的干部队伍往往缺乏足够的专业管理知识和技能，既缺少制定流程制度的专业人员，在制度执行和监督方面也经验不足。有的中小民营企业甚至会将其他企业的流程制度照搬过来，不能根据自己企业的性质、规模和业务情况做相应的修改和调整，这必然会导致流程制度本身缺乏可行性。

4．团队不稳定、更换频繁

许多中小民营企业存在员工流动性较大的问题，这会导致企业不断换人，难以形成稳定的团队协作，进而使制度的执行难以贯彻到位。例如，一些中小民营企业由于人员变动频繁，当行政经理发生变动时，鉴于企业管理较为松散，新任行政经理往往会根据个人工作习惯对行政管理制度进行修改和调整。如此一来，便会让员工形成"每换一个经理，就会修改一次流程或制度"的印象，员工甚至会担心"说不定过几个月又要改"。

5．管理意识不强、重视不够

许多中小民营企业管理干部的素质和意识水平参差不齐，有些管理者及企业老板对于制定流程或制度的重要性重视不足，甚至会为了方便，自觉或不自觉地违反流程制度规定，这严重影响了流程制度的严肃性。流程制度旨在实现标准化和规范化，是为了减少个人的随意性而采取的约束措施。这种约束看似对个体造成了不便，却能为企业带来高效率。

综上所述，由于许多中小民营企业的流程制度不健全、不规范，从而导致企业管理基础薄弱，虽然存在着以上多方面的主观和客观的原因，但我认为问题的症结在于，这些中小民营企业还没有找到一种以不变应万变的方法对企业流程制度进行系统化梳理。

三、方案措施

中小民营企业不像大集团企业那样业务板块多、流程环节复杂。许多中小民营企业的业务模式相对简单得多，流程环节较少，其无法像大集团企业那样，成立专业的流程管理部门，配备专职的流程管理岗位。实际上，大多数中小民营企业的老板对自己企业的业务流程烂熟于心，对各环节的问题和短板也一清二楚。因此，在项目咨询期间，如何为中小民营企业提供一个简单化、系统化且更高阶的业务流程梳理方法，是我一直思考的问题。

经过多年咨询项目的实践探索和经验积累，我们总结出了基于企业价值链的业务流程管理制度梳理方法。经过多次的项目应用和改进，最终形成了"三个一"流程和制度梳理方案。这个方案不仅简单易懂、包容性强，还能提纲挈领地呈现企业业务流程的全貌，让中小民营企业能够在此基础上，随着企业的发展而与时俱进。

所谓的"三个一"方案，具体是指一条价值链分析主线、一张流程制度清单、一个员工手册模板。以下就对"三个一"的流程制度梳理方案进行详细介绍。

（一）一条价值链分析主线

1. 企业价值链的基本概念

企业价值链是以企业内部价值创造活动为核心所形成的价值链体系。

企业是由一系列为客户创造价值的活动和功能组成的，这就是"管理金三角"中的"事情"范畴。企业的价值活动可以分为两类，即基本活动和辅助活动。可以参考波特价值链分析模型，如图 3-1 所示。

基本活动，又被称为主体活动，是指那些涉及产品实物形态的生产、营销、销售，以及产品支持和售后服务等，是价值创造的最直接、最主要的活动。

辅助活动，又被称为支持活动，是指对企业基本活动有辅助作用的投入和基础设施，是价值创造的间接性或支持性活动。

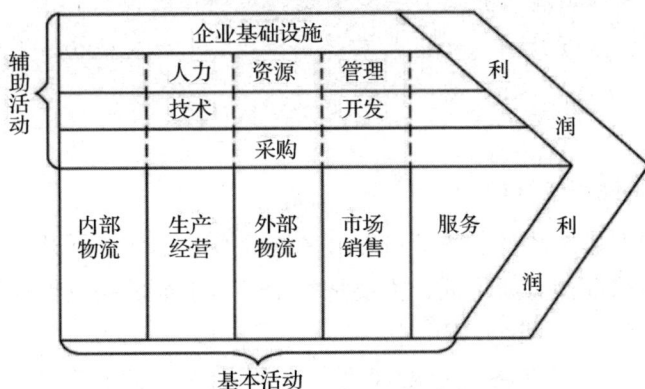

图 3-1 波特价值链分析模型

（资料来源：百度百科）

2．企业价值链的应用

企业价值链作为企业创造价值的运营链条，包含了企业经营管理的重要环节。因此，我们选择企业价值链作为流程与制度梳理的模型。根据波特价值链分析模型的核心思想，需要通过以下两个步骤完成企业业务流程和管理制度的梳理工作，进而构建一张企业的流程制度清单。

1）梳理企业的价值链

这一步的重点在于根据产品的流向，对企业现有业务模式的基本活动进行高度总结提炼，具体涵盖产品的需求构想、研发设计、材料采购、生产制造、成品入库、订单交付及售后服务等各项环节。生产制造企业产品流向示意图，如图 3-2 所示。

需求构想 → 研发设计 → 材料采购 → 生产制造 → 成品入库 → 订单交付 → 售后服务

图 3-2　生产制造企业产品流向示意图

【特别说明】这一步需要由最熟悉企业业务的人负责整理，并指定一个人牵头，组织相关部门和岗位人员讨论确定。如果按正式项目立项推进，就需要组建流程小组，参考企业文化建设和企业战略管理中组建小组的方式，做好活动前期策划。

从本章开始，我只介绍每一章方案措施的核心内容，不再详细阐述内部推行的具体活动计划。相信大家都具备相关的转化能力和行动能力，无须我手把手地辅导。

2）分析关键增值活动

这一步的重点是针对上一步整理出来的价值链环节 A 展开工作。环节数量因每个企业的情况而有所不同，需要把每个环节下面的关键增值活动 B，按照活动的先后逻辑顺序讨论分析出来。

例如，××公司业务流程梳理表（见表 3-1）以研发设计环节 A2 为例，通过企业内部的讨论分析，研发设计环节是由以下关键增值活动 B 构成的：新品建议 /B1、新品立项 /B2、开发设计 /B3、设计评审 /B4、样品试制 /B5、试产总结 /B6、客户试用 /B7、试用报告 /B8、标准归档 /B9、老品改进 /B10、专利

申报 /B11，共计 11 个关键增值活动。

从"满足客户需求"到"实现创造价值"的一系列业务活动，都可以通过对价值链环节 A 和关键增值活动 B 这两个维度进行系统性梳理总结，整理成一个企业价值链分析的框架，此框架也可以称作企业流程全景图。

表 3-1　××公司业务流程梳理表

价值链环节 A		1	2	3	4	5	6	7
		需求构想	研发设计	材料采购	生产制造	成品入库	订单交付	售后服务
关键增值 活动 B	1		新品建议					
	2		新品立项					
	3		开发设计					
	4		设计评审					
	5		样品试制					
	6		试产总结					
	7		客户试用					
	8		试用报告					
	9		标准归档					
	10		老品改进					
	11		专利申报					

说明：
① 思考顺序——先确认价值链环节 A，再罗列每个环节的关键增值活动 B，最后梳理增值活动的相关业务流程（重点是查漏补缺和执行效果审视）。
② 统一语言——对内部的业务及管理专业用语，前后要统一，以便提高沟通的效率。
③ 定期优化——在出现重大业务调整时（或者至少每半年），要集中审视一次。

（二）一张流程制度清单

在正式制作一张流程制度清单前，还需要完成以下两个步骤：一是业务流程的梳理和分析；二是管理制度的梳理和分析。

1）业务流程的梳理和分析

在上述业务流程梳理结果的基础上，我们可以进一步盘点和梳理现有的业务流程，也就是把企业所有流程都整理出来，归集到每个关键增值活动 B 的下面，同时明确每个流程归属于哪一个部门管理。接下来，进一步按流程的性质划分三级或四级流程。例如，二级流程 B1-1，可以再分为三级流程 B1-1-1、B1-1-2、B1-1-3……以此类推。

我们需要借助这次业务流程梳理的时机，把每个流程在执行中存在的问题做一次全面的调研分析，并进一步讨论如何改进。如果发现没有流程，这也是一个流程问题，可以视情况纳入企业或部门的工作计划，限时完成即可。具体见 ×× 公司业务流程问题分析表，如表 3-2 所示。

表 3-2　×× 公司业务流程问题分析表

价值链环节 A	关键增值活动 B	增值活动业务流程 B1-x	归属部门	存在的问题及原因分析	计划改进措施
A1	B1	B1-1			
		B1-2			
		B1-3			
		……			
	B2				
	B3				
	……				
A2					
……					

运用该业务流程问题分析表，基本上可以把企业价值链环节的所有流程都梳理出来，这样企业需要的各级业务流程清单就非常清晰了。

企业的业务流程数量一般不会少于 100 个，有的企业甚至会超过 200 个，每一个流程文件都需要花时间编写，同时还要绘制相应的业务流程图。关于流程文件的编写方法，我在此不做具体介绍。不过，绘制流程图是很多中小民营企业面临的一大难题。我的建议是，流程图切不可绘制得太复杂，也不需要追求太专业的绘图效果。建议使用下面这个简易的业务流程模板，如表 3-3 所示。

表 3-3 业务流程模板

序号	流程	作业内容和标准	责任部门	表单
1	开始			
2				
3				
4				
5	结束			

2）管理制度的梳理和分析

企业管理制度的梳理工作，建议按组织架构中设置的部门分别进行梳理，并使用统一的部门制度梳理清单，如表3-4所示。

表 3-4 部门制度梳理清单

序号	文件名称	发布日期	状态说明

梳理人： 日期：

【特别说明】在咨询项目期间，我发现各部门的管理制度通常有以下五种情况：①在执行中的；②已过时的（可能要淘汰，也可能需要修改）；③需要修改的；④暂未发布的（需要确定发布执行的时间）；⑤待拟定的（暂无制度文件）。企业需要借此机会对上述情况进行分析和处理。

深度分享

经过对企业业务流程和管理制度的梳理分析，修订不合理的流程与制度并补充缺失的部分。至此，企业整体的流程制度管理文件才基本形成系统。最终，方可编制出一张完整的流程制度清单。具体可参考生产制造企业流程制度文件清单（见表3-5）。

表3-5　生产制造企业流程制度文件清单

序号	价值链环节A	关键增值活动B	流程或制度名称（含子流程）	文件编号	归属部门
1	销售推广	市场调研	市场调研制度		营销部
2	销售推广	价格管理	销售价格管理制度		营销部
3	销售推广	渠道管理	销售渠道管理制度		营销部
4	销售推广	渠道管理	销售市场划分管理制度		营销部
5	销售推广	渠道管理	市场策划及推广管理制度		营销部
6	销售推广	销售订单签订	产品交货管理制度		营销部
7	销售推广	客户管理	客户管理制度		营销部
8	销售推广	团队管理	销售人员管理制度		营销部
9	销售推广	费用管理	销售费用管理制度		营销部
10	研发设计	产品立项	研发项目管理制度		技术部
11	研发设计	产品开发	新产品开发流程		技术部
12	研发设计	产品验证	产品验证流程		技术部
13	研发设计	产品验证	新产品试制管理制度		技术部
……	……	……	……	……	……

注：此表格较长，添加作者微信号（caixuzixun），可获得完整电子版。

（三）一个员工手册模板

大部分中小民营企业在管理制度方面做得不够规范。员工手册作为最常见的管理制度，很多企业要么没有，要么编写得很粗糙。

员工手册主要是给新入职员工培训学习用的，它是企业最基础的管理制度文本。即使管理制度再怎么欠缺，这个员工手册也要尽快制定出来。

在这里，我给大家分享一个简单的员工手册模板，供大家参考。各企业可根据自身实际情况，在这个内容提纲目录的基础上进行内容的增加或删减。

在员工手册的第一页，建议展示企业的愿景和使命，具体展现的方式如下所示。

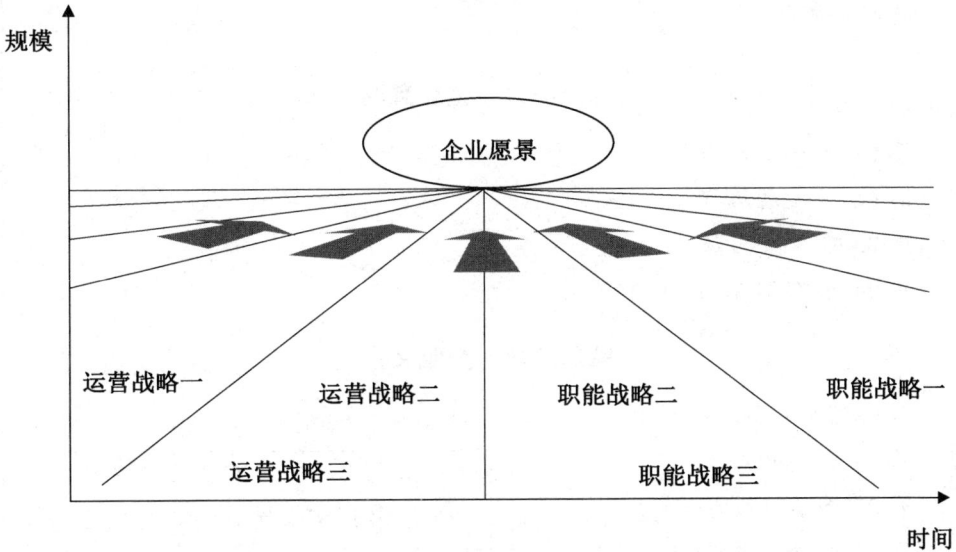

企业目标

目标一：

目标二：

目标三：

目标四：

员工手册（模板）

前言

致新员工书

第一部分　企业概况

第 01 章 企业简介
第 02 章 发展历程
第 03 章 荣誉资质
第 04 章 组织架构

第二部分　企业文化

第 05 章 企业哲学
第 06 章 标识释义
第 07 章 企业使命
第 08 章 企业愿景
第 09 章 价值观
第 10 章 经营理念
第 11 章 管理理念
第 12 章 文化故事

> 如果已经有了企业文化手册，该部分内容可以换成企业文化理念的汇总展示。

第三部分 员工管理

第 13 章 入职指引
第 14 章 职业规划
第 15 章 员工关系
第 16 章 考勤制度
第 17 章 绩效管理
第 18 章 薪酬制度
第 19 章 福利制度
第 20 章 提案制度
第 21 章 费用报销

> 该部分内容可以遵循以下逻辑：一是先人力后行政；二是从员工入职到离职期间的成长路径。

附 言

序号	部门	签字	日期

序号	部门	签字	日期

员工手册补充说明：

很多企业都有关于员工行为规范的文件，员工行为规范是基于企业文化理念对员工行为的要求，是企业价值观的具体要求和延伸。因此，在编写员工行为规范时，务必注意编写的基本方法和原则。

（1）员工行为规范编写的两种方法：一是系统演绎法，基于企业价值观进行演绎，从而得出一系列行为要求；二是重点归纳法，针对典型价值观问题与不良行为，以企业价值观为准则，对员工行为加以规范。

（2）员工行为规范编写的两个原则：一是匹配原则，编写员工的行为规范要与员工的职业化程度相匹配，当员工职业化程度较低时，行为规范需具体且详细，当员工职业化程度较高时，则不需要很详细；二是可执行原则，从简单易行的方面入手，确保行为规范实用且可以落地实施，并且可以随企业的发展逐步提高管理要求。

深度分享

员工手册有四种呈现形式，即四个版本：

1.0 版：制度文件汇总式；

2.0 版：管理制度内容摘要式；

3.0 版：一问一答式（QA）；

4.0 版：图文并茂、清新脱俗式。

【方案小结】本章的流程制度梳理方案，创造性地用"一条价值链分析主线、一张流程制度清单、一个员工手册模板"这三个一，做了高度的浓缩和聚焦，可以让中小民营企业在短时间内建立起自己的流程制度管理体系。

完成本章的要求之后，企业的基础管理工作才刚刚起步。在后期的日常管理中，需要营造持续改进的文化氛围，不断积累企业管理经验，构建既能"控制风险"，又能"提高效率"（缩短运营时间、降低运营成本）的流程制度体系。

第四章
组织架构设计

本章所讨论的企业组织架构设计，对中小民营企业来说并不陌生，毕竟每个企业都有自己的组织架构图。然而，很多企业仅仅停留在拥有一张组织架构图的层面，并没有对其进行深入规划和设计，致使组织架构没有充分发挥上承战略目标、下接人才管理的功能，也没有很好地承担起流程管理的职责。

为了确保中小民营企业的组织架构能够快速发展、健康成长，切实承担起企业高效运转的枢纽功能，本章继续沿用少谈理论概念、多分享经验方法的风格，针对中小民营企业组织架构设计中存在的问题现象进行原因剖析，进而着重分享企业组织架构设计的"两条主线、四个阶段"实施方案。

一、问题现象

（一）组织架构设计常见问题

对于中小民营企业在组织架构设计与管理方面存在的问题和现象，现总结归纳如下。

1. 法人治理结构不明确

大多数的中小民营企业为家族制企业，普遍对企业法人治理不够重视。有的企业已成立了二三十年，部分已由第二代接班人接手，但依旧未明确股东大会、董事会、监事会和总经理之间的权责，更未考量它们之间的制衡关系。还有的一代创始人，虽然已经声明退居二线并放手让二代接管企业，但仍然会不时地插手企业的日常管理事务，给管理层带来极大困惑。

2. 组织架构与实际不相符

在工作中，我常看到很多企业提供的组织架构图与实际管理状况不符。例如，组织架构图上的某些部门，有的已被撤销、有的已经合并、有的处于岗位空缺状态、有的没有体现在组织架构上，甚至有的部门上下级关系已经变了，但组织架构图并未更新，等等。如此一来，这样的组织架构图基本上就如同一个摆设。

3. 部门职责界定不规范

有些中小民营企业对组织架构图上各部门职责的界定和描述存在诸多问题：有的虽罗列了部门职责，但内部缺乏逻辑性；有的部门职责描述的不全面、不准确；有的部门职责明显不合理；有的部门职责是已经过时的；还有的企业根本就没有对部门职责做书面界定。这些情况往往导致部门的功能发挥受限。

4. 部门管理权限没有界定

绝大部分中小民营企业都没有对部门管理权限进行界定。以部门主管为例，在人员人事奖罚权限、部门费用财务处理权限、部门业务自主决策权等方面均无明确规定。这不仅会导致部门长期有责无权，还会导致有的部门权限过大，集决策权、执行权、监督权于一身，无法形成相互监控与相互制衡的关系。

5. 部门设置频繁因人而变

相当一部分中小民营企业在设置部门时，过多考虑部门负责人的因素。例如，有合适的人选就设立部门，如果没有合适的人选，要么就合并到其他部门，要么就干脆由老板直接代管。对于能力强的管理干部，就让其多管几个部门，而对于能力弱的管理干部，其负责的部门则会被逐步收编。这样一来，企业的组织架构就显得异常混乱。

6. 部门设置与战略和流程脱节

大部分中小民营企业缺少规范的战略和流程管理体系，即使少部分企业进行了战略规划和流程梳理，也未能将其与组织架构设计有效关联起来。例如，有的部门功能过于弱小，有的部门职责没有体现出战略规划重心和流程重点环节，有的部门一直深陷日常事务，无暇顾及重点战略事项，等等。这些问题都会导致企业的战略和流程无法有效落地。

7．管理层级较为混乱

在企业的组织架构设计中，对部门的管理层级缺乏充分的考虑，也会导致混乱现象频发。一种现象是部门的归属不合理，例如，将品管部划归生产部管理，将仓库划归采购部管理，这种设置无法形成相互制约的关系，往往会造成很多问题难以暴露、管理改善举步维艰的后果。还有一种现象是管理过于扁平化，所有部门都直接向总经理汇报工作，导致总经理的决策事项繁多，管理压力巨大。

8．部门岗位缺少编制计划

有的中小民营企业，对组织架构、部门职责已经做了规划，也形成了书面的文件，但并没有对各部门的岗位和人员需求做编制计划。老板有时会觉得人员太多，有时又会觉得人员不够。行政人事部只能按老板的指令进行招聘，老板说人少了就招，老板说人多了就裁。很多时候，重要的岗位半年都招聘不到合适的人才。这些情况都会导致企业的人员分布不均衡和人力资源浪费严重。

9．岗位名称没有统一

少数中小民营企业在组织架构设计中，没有对岗位名称进行统一规范。例如，员工花名册中，二级部门负责人有的称部长，有的称经理，还有的称总监；车间负责人有的称主任，有的称课长。这种岗位名称不统一的情况，往往令人产生困惑，难以明确职务级别的高低。

10．组织架构没有及时更新

在给中小民营企业做组织诊断时，我还发现一种情况，有些企业的组织架构看似设计规范，架构图绘制专业，部门职责、岗位职责等资料也很齐全，但编制时间却是多年前，早已过时。经询问，原来是人力资源部没有时间更新，且各部门也不使用。这种情况多因当时行政人事部负责人有一定的专业度，且做事勤奋，基本上都是由行政人事部代各部门编写的。

组织架构没有及时更新的情况，一方面是因为各部门没有深入参与组织架构的设计工作，另一方面是因为在日常管理中既未应用组织架构，也未随着企业组织架构和部门的调整而及时更新相关的文件资料，进而造成严重的管理浪费。

（二）员工访谈的问题摘录

以下是我为一些中小民营企业做咨询项目期间，在访谈调研中员工对企业组织架构管理方面的问题反馈摘录，可以从各个层面和维度反映出员工对组织架构管理的认知和心态。

- "股东之间的凝聚力还是比较好的，创一代和新生代在进行顺利的对接。目前最大的问题就是要把设计的质量提高，这样才能不过分依赖销售。"
- "股东层面对二次创业的阻力较大，总是强调降低成本，大家在这种情况下就会趋利避害，讨好老板，这是一种导向，降低成本永远比提高质量容易。"
- "老板认为销售是龙头的理念要变，我认为技术才是核心。"
- "老板娘经常会管很多事，总经理也很细心，但这样会让管理层没有权威，还是希望他们多放权。"
- "高层没有清晰的目标，靠惯性做事情。如果几个经理的意见不统一，就会让下面的人钻空子，积极的员工和不积极的员工造就的成果是不一样的。"
- "我觉得部门之间没有协作，明明是对方未画好图纸，但是领导却批评我们。"
- "一旦工作出现异常，就到处求人解决问题，大家都是推来推去，解决问题靠人情关系。"
- "生产副总管理不太严格，导致生产和品质都不合格，整个部门一片'祥和'。"
- "公司一共有十几个经理，官多了就容易扯皮，反而让问题得不到解决。"
- "没见过组织架构，不是很清楚岗位职责。"
- "实际上我有两个领导，如果两个领导出现不同意见，确实会令我很为难。"
- "我感觉与业务的跟单员无法沟通，双方理解的层次不一样，而且他们对产品也不熟悉。"
- "销售与生产总是脱节，销售接单后就发在群里面，但是会把同一项要求修改很多次。"
- "公司是家族制的，家属太多，组织架构相对来说很松散。"
- "目前有些部门的管理人员是两个人，我认为这样不好。千里马要分开，管理人员并不是越多越好。"

- "总体来说，目前财务管理基础还是很薄弱，主要是因为前几年重视程度不够，只是简单地记账、算账。"
- "部门沟通方面不畅，很多时候以吵架为主要解决方式。"
- "生产和销售经常发生矛盾，与采购部也有矛盾。"
- "生产经理换得比较频繁，每个经理的想法都不一样，班组长很受折磨。"

【问题小结】中小民营企业，尤其是制造型企业，在组织架构管理方面存在的上述系列问题和现象，概括起来可以分为三类：第一类是宏观的企业治理问题；第二类是中观的部门职能、职责和权限设置问题；第三类是微观的各部门的岗位编制、岗位名称及日常维护问题。上述问题会造成中小民营企业的组织架构发育不良，对上不能有效承接企业战略目标和业务流程，对下不能妥善衔接人才管理工作。

二、原因分析

中小民营企业之所以在组织架构设计和管理方面存在以上宏观、中观和微观的问题，主要原因概括起来有如下三个"不"。

1. 高层领导不重视

大多数中小民营企业为家族式企业，有的老板觉得都是一家人，没有必要把法人治理讲得那么清楚；也有的企业是由几个关系很好的股东一起创业而成，都习惯了各管一块，抱着有福同享、有难共当的朴素思想做事，往往碍于情面而不好意思把话说得很明白，更不会特意划分他们之间的责任和权力。

企业创始人或股东们对企业内部组织架构设计的想法，同样也是如此。他们认为各项工作都是自己能够掌控的，哪里出问题自己顶上去就可以解决，对部门权限、部门职责、岗位编制等管理工作，自己既不擅长，也不愿意去把这方面的工作进行规范和细化。

高层领导的不重视，是造成中小民营企业组织架构设计不规范的根本原因。

2. 人力资源不支持

正是因为企业高层领导的不重视，中小民营企业很少组建专业的人力资源管理机构。大多数企业目前设置的还是行政人事部，并没有配置专业的人力资源管理岗位，甚至连最基础的人事工作也没有做好。企业组织架构的设计和管理，应该有专业的人力资源管理团队负责推动。

中小民营企业组织架构设计不规范，一方面是企业没有专业的人力资源管理部门，另一方面是企业缺乏专业的人力资源岗位和人员。

3．中层干部不配合

中小民营企业向来高度重视业务和生产，相对而言，对管理岗位和非一线操作岗位不够重视。有的企业甚至把所有非一线拿计时工资的人员都视为企业的管理人员。在这种情况下，中层管理干部的编制通常数量不足，再加上人员变动频繁，业务发展迅速且变化大，他们根本没有精力把管理工作做深做细。况且，对大部分的中层管理干部来说，他们并不擅长书面总结和表达，所以也没有动力去做这些文字性的工作。

总而言之，中小民营企业在法人治理、组织架构管理上存在不规范的情况，根本原因在于企业领导的不重视。只要企业领导真正认识到企业组织结构设计和管理对企业发展的重要性，就会投入一定资源逐步解决这个问题。毕竟组织架构的规范和设计工作并不需要很强的专业知识和技能，关键在于企业领导的重视程度。

三、方案措施

上述我概括性地总结和分析了中小民营企业在组织架构设计与管理方面的问题及原因，那么企业为何要对组织架构进行规划和设计呢？

我认为主要目的是满足两个方面的管理诉求：一是企业需要完成的事情或工作都要有相应的部门（也叫内部机构）来承担；二是通过对组织结构的合理设计来提高企业整体的运行效率。

本着简单高效的原则，我把多年来总结的、用于解决中小民营企业组织架构设计与管理问题的"两条主线、四个阶段"实施方案分享给大家。

（一）两条主线

两条主线分别是纵向部门之间的管控机制和横向部门之间的协调机制。

（1）所谓纵向部门之间的管控机制，是在企业组织架构设计中，以企业战略规划落地为核心，通过上下级部门之间的权力与责任分配、决策与执行、战略目标分解、考核与被考核、沟通与反馈等多个维度的考量，保障企业各部门在纵向层面上能够高效协作，共同实现企业整体目标的一系列措施。

这种机制能够确保权力在组织内部有序流动和分配，有效避免权力真空和权力冲突的情况出现，同时，它明确了各级部门的职责和权力范围，进而提高了工作效率。

这种机制的存在使得企业能够更好地应对市场变化，提高管理效率，实现持续稳健的发展。

（2）所谓横向部门之间的协调机制，是在企业组织架构设计中，以企业的主体业务流程执行为核心，从横向部门之间的跨部门沟通、资源分配、信息共享、冲突解决、部门协作等多个维度进行考量，为实现企业各部门在横向层面协同合作而采取的一系列措施。

通过实施这些协调机制，企业价值链的关键增值活动得以在横向部门之间顺利开展，进而实现企业资源的有效利用，提升决策质量，增强团队合作意识，最终达成组织的发展目标。这种协调机制对于企业的持续发展和竞争力的提升具有重要意义。

纵向部门之间的管控机制和横向部门之间的协调机制，这两条主线并不是独立分割的，而是交叉融合的。

总之，企业基于以上两条主线融合设计出来的组织架构，在企业使命、企业愿景和企业价值链的关键增值活动之间建立起了有机联系。这样的组织架构既能对效率进行控制，又能对权力加以制衡。

（二）四个阶段

总体来说，企业组织架构的设计应该从企业的总体战略出发，同时兼顾企业价值链的关键增值活动。这一设计需经历设计组织架构图、编写部门组织描述、拟定岗位编制计划、试行逐步完善优化四个实施阶段才能完成。

接下来，我将重点介绍企业组织架构设计四个实施阶段的具体操作步骤和方法。

阶段一：设计组织架构图

对于企业组织架构图的设计，一般应遵循以下五个具体操作步骤。

1．信息资料收集

一般是由行政人事部主导，收集企业组织架构设计相关的书面资料，包括现有的组织架构图、各部门的职责描述、当前的人员编制、相关的流程和制度，以及企业的战略规划等。

2．问题现状分析

行政人事部组织企业领导和相关部门，针对组织架构存在的问题进行讨论与分析，并对改进思路和想法达成共识。

3．部门定位职能

在上述讨论分析的基础上，重新调整部门的设置，并确定各部门定位和职能。部门定位是指设置某个部门所具有的价值意义和目的，也就是部门的使命和担当。部门职能是指设置某个部门的工作责任范围。要先明确部门的一级和二级的职能，三级职能或具体的职责由各个部门自行分解拟定。

行政人事部在组织企业领导和各部门讨论部门定位和职能前，需要事先准备好讨论草案。每个部门的职能都应充分体现企业战略规划的要求与核心业务流程的关键增值活动。

4．确定汇报关系

通过讨论确定哪些是直接向总经理汇报的一级部门，哪些是向一级部门汇报的二级部门。同时，总经理还需要结合现有管理人员的能力情况，对其管理范围进行调整。

5．画出架构图形

鉴于企业的业务发展情况，企业的组织架构图既要保持相对的稳定性，也要结合企业的发展适时进行调整。建议大家借助这次对企业组织架构设计的契机，绘制三个阶段的组织架构图：一是最近一年的组织架构图，二是未来三至五年的组织架构图；三是五年以后的组织架构图。

尽管这里讨论的对象都是中小民营制造企业，且企业的价值链基本类似，但是每家企业的业务范围、人员规模、生产方式、技术难度、销售区域、团队素质、领导风格等都存在较大的差异。所以，在过往咨询项目中，我们为每一家企业绘制的组织架构图都是不一样的。

从另一个角度来讲，作为价值链相近的制造型企业，在部门设置上往往具有相似性。例如，销售（内销或外销）、技术（或研发）、生产、采购、品质、设备、仓储、财务、人力和行政十个部门。不同之处主要体现在部门的成熟度和上下级的归属方面。

在设计企业组织架构图阶段，难度最大的环节是部门的定位和职能。为了让中小民营企业在设计组织架构图时少走弯路，特提供一张相对规范和完整的中小民营制造企业组织架构图（见图4-1）和一份部门定位与职能汇总，供大家参考使用。

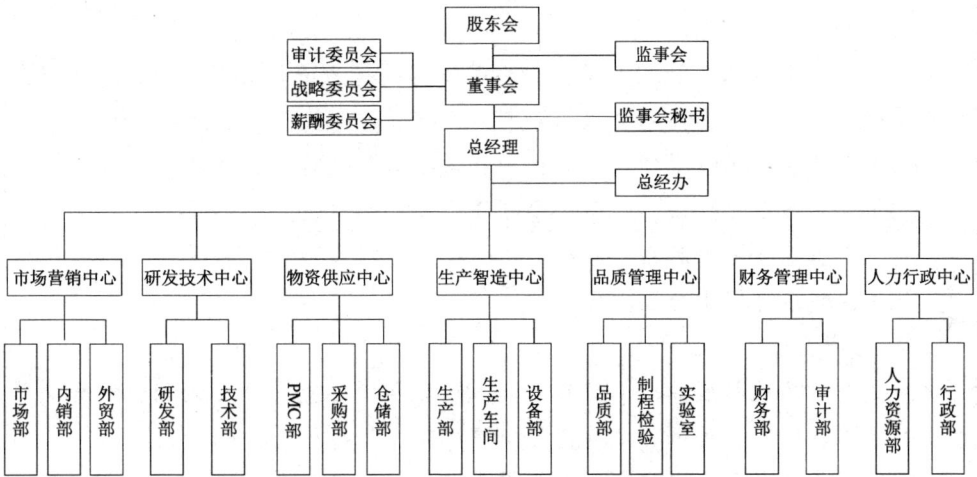

图 4-1 中小民营制造企业组织架构图

部门定位与职能汇总

一、公司管理层

1. 股东会

股东会是全体投资者的大会，是在公司所有权与经营权分离的前提下，用于反映股东意志，维护股东权益的最高权力机构。股东会主要行使以下职权。

（1）决定公司的经营方针和投资计划。

（2）选举和更换，由非职工代表担任的董事监事，决定有关董事、监事的报酬事项。

（3）审议、批准董事会的报告。

（4）审议、批准监事会或监事的报告。

（5）审议、批准公司的年度财务预算方案和决算方案。

（6）审议、批准公司的利润分配方案及弥补亏损方案。

（7）对公司增加或减少注册资本做出决议。

（8）对合并分拆、解散清算或变更公司形式做出决议。

（9）修改公司章程。

2. 监事会

监事会是由股东会及公司职工民主选举的监事组成的，对公司的业务活动进行监督和检查的法定常设机构。监事会主要行使以下职权。

（1）检查公司财务。

（2）对董事、高级管理人员执行公司职务的行为进行监督，对违反法律、行政法规、公司章程和共同决议的董事、高级管理人员提出罢免的决议。

（3）当董事、高级管理人员的行为损害公司利益时，有权要求他们纠正。

（4）列席董事会会议，对所议事项提出质询和建议。

（5）提出召开临时股东会会议。

（6）向股东会提出会议提案。

3. 董事会

董事会作为连接股东会和经理层之间的桥梁，在整个公司的利益链和决策链中处于关键环节。董事会主要行使以下职权。

（1）召集股东会会议并向股东会报告工作。

（2）执行股东会的决议。

（3）决定公司经营计划和投资方案。

（4）制订公司利润分配和弥补亏损的方案。

（5）制订公司增加或减少注册资本及发行公司债券的方案。

（6）制订公司合并、分立、解散或变更公司形式的方案。

（7）决定公司内部管理机构的设置。

（8）决定聘任或解聘公司经理，并确定其报酬事项；根据经理的提名，决定聘任或解聘公司副经理、财务负责人，并确定其报酬事项。

（9）制定公司的基本管理制度。

4. 总经理

公司总经理由董事会决定聘任或解聘，并对董事会负责。其主要行使以下职权：

（1）主持公司的生产经营管理工作，组织实施董事会决议。

（2）组织实施公司年度经营计划和投资方案。

（3）拟定公司的内部管理架构设置方案。

（4）拟定公司的基本管理制度。

（5）制定公司的具体规章制度。

（6）申请聘任或解聘公司副总经理及财务负责人。

（7）决定聘任或解聘除应由董事会决定聘任或解聘的管理人员以外的其他管理人员。

（8）董事会授予的其他职权。

二、各中心或部门

1. 总经办

【定位】在总经理领导下，参与政务、掌管事务、搞好服务，推动公司稳健发展。

【职能】对外联络　制度管理　计划管理

　　　　预算管理　会议管理　项目管理

　　　　干部管理　安全管理　内部稽核

　　　　法律事务　工价优化　信息化建设

2. 市场部

【定位】在市场营销中心的领导下，研究市场、品牌推广、产品规划、决策支持，持续提升品牌知名度。

【职能】市场调研　产品建议　媒体推广

　　　　营销策略　行业展会　产品广告

　　　　销售支持

3. 内销部

【定位】在市场营销中心的领导下，负责国内渠道的产品销售及售后服务，完成公司销售目标，该岗位是公司主要的利润来源。

【职能】制定销售目标　开发新的客户　维护老的客户

　　　　获取销售订单　订单交付跟进　客户档案管理

　　　　货款回收管理　售后问题处理　客户日常维护

　　　　市场信息收集

4. 外贸部

【定位】在市场营销中心的领导下，将产品推向国际市场，是公司走向国际化的重要支撑。

【职能】开拓国际市场　　承接海外订单　　订单交付跟进

　　　　办理报关手续　　货代提单清关　　回款单据交接

　　　　海外客户维护　　资料归档保管　　外贸政策收集

　　　　参加国际展会

5. 研发部

【定位】在研发技术中心的领导下，研发并提供有明确市场方向和竞争力的产品，满足市场营销需求；为公司中长期发展提供储备性技术和产品，保证公司的产品技术处于行业领先地位。

【职能】行业及市场调研　　　新品立项及研发计划

　　　　样品试制试产　　　　技术标准制定

　　　　工装夹具开发制作　　试制车间管理

　　　　前沿技术交流及研究　科研项目、产权专利申报

6. 技术部

【定位】在研发技术中心的领导下，承接研发部的技术转化成果，解决生产制造中的技术难题，提供有效的产品培训指导，满足营销、生产、品质和服务团队的业务需求。

【职能】协助研发部进行新品开发

　　　　新品量产后的技术标准维护

　　　　现场工艺技术支持，产品质量问题攻关

　　　　产品包装、标识的设计

　　　　样品及样品室的管理

　　　　产品售前及售后技术支持

7. PMC部

【定位】在物资供应中心的领导下，根据公司总体销售计划目标，编制各生产单位的生产计划，物流需求计划，协调处理各部门的生产异常情况。

【职能】制订生产计划　　　产能负荷分析

生产计划管控　　　生产交期协调

生产数据统计　　　参与销售订单评审

编制物料需求计划

8. 采购部

【定位】在物资供应中心的领导下，负责原材料、设备、半成品、辅助材料等物资的采购管理，确保以合理的采购成本满足公司对质量、数量、交货期限的需求。

【职能】供应商的开发与管理

采购计划的制订与执行

采购异常的协调处理

采购付款手续的办理

大宗原材料价格走势的关注

公司运输车辆的调动管理

9. 仓储部

【定位】在物资供应中心的领导下，负责公司原辅材料、半成品及成品仓的管理，做好入库、出库、储存和配送等工作，保障生产的正常运营。

【职能】管理所有的仓库　　　物料的验收入库

物料的出库办理　　　物资储存及盘点

安全库存的设定　　　售后及呆废品处理

物流及快递公司管理

10. 生产部

【定位】在生产智造中心的领导下，有效组织各车间资源，实现产品的高效优质生产。

【职能】车间产能规划　　　销售订单评审

生产计划编制　　　工艺执行督导

过程质量控制　　　新品试产验证

生产数据统计　　　生产设备使用管理

计件工资核算　　　生产现场管理（6S）

生产模式改进及效率提升

11. 设备部

【定位】在生产智造中心的领导下，负责相关生产设备的订购、维修、保养及管理，保持设备的最大产能及利用率，并达到节能降耗的最佳状态。

【职能】新设备的管理　　老设备的管理

设备升级改造　　设备报废管理

设备动力管理　　备品备件管理

设备操作培训　　设备台账管理

设备故障维修　　设备日常保养维护

12. 生产车间

【定位】在生产智造中心的领导下，有效组织车间资源，执行产品质量和技术标准，建立安全的生产管理体系，按时、按质、按量地完成生产运营的各项指标。

【职能】执行车间生产作业计划

车间设备、工装夹具等使用维护和保养

车间成本管理

车间现场管理（6S）

车间安全教育培训

13. 品质部

【定位】在品质管理中心的领导下，提供可靠的品质预防与品质管控，确保公司产品质量满足客户需求，使品质管理达到国内领先水平。

【职能】质量体系维护　　质量管控措施　　车间工艺纪律督查

品质检验执行（入库、过程、入库检验、异常处理）等

质量问题处理（售后产品分析处理、质量专题会议组织）等

14. 实验室

【定位】在品质管理中心的领导下，协助新产品开发、样品化验分析、品质控制、生产工艺优化、小批量实验研究等相关工作，确保实验室成果的准确性和可靠性。

【职能】仪器设备管理　　实验资料管理　　委外实验对接

检测样品管理　　安全环保管理　　实验室管理（6S）

15. 财务部

【定位】在财务管理中心的领导下，组织实施公司的财务预决算、财务管理、成本管理、会计核算、资金总体调度及税务管理，为公司决策提供财务管理支持。

【职能】资金管理　会计核算　成本管理
　　　　预算管理　资产管理　税务筹划

16. 审计部

【定位】在财务管理中心或审计委员会的领导下，负责组织协调本部门与各管理部门及各分公司之间的关系，工作上互相配合、支持、谅解，以公司经济效益为目的，共同完成全年的审计工作任务。

【职能】公司风险评估　干部离任审计
　　　　组织内部审计
　　　　审计报告出具

17. 人力资源部

【定位】在人力行政中心的领导下，根据企业整体发展战略，建立科学完善的人力资源管理与开发体系，实现人力资源的有效提升和合理配置，确保企业发展的人才需求。

【职能】人力体系建设　部门工作规划
　　　　人力资源预算　组织权责维护
　　　　人才招聘管理　培训发展管理
　　　　薪酬福利管理　绩效考核管理
　　　　员工关系维护　人事档案管理

18. 行政部

【定位】在人力行政中心的领导下，全面负责公司的行政事务，积极贯彻行政管理方针政策，为实现上传下达和各部门之间的协调运作，提供支持和后勤保障。

【职能】公司会务管理　办公用品采购
　　　　员工奖罚管理　行政接待服务
　　　　工伤事故处理　对外事务联络
　　　　公共绿化卫生　后勤维修服务

公司资产管理	公司食堂管理
公司宿舍管理	公司安全保卫
网络信息安全	

【特别说明】在做咨询项目期间，我发现有的企业老板在设计组织架构图时，会对部门叫什么名称很纠结。我认为部门名称是次要的，关键还是看该部门的功能，只要在部门创造哪些价值和解决哪类问题上达成共识就可以了。同样的部门名称，在不同企业中很可能有截然不同的功能定位。例如，同样都叫市场部，有的定位于品牌，有的定位于营销，也有的可能就是一个销售部。

阶段二：编写部门组织描述

在编写各部门组织描述阶段，需要先确定部门组织描述的模板，然后各部门根据模板填写本部门的组织描述初稿，接下来行政人事部进行审核与辅导，最后经企业领导批准后方可试行。

一个完整规范的部门组织描述，应该包含部门管理架构与岗位编制、部门的定位职能、部门的职责描述、部门的制度流程清单、部门的关键绩效指标五个部分的内容。

此阶段的工作量相对较大，需要对各部门进行多次沟通和辅导，才能完成各部门的组织描述初稿。

以下我给大家提供的部门组织描述模板相对比较完整，如果企业流程制度和绩效管理基础有所欠缺，也可以暂时把"制度流程"和"绩效指标"这两项内容删掉，以后在版本升级时再补充上去。

目前大多数中小民营企业仍将人力资源和行政后勤合并开展。在此，我把以往在咨询项目过程中编写的部门组织描述模板及具体案例分享给大家。

×× 部门组织描述（模板）

一、架构与编制

1. 管理架构

2．岗位编制

序号	岗位名称	岗位编制	现有人数	现有人员姓名	编制说明
1					
2					
3					
4					
5					
合计					

二、职能定位

（略）

三、职责描述

（略）

四、制度流程

序号	文件名称	发布日期	说明
1			
2			
3			
4			
5			

五、绩效指标

序号	指标名称	定义	目标值	考核周期
1				
2				
3				
4				
5				

说明：

①绩效指标不仅限于以上几项，可根据实际需要进行增减。

②各指标的目标值、考核周期及考核办法，具体以企业绩效管理制度为准。

拟定：　　　　　　　　审核：　　　　　　　　批准：

行政人事部组织描述

一、部门架构与编制

1. 管理架构

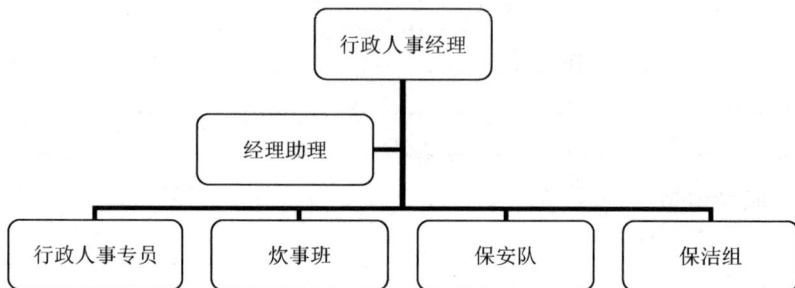

2. 岗位编制

序号	岗位名称	岗位编制	现有人数	现有人员姓名	编制说明
1	行政人事经理	1	1		
2	经理助理	1	1		
3	行政人事专员	1	1		
4	厨师	2	1		
5	炊事员	3	2		
6	保安	6	3		
7	保洁员	3	1		
合计		17	10		

二、部门定位与目的

定位：在总经理的领导下，提供后勤保障，促进人才发展。

1. 行政方面

全面负责公司的行政事务，积极贯彻行政管理方针、政策，为实现上传下达和各部门之间的协调运作提供支持和后勤保障。

2. 人事方面

根据企业整体发展战略，建立科学完善的人力资源管理与开发体系，实现人力资源的有效提升和合理配置，以确保企业发展的人才需求得到满足。

三、部门职能职责

1. 行政管理

（1）制度管理：负责各业务部门与职能部门的管理制度和流程的备案建档，并监督、检查公司及各部门制度的执行情况。

（2）会务管理：负责组织安排公司月度例会、年度会议、临时性专题会议，整理会议记录，并跟进落实会议决议。

（3）用品管理：负责公司各部门办公用品、劳保用品、医疗用品的申购、保管和发放工作。

（4）奖罚管理：负责公司各部门员工的奖罚（劳动纪律、工艺纪律、质量奖罚等）数据的收集和存档，并监督各部门的奖罚执行情况，每月把奖罚数据集中发给财务审核，作为工资发放的依据。

（5）接待服务：配合客人的接待和服务工作。

（6）对外宣传：负责公司的对外宣传工作。

（7）工伤处理：负责应急处理车间突发的工伤事故，送受伤员工就医，及时告知公司相关领导，并办理工伤认定等相关手续。

（8）对外联络：负责同工业园区、派出所、人社局等机构或组织保持正常联络及良好关系。

2. 后勤服务

（1）绿化：对公司的环境绿化做除杂草、杀虫、施肥、修剪、移栽、补苗等日常管理。

（2）卫生：保持公司行政楼、公共区域的环境卫生，并对公司各区域的建筑、道路、管线等进行日常维护。

（3）维修：负责公司办公桌椅、门窗围墙、生活设施、基础建筑等的后勤维修与统筹管理工作，包括外请专业维修人员、结果验收及费用结算等。

（4）资产：负责公司办公资产和公用设施的管理。

（5）食堂：负责公司食堂的管理，并对外来客人的就餐进行安排。

（6）宿舍：负责职工宿舍管理，建立健全宿舍入住、退住制度，以及宿舍资产、卫生、安全、纪律等管理制度，并监督执行；对宿舍相关水电费用进行结算管理。

（7）安保：负责安全保卫工作，对车辆及人员进出厂区进行管理，并对外来人员做好登记，同时按规定对厂区进行安全监控和巡逻。

3. 信息安全

（1）负责网络信息安全预防及管理。

（2）负责信息设备的运行及维护。

（3）负责通信系统和总机的管理。

（4）负责信息类资产的管理。

（5）负责K3、PDM、钉钉、AM等系统的应用管理。

（6）负责公司邮箱、网站、公众号的管理。

（7）负责开展系统应用评价和培训。

（8）负责与软件供应商的接口工作。

4. 人力资源

（1）体系建设：建立和完善人力资源制度和流程体系，经批准后负责实施。

（2）工作规划：根据公司战略规划，拟定人力资源的工作计划并负责落实。

（3）人力预算：根据财务预算管理工作要求，做好人力资源支出预算编制和人力成本控制。

（4）组织权责：负责公司组织架构的设计和调整、部门职责及权限的分配、岗位设置及人员编制的监督与执行、部门组织描述及岗位说明书的更新与维护。

（5）招聘管理：负责招聘渠道的拓展和维护，制订年度、月度招聘计划并组织实施，做好员工招聘、入职培训、人事档案、劳动合同签订、转正考核评估等工作。

（6）培训管理：做好公司年度培训计划的制订与实施，管理内部讲师，开发培训课程，监督、落实员工岗位技能培训，组织员工职业发展培训，以及对培训效果进行评估等。

（7）薪酬福利：参与薪资结构设计，以及工资、奖金、福利政策的制定；负责员工福利发放、社保办理等相关工作。

（8）绩效管理：参与业绩考核与激励机制的设计；负责组织绩效考核并落实绩效结果；检查和督导各部门绩效考核的执行情况。

（9）员工关系：负责员工劳动合同的续签工作；办理员工任免、调配、奖罚、解聘、辞退等手续；处理劳资纠纷或投诉；开展定期和不定期的员工满意度调查活动。

（10）档案管理：负责汇集、整理和保管员工档案资料；编制领导需要的人事报表。

5. 企业文化

（1）组织企业文化小组，创造性的推动企业文化建设。例如，组织策划员工文体娱乐活动，传播和推广企业文化理念等。营造积极健康的企业文化氛围，树立良好的雇主品牌形象。

（2）根据公司所处发展阶段及行业特点，制定与企业文化相关的制度和流程；审核、评估各部门团队建设的实施情况。

（3）负责企业文化手册的修改和完善。

6. 部门管理

（1）组织描述：对本部门的管理架构、部门职能、岗位编制、岗位职责等进行动态更新。

（2）流程制度：优化和完善相关业务流程和管理制度，报批后实施、监督及检查。

（3）数据报表：编制相关数据报表并打印、上报和存档。

（4）技能培训：对本部门人员的专业技能进行培训和提升。

（5）绩效考核：定期或不定期对部门人员业绩和价值观进行考核。

7. 其他工作

完成领导交办的其他工作任务。

四、主要流程制度

序号	文件名称	发布日期	说明
1	工作服管理规定		
2	公司出入管理规定		
3	宿舍管理制度		
4	食堂管理制度		
5	吸烟管理制度		
6	员工奖罚制度		
7	考勤管理制度		
8	人员招聘制度		
9	内部培训制度		
10	外派培训制度		
11	社保实施细则		

续表

序号	文件名称	发布日期	说明
12	薪酬管理制度		
13	员工福利管理制度		
14	绩效管理制度		
15	信息安全管理规定		
16	机房管理规定		
17	员工手册		
18	企业文化手册		

五、关键绩效指标

序号	指标名称	定义	目标值	考核周期
1	招聘计划达成率	实际招聘到岗的人数 / 计划需求人数 ×100%	80%	季度
2	培训计划达成率	完成培训项目数 / 计划培训项目数 ×100%	90%	季度
3	人才流失率	一定周期内流失的核心员工数量 / 公司核心员工总数 ×100%	≤ 10%	季度
4	信息系统安全事故	以实际发生次数为准；四小时以上不能正常使用	0	季度
5	环境卫生合格达标率	对厂区环境卫生检查评估合格以上	合格	季度
6	后勤服务设施完好率	保持完好，或及时维修	100%	季度

说明：
① 考核指标不仅仅限于以上几项，可根据实际需要进行增减。
② 各指标的目标值、考核周期，以及考核办法，具体以公司绩效管理制度为准。

拟定：　　　　　　审核：　　　　　　批准：

阶段三：拟定岗位编制计划

如果第二阶段的工作进展顺利，公司的岗位编制计划基本上就会同时完成。在此阶段，行政人事部把各部门的岗位编制计划汇总在一起即可。

以下是 ×× 公司岗位编制计划（见表 4-1），该模板是我为企业做管理咨询时常用的一个工具，其意义主要有以下三点：对公司的岗位名称进行统一规范，明确各岗位的上下级关系，实时掌握人力需求的数量。

表 4-1　××公司岗位编制计划

序号	一级部门	二级部门	岗位名称	直接上级	编制人数	现有人数	人力需求	现人员名单	备注
1									
2									
3									
4									
5									
合计									

　　另外，我在做组织建设体系咨询时，发现大家对各部门的岗位名称及设置普遍存在困惑，加之第五章的岗位体系设计也需要一个岗位清单列表，所以我根据本章的中小民营制造企业组织架构图重新整理了××公司岗位编制计划汇总表（见表4-2），供大家参考使用。

表 4-2　××公司岗位编制计划汇总表

一级部门	二级部门	三级部门		岗位名称	编制人数	编制说明	现有人数	备注
总经办	—	—	1	总经理	1	全盘工作	1	
总经办	—	—	2	副总经理	1	分管营销、研发和采购工作	1	
总经办	—	—	3	总经理助理	2	……	2	
总经办	IT 部	—	4	IT 经理	1		1	
总经办	IT 部	—	5	IT 运维	1		1	
人事中心	人资部	—	6	经理	1		1	
人事中心	人资部	—	7	行政人事助理	1		1	
人事中心	人资部	—	8	储备干部	1		1	
人事中心	后勤部	—	9	科长	1		1	
人事中心	后勤部	—	10	主管	1		1	
人事中心	后勤部	—	11	采购员	1		1	
人事中心	后勤部	—	12	稽核员	1		1	
人事中心	后勤部	—	13	电工	1		1	

续表

一级部门	二级部门	三级部门	岗位名称		编制人数	编制说明	现有人数	备注
人事中心	后勤部	—	14	厨师	2		2	
人事中心	后勤部	—	15	帮厨	2		2	
人事中心	后勤部	—	16	清洁工	3		3	
人事中心	后勤部	—	17	保安	2		2	
业务中心	国际业务部	—	18	总监	1		1	
业务中心	国际业务部	—	19	经理	1		1	
……	……	……	……	……	……	……	……	……
合计								

注：此表格较长，添加作者微信号（caixuzixun），可获得完整电子版。

【特别说明】①岗位的名称应尽可能体现出职务的级别，并且要与公司的实际情况相符合，各中心的负责人可以称副总，也可以称总监；②如果现有的人员能力还达不到，中心的副总或总监可以由总经理兼代；③各岗位的编制人数应根据实际工作量而定，同时要考虑未来的编制计划，分阶段满足人员配置需求。

阶段四：试行逐步完善优化

经过前三个阶段的实施推进，组织架构的设计已经形成了一个完整的体系。接下来，将各部门已经定稿的部门组织描述统一打印出来，由各部门负责人签字后，进入试行阶段。在试行过程中，需定期优化，使文件处于有效可控的状态，建议每半年做一次集中修改和调整。

关于组织架构体系的维护，我提出以下几点建议。

（1）结合企业价值链的关键增值活动和企业战略规划要求进行系统性思考：如何对部门的职责进行调整和修正？例如，是否有必要增加新职责、简化部分职责、细化特定职责或强化关键职责？

（2）部门组织描述的第一版很难做到尽善尽美、考虑周全，尤其是对部门职责进行分解时，需要从大到小逐层分解。例如，先从一级职能定位分解到二级管理活动，再从二级管理活动分解到三级具体业务活动。

（3）在日常维护中，行政人事部需要不定期抽查各部门对本部门组织描述的使用情况，深入了解执行中存在的问题，并针对这些问题，共同思考如何进行优化和改进。

（4）在进行部门职能分解优化的过程中，需要遵循以下三个基本原则。

第一，完全穷尽的原则。要明确企业各部门应承担的具体职能范围，避免企业内部出现职能真空现象。

第二，相互独立的原则。各个部门承担的职能范围应保持一定的独立性，避免企业内部出现职能重叠问题。

第三，业务活动的可操作性原则。

【方案小结】本章的组织架构设计方案，通过"两条主线四个阶段"这一简单的逻辑，向大家做了系统的介绍和展示。其中部门组织描述相对复杂，操作难度也最大。因为组织描述并非只是对部门职责的简单汇总，而是要为企业的人才管理做很多专业性的铺垫，这部分最能检验企业人力资源部的专业水平及各级管理干部的管理能力。

我想强调的是，合适的组织架构能最大限度释放团队能量，保障企业持续发展。只有做好组织架构设计，才能把企业的战略和流程落实到各部门去执行，使企业的组织架构真正起到"上承战略目标、下接人才管理"的枢纽功能。

第五章
岗位体系设计

　　本章所讨论的岗位体系设计，对于大多数中小民营企业来说可能会有些陌生，大家往往仅对岗位职责和岗位说明书比较熟悉，而对同岗位密切相关的岗位工作分析、岗位价值评估、岗位的序列与等级、岗位的职业发展通道、任职资格标准和能力素质模型等人力资源专业知识和技能了解并不多。就我所接触过的中小民营企业来说，它们几乎都没有开展过岗位价值评估，在岗位的序列与等级、岗位的职业发展通道、能力素质模型等方面，基本上处于空白。可这些都是人力资源专业领域的基础性工作，缺失了这些管理基础，就很难做好人才管理的工作。

　　为了能让中小民营企业尽快补上经营管理三棱柱中的"岗位和人才"管理方面的短板，从本章开始，我会重点介绍人力资源管理的相关专业知识。除了一些无法避免的专业术语，我不会过多阐述专业理论，更多的是分享简单实用的操作方案。

一、问题现象

（一）岗位体系设计常见问题

　　对于相对较为规范的企业，一般都会做岗位体系的设计，至少会开展岗位工作分析和岗位价值评估这两项工作。其中，岗位工作分析的成果就是岗位说明书，而岗位价值评估的成果则是岗位价值评估结果，以及该结果在岗位序列和等级设计中的应用。

然而，从我接触过的中小民营企业现实情况来看，在岗位体系设计方面还非常欠缺，主要存在以下五个方面的问题和现象。

1. 岗位说明书没有实用价值

岗位说明书是界定岗位职责的重要基础文件。在我们接触过的企业中，半数以上都有岗位说明书，其中大部分企业的岗位说明书非常简单，只有少部分企业的岗位说明书相对规范一些。但无论是简单的还是规范的岗位说明书，基本上都没有在管理中发挥应有的价值和作用。

岗位说明书没有实用价值主要体现在两个方面：一方面，行政人事部和各部门负责人既没有将岗位说明书发给员工确认，也没组织相关培训；另一方面，岗位说明书的职责内容已经过时，却没有及时更新，时间一长，大家就忘记有岗位说明书了。这正是我们在进行员工访谈时，大部分员工反映其岗位职责不清晰的原因所在。

2. 岗位任职资格标准不规范

虽然企业经常进行员工招聘，并制定岗位的招聘要求，但是这些要求基本都是行政人事部与用人部门临时确定的，同一个岗位每次的招聘要求都不一样，究其根源，是没有统一规范的岗位任职资格标准。

有的企业即使有岗位说明书，且其中也注明了岗位的任职资格标准，但在日常招聘中，却很少按照岗位说明书的要求进行招聘。因为大部分岗位说明书上的招聘要求同实际需求相差较大。没有统一规范的岗位任职资格标准，往往难以保证招聘的质量，还可能造成招聘资源的浪费。

3. 缺少岗位晋升通道和晋升标准

绝大部分中小民营企业都没有明确的岗位晋升通道，更没有岗位晋升标准。员工的晋升和晋级决策，更多依赖于领导者的主观判断，这就使得员工对晋升过程感到困惑和不满，认为晋升机会不透明、不公平。

4. 缺少岗位序列和岗位等级

中小民营企业很少重视岗位分类。在成熟的企业中，通常会把所有岗位分为不同的序列，如管理序列、专业序列、技术序列、销售序列、职能序列等。这种分类有助于员工明确自己的职业发展方向和晋升路径。然而，很多中小民营企业中没有明确的岗位序列划分，致使员工无法确定自身的职责领域和能力要求。

同样，在很多中小民营企业中，也没有对岗位等级进行划分。由于缺少系统的岗位等级设置，员工不仅很难了解自己在企业中的价值定位，也不清楚如何通过提升自己的能力来晋升到更高的等级。而且，这还会导致企业的薪酬管理不成体系，薪酬管理方面的具体问题将在第八章的人才激励部分详细介绍。

5．没有进行岗位价值评估

截至目前，我们接触过的中小民营企业在没有同我们做咨询项目前，均没有对岗位进行正式或非正式的岗位价值评估。正是因为缺少了岗位价值评估，企业的薪酬体系才无法解决内部公平性的问题。在薪酬体系设计中，员工薪酬与岗位实际价值不匹配的现象较为普遍，造成了薪酬管理工作的种种被动局面。

例如，不少企业对新招聘员工的定薪往往需要老板亲自面谈，这就导致新员工与现有员工薪酬差距较大，引发内部员工心态失衡；还有不少企业，员工每年都是直接找老板谈下一年的工资涨幅，结果出现"爱哭的孩子多吃奶"这种不合理现象。

（二）员工访谈的问题摘录

在为中小民营企业做咨询项目期间，我们收集到了员工对岗位体系设计相关问题的反馈。这些反馈从各个层面和维度反映了员工对岗位体系设计的担忧和期望。

- "工作分配不清晰，导致很多事情难以执行下去。对于主管这个岗位，由于内部老员工众多，且存在复杂的股东关系等因素，没有人愿意担任。"
- "管理团队缺少担当，也缺少权力和责任，这需要企业高层率先定好基调。"
- "管理层麻木了，看到问题既不管也不问。管辖的内容模糊不清，比如包装物流究竟归谁负责并不明确。"
- "对于质量问题，客户反馈过程中虽有相应的处理方法规定，但实际落实处理的人员严重不足。"
- "以前有部门职责和岗位说明书，可现在没有了，因为大家都达不到岗位说明书要求的标准，管理太严的话怕员工离职。"
- "我来这工作半年了，从来没有见过岗位说明书是什么样子。"

- "上级虽然要求做好 6S，但目前现场管理依旧很混乱，浪费了大量的周转时间。"

- "入职的时候，行政人事部给了一份岗位说明书，但我忘了放哪去了，反正也没有什么用处。"

- "领导经常会给我分配新任务，我也不清楚这些任务是否属于我的职责范畴，这让我感到有些迷茫。"

- "在与其他部门的同事合作时，有时会出现职责重叠的情况，导致双方都不清楚某项工作究竟该由谁负责。"

- "岗位说明书上列出的职责太多、太杂，我很难分清哪些是主要任务，哪些是次要任务。"

- "我一直很努力地工作，但感觉缺乏明确的晋升路径。我不知道自己需要达到什么标准才能获得晋升机会。"

- "我觉得公司应该提供更多的内部培训和发展机会，帮助我们提升技能和能力，为未来的晋升做好准备。"

- "有时候，我感觉晋升更多取决于与领导的关系而不是工作表现，这让我觉得很不公平。"

- "我已在公司工作多年，但从未获得过晋升的机会。这让我感到非常沮丧，也让我怀疑公司是否真的重视员工的职业发展。"

- "我希望公司能够建立一个更加完善的职业发展体系，为员工提供多元化的职业发展路径和机会。"

> 【问题小结】中小民营企业在岗位体系设计方面存在的问题是普遍性的。它们要么没有做岗位工作分析，缺乏规范的岗位说明书；要么虽然有岗位说明书，但未能在管理中发挥其应有的价值和作用，仅是企业或行政人事部的展示性文件，在岗位价值评估方面更是一片空白。
>
> 　　岗位工作分析和岗位价值评估是人力资源管理工作的起点和基础。正是因为岗位工作分析和岗位价值评估的缺失，才导致中小民营企业人力资源管理不够规范，这是其中的症结所在。

二、原因分析

中小民营企业之所以在岗位体系设计方面存在上述问题，主要有以下两个方面的原因。

1．缺乏专业知识和技能

行政人事部和管理团队缺乏开展岗位工作分析和岗位价值评估的专业知识和技能，不了解如何科学地推进这项工作，更不可能建立起完善的岗位工作分析和价值评估制度。这导致在具体实施过程中出现较大偏差。

以大部分中小民营企业为例，由于缺少相应的专业知识和技能，在编制岗位说明书的过程中，往往会出现以下情况。

（1）行政人事部越俎代庖。中小民营企业往往把岗位说明书的编写工作推给行政人事部，认为这是行政人事部的工作。行政人事部虽然对岗位工作分析和编制岗位说明书的方法有一定了解，但并不熟悉实际业务，也不了解业务开展过程中存在的问题。这必然会导致行政人事部编制的岗位说明书脱离企业的实际情况，自然也就不具备实际应用价值。

（2）岗位说明书不规范。很多企业的岗位说明书只是单纯地罗列了一些岗位职责，并非真正意义上的岗位说明书。一份规范的岗位说明书应当全面反映岗位及岗位任职者的信息。

2．管理者的重视不够

大部分的中小民营企业，包括领导层在内的管理者，对岗位工作分析和岗位价值评估的重要性认识不足，对相关工作不够重视，这直接影响了岗位说明书编制工作的质量和效果。具体体现在以下四个方面。

（1）缺少员工参与环节：在岗位说明书的编写中，管理者认为岗位员工或部门负责人不具备编写能力，所以在编写的过程中没有让他们深度参与，基本由行政人事部包办，导致岗位说明书的实用性较差。

（2）不愿投入太多资源：管理者认为企业规模还小，没有必要花费过多的人力、物力和财力在岗位工作分析和岗位价值评估工作上。这种观念导致相关投入不足，从而影响了评估的准确性和公正性。

（3）忽视人才管理方面的应用：管理者对编写岗位说明书的目的不明确，未能充分认识岗位工作分析和岗位价值评估在薪酬管理、绩效管理、员工培训和发展等人才管理环节中的应用价值。导致管理者无法依据岗位说明书监督、指导并考核下属的工作，员工也难以参照岗位说明书将工作做到企业规定的标准。另外，还导致企业无法充分利用岗位评估结果，为员工职业发展、晋升和轮岗等决策提供有效指导。

（4）忽视动态管理机制：管理者认为岗位说明书和岗位价值评估结果可以一劳永逸，没有根据企业的发展变化持续对岗位说明书进行优化和完善，也没有对岗位价值评估结果进行调整。这导致岗位说明书的内容未能及时更新，更没有建立动态的管理机制。

【原因小结】中小民营企业在岗位体系设计方面存在的问题是普遍性的，造成问题的主要原因在于，管理者缺乏相应的专业知识和技能，对相关工作的重视程度不够。

三、方案措施

岗位体系设计肩负着夯实企业人力资源管理基础的重任，是构建企业人力资源管理体系的起点和基石。因为岗位工作分析和岗位价值评估的成果贯穿了人力资源管理的各个环节，并打通了人力资源各项管理制度的内在联系。

经过多年咨询项目经验的积累，结合长期对人力资源专业的学习和研究，我抽丝剥茧、高度凝练出岗位体系设计的"两项基础工程"解决方案。

（1）岗位工作分析工程：包括岗位工作分析方法、岗位说明书编写过程，以及岗位说明书的实际应用。该工程的重点成果是各岗位的"岗位说明书"。

（2）岗位价值评估工程：包括岗位价值评估方案、岗位序列、岗位等级，以及岗位价值评估结果的实际应用。该工程的重点成果是各岗位的相对价值点数，即"岗位价值评估结果汇总表"。

以下围绕岗位体系建设的"两项基础工程"，做具体而详细的介绍。

（一）岗位工作分析工程

从人力资源管理实践角度讲，岗位工作分析又被称为职位分析或工作分析，它是针对与岗位相关的全部信息（包括岗位目的、上下级关系、工作内容、岗位权限、专业知识、专业技能、晋升通道、薪酬标准、考核标准、工作环境等）展开收集、整理、分析和汇总，进而形成岗位说明书的过程。

岗位工作分析是一项专业性、技术性、操作性和延展性都很强的工程，是企业开展人力资源招聘配置、培训开发、薪酬管理、绩效管理等工作的基础，对提升人力资源管理水平起着不可估量的作用和价值。

每一份完整的岗位说明书都需要经过成立专项小组、收集岗位信息和编写岗位说明书三个步骤才能完成，即"三步成书法"。

1．成立专项小组

专项小组包括企业领导、行政人事部负责人、各部门负责人及员工代表，也可以邀请外部咨询顾问进行协助。同时，组织专项小组成员对岗位工作分析的相关基本知识、实施方案及具体要求展开培训学习，促使大家就岗位说明书的编写工作达成高度共识。

2．收集岗位信息

岗位工作分析的方法和工具有很多种，其中问卷调研是最适合的工具。在发放调研问卷时，可以根据企业的实际情况灵活安排，既可以一次性发放至所有岗位，也可以根据岗位的优先级，分批次先行发放至部分重点岗位。各岗位员工代表填写完成后，将问卷提交给岗位工作分析专项小组用于分析。

以下是我总结拟定的 ×× 公司岗位工作分析调研问卷，供大家参考使用。

×× 公司岗位工作分析调研问卷

此调研问卷是为编写各岗位的说明书而设计的，是公司编写岗位说明书的重要依据。此次调研活动对促进公司的规范化管理有重要意义，请您接到问卷后按要求认真填写，并及时转交行政人事部。如有任何疑问请咨询您的直接上司，或向行政人事部寻求帮助。

（一）被调查人基本情况

姓名：_____ 部门：_____ 岗位：_____

最高学历：_____ 所学专业：_____ 岗位工作：_____年

入职时间：____年____月____日 现岗位工作年限：_____年

请选择您这次要分析的岗位名称：_____

（二）请围绕您选择的岗位做详尽描述

1．岗位及工作关系描述

（1）因工作关系需要经常与公司内部哪些部门或岗位进行沟通？沟通的频次、方式是什么？沟通中存在的问题或困难有哪些？通过什么办法解决较为合适？

（2）因工作关系需要经常与公司外部哪些部门进行沟通？沟通的频次、方式是什么？沟通中存在的问题或困难有哪些？通过什么办法解决较为合适？

（3）您认为您在公司的其他哪些岗位得到锻炼后，会对履行本岗位职责有很大帮助？请说明您这样认为的理由。

2. 岗位工作职责描述

（1）请简述本岗位的作用和重要性。

（2）请简要概括本岗位的主要工作职责。

（3）按重要程度列举本岗位的具体工作职责条款，并说明履行每一项工作的周期、工作标准的依据，以及工作成果的信息载体及其流向与保管期限。请注明每项工作的绩效考核重点。（参照下表格式填写即可）

序号	工作具体职责	周期	依据	信息流			绩效重点
				名称	发送单位	保存期限	

（4）您认为本岗位工作职责是否完备？如果不完备，还应该增加其他哪些职责？请注明。

3. 胜任本岗位应该掌握的知识范围

（1）企业知识（是指作为该岗位员工应对企业的了解程度，是融入企业的前提条件。请从以下三个方面列举，说明您是通过哪种方式了解企业的？您了解的程度如何？）

①作为企业的员工，应该了解的知识有哪些？

②作为本岗位员工，应该重点了解的知识有哪些？

③为了更好地开展工作，还应了解哪些方面的知识？

（2）专业理论知识（是指做好该岗位工作应该具备的基本知识结构，请列举并说明您掌握的程度，以及通过哪种方式掌握的）。

（3）业务操作知识（要成为该岗位的一名合格员工，应该掌握同工作密切相关的业务操作标准、管理规定、工作流程、作业指导等）。

（4）您认为本岗位掌握以上知识是否完备？如不完备，还应了解或掌握哪些方面的知识？您建议通过哪种途径获得和掌握这些知识？

4．胜任本岗位应具备的专业技术或技能

（1）列举本岗位经常用到的设备，并描述其特性及注意事项。

（2）列举本岗位经常用到的工具或软件，并描述其特性及注意事项。

（3）您是否认为除掌握上述技能外，还应该掌握其他技术或技能？如果是，请列举。

5．本岗位的其他相关问题

（1）按出现频率的高低顺序，列举本岗位发生过的质量问题种类（含质量事故），并分别简述其产生的原因，您建议如何解决或预防？

（2）公司或本岗位的主管对该岗位的考核有无定量指标？如果有，是哪些？

（3）若想从本岗位晋升到主管，您认为应该从哪些方面提升自己？

【特别说明】此调研问卷的填写对象有两类：一是本岗位的 1～2 名员工代表，需要选择该岗位上的优秀人员作为代表填写；二是该岗位的直接上级。不需要同一个岗位的所有人都填写，允许员工代表做内部讨论后作答。

3．编写岗位说明书

岗位说明书是企业各级管理者和岗位员工管人理事的基础，也是推动企业知识管理、流程管理、有效沟通、团队协作，以及建立学习型组织的重要手段。

岗位说明书的模板有很多种，一份相对完整且规范的岗位说明书，至少涵盖岗位基本信息、岗位概述、工作职责、主要权限、绩效指标、任职资格、发展通道、工作环境这八个方面的信息。

岗位说明书的初稿，建议由填写岗位工作分析调研问卷的员工代表和该岗位的直接上级共同完成，随后统一提交给行政人事部审核，最后由岗位工作分析专项小组审核定稿并试行。

以下是我总结拟定的两个岗位说明书模板，每个模板都附带一个参考案例。目前管理基础较为薄弱的企业，可以采用模板 A，后续再升级完善；而已经有岗位说明书基础的企业，可以采用模板 B。

关于岗位说明书的编写指引，本章以岗位说明书模板 B 为蓝本展开。

×× 公司_____岗位说明书（模板 A）

一、岗位信息

岗位名称		所属部门		职务级别	
直接上级		直接下级			
岗位等级		薪酬类型		编制日期	

二、角色定位

负责……

三、工作职责

序号	工作职责与任务
1	
2	
3	
4	
5	

四、任职资格

维度		条件	测评方法
1	教育与培训		
2	性别与年龄		
3	从业经验		
4	个性品质		
5	专业技能		

注：我已经阅读岗位说明书，清楚本岗位的工作内容和要求，承诺严格按照岗位说明书及相关制度和流程履行岗位职责。

员工签字：_____ 日期：____年__月__日

主管签字：_____ 日期：____年__月__日

××公司 人事行政专员 岗位说明书（参考案例）

一、岗位信息

岗位名称	人事行政专员	所属部门	人事行政部	职务级别	
直接上级	总经理	直接下级	无		
岗位等级		薪酬类型		编制日期	

二、角色定位

负责公司的人力资源、行政及后勤管理工作。根据企业整体发展战略，实现人力资源的有效提升与合理配置，积极贯彻公司管理制度和工作流程，为实现上传下达和各部门之间的协调运作提供支持和后勤服务保障。

三、工作职责

序号	工作职责与任务
1	负责企业文化的建设和宣传，以及公司各项活动的组织
2	负责公司管理制度和流程的备案建档，并监督执行情况
3	负责组织公司的各项会议，做好会议记录，跟踪会议决议的执行情况
4	负责部门组织描述及岗位说明书的更新、维护
5	负责搭建和维护各招聘渠道，满足各部门合理的用人需求
6	负责员工的入职、离职、转正和调动的手续办理，做好员工档案的管理
7	负责统计员工绩效考核和考勤数据，计算员工月度工资
8	负责劳动关系的管理，处理员工的各项建议和申诉
9	负责行政事务的管理，包括接待服务、后勤采购、宿舍管理和行政文件归档等工作
10	负责组织劳动纪律的监督检查，处理和落实员工违规违纪
11	协助统计生产报销数据，编制报销单并申请报销
12	完成领导交办的其他工作

四、任职资格

	维度	条件	测评方法
1	教育与培训	大专及以上学历，工商管理、人力资源相关专业	学历证明
2	性别与年龄	性别不限，年龄24～40岁	身份证

续表

	维度	条件	测评方法
3	从业经验	两年及以上工作经验	背景调查
4	个性品质	性格活泼开朗、工作认真负责、抗压能力强	笔试＋面谈
5	专业技能	熟练使用办公软件，掌握人力资源管理相关业务技能	面谈＋职称证书

注：我已经阅读岗位说明书，清楚本岗位的工作内容和要求，承诺严格按照岗位说明书及相关制度和流程履行岗位职责。

员工签字：_____ 日期：___年__月__日

主管签字：_____ 日期：___年__月__日

××公司_____岗位说明书（模板B）

一、岗位信息

岗位名称		所属部门		职务级别	
直接上级		直接下级			
岗位等级		薪酬类型		编制日期	

二、角色定位

负责……

三、工作职责

序号	工作职责与任务	发生频率	所用时间
1			
2			
3			
4			
5			

四、主要权限

1	人事权限	

续表

2	财务权限	
3	业务权限	
4	其他权限	

五、关键绩效

序号	指标名称	指标定义	目标值	考核周期
1				
2				
3				

六、任职资格

维度		必要条件	期望条件	备注
1	核心能力（文化认同）			
2	通用能力 基本技能			
	通用能力 个性品质			
3	企业知识			
4	专业知识 企业外部			
	专业知识 企业内部			
5	专业技能 企业外部			
	专业技能 企业内部			
6	教育培训 学历/学位			
	教育培训 专业/资格			
7	从业经验 企业外部			
	从业经验 企业内部			
8	性别年龄			
9	岗位绩效			

七、发展通道

可直接升迁的岗位	
可横向调动的岗位	

八、工作环境

工作环境情况	
消耗体力程度	
使用工具设备	

注：我已经阅读岗位说明书，清楚本岗位工作的内容和要求，承诺严格按照岗位说明书及相关制度和流程履行岗位职责。

员工签字：_____　　　　　　日期：____年__月__日

主管签字：_____　　　　　　日期：____年__月__日

××公司 行政人事经理 岗位说明书（参考案例）

一、岗位信息

岗位名称	行政人事经理	所属部门	行政人事部	职务级别	
直接上级	总经理	直接下级	经理助理、行政人事专员、厨师长、保安、保洁员		
岗位等级		薪酬类型		编制日期	

二、角色定位

在总经理的领导下，正确理解企业战略和企业文化，为企业发展提供后勤保障和人才储备。

三、工作职责

序号	工作职责与任务	发生频率	所用时间
	（一）企业文化		
1	负责企业文化手册的修改和完善	每季度	不定
2	负责企业文化的推动	每季度	不定

续表

序号	工作职责与任务	发生频率	所用时间
	（二）制度管理		
3	负责拟定行政与人力资源的各项制度和流程，报总经办批准	每季度	24 小时
4	贯彻执行行政与人力资源管理制度，根据实际需求对制度进行修订与完善	每季度	24 小时
5	负责各业务部门与职能部门的管理制度和流程的备案建档，监督、检查各部门制度的执行情况	每季度	不定
	（三）人力资源		
6	负责部门组织描述及岗位说明书的更新和维护	每月	不定
7	组织拟订企业年度人员招聘计划和调整方案，经批准后组织落实	每年	48 小时
8	组织拟定、落实企业培训方案，并开展效果评估；组织开展员工职业技能鉴定、专业技术职称评定工作	每月	24 小时
9	组织开展各部门绩效考核工作；组织员工对绩效考核进行统计分析，并提出改进建议	每月	8 小时
10	负责员工关系管理，组织开展内部员工岗位调整、辞退、解除劳动合同等工作；组织劳动合同和人力资源档案的管理；收集、整理、分析员工建议及申诉处理，并开展员工满意度调查	每月	24 小时
	（四）行政 & 后勤 & 信息		
11	负责企业部门月度例会、年度会议、临时性专题会议的组织安排，并整理会议记录，跟进落实会议决议	每月	48 小时
12	负责企业对外宣传工作（杂志 / 网站 / 展会）	每月	24 小时
13	负责接待来宾、管理办公用品、发送内部通知等行政管理类工作	每月	不定
14	负责组织开展员工宿舍与员工餐厅的管理、办公资产的维护，以及维修、清洁、绿化和企业安全保卫等后勤服务工作	每月	不定
15	负责企业计算机信息网络管理工作	每月	不定
	（五）行政督查		
16	负责组织劳动纪律的监督检查，处理和落实员工违纪	每周	不定
	（六）部门内部管理		
17	根据企业战略规划，拟订部门工作规划及计划，并负责落实	每月	8 小时
18	负责本部门年度预算的编制，并对预算的执行情况负责	每年	24 小时
19	负责部门内部管理工作，确保部门职能的有效发挥	每日	1 小时

续表

序号	工作职责与任务	发生频率	所用时间
	（七）其他工作		
20	完成领导安排的其他工作	不定	不定

四、主要权限

1	人事权限	① 本部门人员的聘用、调岗、晋升、辞退的决定权 ② 本部门人员进行组织分工和工作协调的决定权 ③ 本部门人员奖罚、考核的决定权 ④ 下属培训的决定权、下属争议的裁决权
2	财务权限	① 本部门预算内费用的支配权 ② 本部门预算外费用的建议权
3	业务权限	① 规章制度的拟定权 ② 对所属下级工作的监督、检查权 ③ 员工聘用、调岗、辞退、开除的审核权
4	其他权限	① 行政督查权、行政考核权 ② 企业经营管理的建议权 ③ 上级授予的其他临时权限

五、关键绩效

序号	指标名称	指标定义	目标值	考核周期
1	招聘计划达成率	实际招聘到岗的人数 / 计划需求人数 ×100%	80%	季度
2	培训计划达成率	完成培训项目数 / 计划培训项目数 ×100%	90%	季度
3	人才流失率	一定周期内流失的核心员工数量 / 企业核心员工总数 ×100%	≤ 10%	季度
4	信息系统安全事故	次数：以实际发生次数为准 时长：4 小时以上不能正常使用	0	季度
5	环境卫生合格达标率	厂区环境卫生检查评估达到合格以上	合格	季度
6	后勤服务设施完好率	保持完好或及时维修	100%	季度

六、任职资格

	维度		必要条件	期望条件	备注
1	核心能力（文化认同）		文化理念的深刻理解和高度认同	推进企业文化落地；善于用文化理念教育和引导下属	面谈＋全面评估
2	通用能力	基本技能	具备一定的计算机办公和网络使用技能；熟练运用各种相关办公软件	具备基础的英语知识	面谈＋全面评估
		个性品质	积极主动、关注细节	灵活应变、坚持不懈	面谈＋全面评估
3	企业知识		熟悉企业业务及运作模式；熟悉企业管理体系；精通企业及各部门的组织架构及职能职责	熟悉企业产品、业务需求	笔试＋面谈
4	专业知识	企业外部	掌握现代企业人力资源管理知识	了解企业管理知识、心理学、组织管理学、信息化规划	笔试＋面谈
		企业内部	熟悉企业经营管理体系（文化、战略和人才管理）	精通多个模块	笔试＋面谈
5	专业技能	企业外部	掌握人力资源管理的相关业务技能	了解相关的法律法规	面谈＋资格证
		企业内部	熟悉企业内部管理模式与管理制度	了解人力资源管理的相关业务技能	内部评估
6	教育培训	学历/学位	大专以上	本科以上	毕业证
		专业/资格	人力资源管理、企业管理及相关专业	—	毕业证＋资格证
7	从业经验	企业外部	8年以上工作经验；5年以上相关职能或专业领域工作经验；3年以上管理经验	10年以上工作经验；8年以上相关经验；5年以上管理经验	背景调查
		企业内部	5年以上行政、人事岗经验	8年以上行政、人事岗经验	人事档案
8	性别年龄		不限，35～45岁	35～40岁	身份证
9	岗位绩效		良好	优秀	绩效考核

七、发展通道

可直接升迁的岗位	行政人事副总监、行政人事总监、行政人事副总
可横向调动的岗位	行政部经理、人力资源部经理

八、工作环境

工作环境情况	集体办公室，标准工时
消耗体力程度	一般
使用工具设备	计算机

注：我已经阅读岗位说明书，清楚本岗位工作内容和要求，承诺严格按照岗位说明书及相关制度和流程履行岗位职责。

员工签字：_____　　　　日期：____年__月__日

主管签字：_____　　　　日期：____年__月__日

岗位说明书的编写指引
（以岗位说明书模板 B 为蓝本）

一、排版要求

1. 字体和字号

（1）主标题："×××岗位说明书"用宋体加粗、小二号。

（2）小标题：八个板块内容的标题统一用宋体加粗、五号。

（3）其他所有内容：统一用宋体和五号，若任职资格标准中的文字较多，可以用小五号。

2. 每行间距

整个文档的内容均设为单倍行间距。

3. 页眉页脚

页眉使用企业标识+企业愿景(或其他)，页脚中间写明第×页和共×页。

二、内容填写

1. 岗位信息

岗位信息应填写岗位名称、所属部门、直接上级和直接下级。岗位等级、岗位级别、薪酬类型等，视企业情况填写，如果还没有薪酬管理体系，就暂时空着，以后再填写。

2. 角色定位

角色定位即岗位的使命，用一句话高度概况本岗位设置的目的和意义即可。

3. 工作职责

关于各项工作的发生频率和所用时间，新岗位可以先空着，时间单位统一用"h"。

4. 主要权限

（1）人事权限的描述：无下属的岗位，统一填写"无"。有下属的管理岗位，人事权限包括录用、请假、转正、调岗、培训、晋升、降级等工作的知情权、查阅权、建议权、审核权、检查权、决策权、奖惩权，可以根据情况列举。

（2）财务权限的描述：涉及花钱的工作，包括预算内费用的审核权、使用权；预算外费用的申请建议权、明细知情权及调整建议权等。

（3）业务权限的描述：本职工作范围内的执行权、建议权、处理权；对工作流程和标准的建议权、修订权、检查权、考核权等。

（4）其他权限：所有岗位均拥有对企业经营或管理的建议权，以及上级领导授予的临时权限。

5. 关键绩效

对于关键绩效的指标定义，应填写完整。

6. 任职资格

（1）核心能力：围绕文化理念和执行落地做描述。文化理念的描述，如了解、熟悉、理解、深刻理解等；执行落地的描述，如用文化理念教育指导下属，起到模范带头作用，领悟并做自我工作要求等。测评方法是面谈与全面评估。

（2）通用能力：基本技能是不需要企业培训就应该具备的能力，个性品质侧重于对思维方式、动机、管理风格等的要求，后期会通过能力素质词典进行规范。测评的方法是面谈与全面评估。

（3）企业知识：包括企业的管理体系（文化、战略、人才管理）、管理制度（员工手册）、业务流程、业务模式、发展历程、企业架构及职责。可以用"了解、熟悉、掌握、精通"进行评价。测评方法是笔试与面谈。

（4）专业知识：包括岗位特有的知识，以及企业特有的知识（产品知识、行业知识）。测评方法是笔试与面谈。

（5）专业技能：企业外部的测评采用面谈、资格证、实操、作品、成功案例等方式，企业内部则通过主管考核评估进行测评。

（6）教育培训：学历/学位的测评方法是填写毕业证，专业/资格的测评方法是填写毕业证与资格证。

（7）从业经验：企业外部的测评方法是背景调查，企业内部的测评方法是查看人事档案。

（8）性别年龄：测评方法是统一填写身份证信息。

（9）岗位绩效：必要条件统一填写合格，期望条件统一填写良好或优秀。测评方法是统一填写绩效考核。

7. 发展通道

（1）基本的晋升通道：员工→主管→副、正经理→副、正总监→副总经理→总经理→董事长，可以适当填写上述 2 ～ 3 级。

（2）技术晋升通道：学徒→技术员→工程师→高级工程师→首席工程师。

（3）可横向调动的岗位：包括本部门及企业其他部门可以胜任的岗位。

8. 工作环境

（1）工作环境情况：涵盖标准工时、综合工时、工作场所（如办公室、生产现场。生产现场需说明是否存在高温、噪音、气味、腐蚀等情况）、操作方式（是否需站立操作设备）、工作状态（是否需要经常高度集中精力）、加班频率、出差情况、夜班情况及安全性等方面。

（2）消耗体力程度：分为一般劳动、轻劳动、中等劳动、重劳动、极重劳动。

● 一般劳动：办公室文职岗位基本不需要大的体力，属于一般劳动。

● 轻劳动：保洁打扫卫生，大部分时间都在不停地劳作，属于轻劳动。

● 中等劳动：车工经常站立加工零部件，并经常手动调试和更换，属于中等劳动。

● 重劳动：经常手脚并用，借助工具进行高负荷的重物搬运，属于重劳动。

● 极重劳动：重铸车间的浇铸工，长时间处于高温和高强度体力状态，属于极重劳动。

（3）使用工具设备：比如电脑、内线电话、打印机、投影仪、叉车、拖车，以及其他岗位经常使用的机器设备、工装夹具、测量用具、仪器仪表等。

三、其他补充

1. 管理诉求

岗位说明书是以未来工作的规划和要求为导向，可以适当体现前瞻性。

2. 后期应用

在编写过程中，各部门负责人要与下属进行充分沟通。待统一定稿后试行，最终定稿还需要本人签字确认。

【特别说明】经过以上"三步成书法"，岗位说明书基本完成，在企业日常管理中的五个场景（人才招聘和录用过程、员工培训和发展工作、岗位价值评估方案实施、绩效管理沟通面谈、岗位薪酬标准确定）中均可发挥作用。

深度分享

顺利完成岗位说明书的编写工作，仅仅是为企业人力资源管理奠定了一个良好基础，后期还需对其进行优化和完善。通常情况下，行政人事部每年至少要牵头组织一次更新和修订。除日常维护和更新外，在以下三个时机需要对岗位说明书进行大的调整。

（1）企业战略的重大调整：意味着部门职能、岗位职责，甚至是组织架构都需要进行相应调整。

（2）企业新管理方式的导入：代表着企业业务流程发生了变化，进而对岗位的任职条件提出新的要求。

（3）企业引进新的技术：有可能需要重新开展岗位的定岗、定编和定员工作。

（二）岗位价值评估工程

鉴于岗位价值评估对中小民营企业来说较为陌生，在正式介绍岗位价值评估工程前，有必要先简单介绍一下岗位价值评估的基本知识，包括何为岗位价值评估？为何进行岗位价值评估？如何实施岗位价值评估？

1. 何为岗位价值评估

岗位价值评估，也被称作职位评估、岗位评价或岗位测评，是通过对单个或多个岗位（非个人）进行多维度分析，以评价该岗位在所有岗位中，对企业价值贡献的大小及重要性程度的高低。

我们可以从以上定义中看出，岗位价值评估有三个要点。

（1）评价对象：是对岗位本身所具有的特性（如任职基本条件、知识技能、解决问题难度、战略地位、职责范围、工作条件等）进行的评价，而不是对岗位的任职者进行评价，遵循的是"对岗不对人"的原则。

（2）相对价值：反映的是岗位的相对价值，而不是绝对价值。

（3）价值贡献：是对每个岗位在企业所有岗位中的重要性排序，通过排序可以对不同岗位间的贡献价值进行衡量与比较。

2．为何进行岗位价值评估

岗位价值评估在岗位工作分析的基础上起着连接企业薪酬体系的桥梁作用。因为需要依据岗位价值评估的结果来确定各岗位在薪酬体系中的职等、职级。

岗位价值评估是企业实现薪酬支付公平、公正的重要手段，也是构建企业利益分配机制和员工激励机制的基础。

总体来讲，岗位价值评估有四个重要意义和三个具体应用。

岗位价值评估有以下四个重要意义。

（1）科学、合理地评估各岗位价值的大小。

（2）真实反映各岗位贡献度或重要性的高低。

（3）公平、公正、客观地确定各岗位的等级。

（4）为岗位分析和薪酬体系设计提供依据。

岗位价值评估有以下三个具体应用。

（1）用来确定岗位的级别，即岗位的工资级别。

（2）用来分配薪酬的额度，即确定岗位工资结构和水平。

（3）用来设计员工的职业发展通道及工资晋级。

岗位价值评估结果在企业薪酬设计中的应用操作，将在本书第八章"人才激励"中详细介绍。

3．如何实施岗位价值评估

关于岗位价值评估的方法，国内外有很多版本，在此不再赘述，若感兴趣，可以进行网络搜索。在完成多个中小民营企业的薪酬体系设计咨询项目后，我们最终总结出了"七步有果法"这一薪酬设计模式。

所谓"七步有果法"，就是通过七个步骤完成岗位价值评估工作，顺利得出岗位价值评估结果。这七个步骤分别是成立评估小组、确定岗位编制、选择付薪要素、确定评估方案、召开评估会议、分段实施评估与汇总评估结果。接下来，将对这七个步骤逐一进行简单的介绍。

1）成立评估小组

该小组也可以称作评估委员会，小组成员一般由企业管理层、外聘专家或顾问，以及观察员组成。企业管理层包括企业领导和部门负责人，观察员则是邀请相关部门的班组长或员工代表。需要注意的是，观察员仅列席旁听，不参与岗位评分。

评估小组的成员有以下四项职责。

（1）全面了解被评估岗位的工作内容和任职资格（参见"岗位工作分析工程"的成果）。

（2）知道并理解岗位价值评估的实施方案。

（3）全程参与岗位价值评估会议，执行评估方案。

（4）向员工解释岗位评估的意义及相关薪酬问题。

2）确定岗位编制

确定企业所有岗位的岗位编制清单，直接应用第四章"组织架构设计"的成果即可。

3）选择付薪要素

我们借鉴"美世岗位评估工具 2.0"，选择了任职基本条件、专业知识、沟通难度、解决问题难度、监督范围、职责范围、战略地位和工作条件八个付薪要素，作为岗位价值评估的八个维度。建议中小民营企业直接使用即可（具体见 P140 附件 5）。

4）确定评估方案

岗位价值评估小组需讨论并确定开展岗位价值评估工程的具体实施方案，包括时间、地点、人员、议程、培训资料、评估工具等。经过多次实践操作，我们已经总结出一个岗位价值评估方案模板，后续将提供给大家参考使用。

5）召开评估会议

根据讨论确定的会议议程，按照方案约定的时间，由行政人事部或聘请的咨询顾问主持，正式召开岗位价值评估会议。具体会议议程可参考方案模板。

6）分段实施评估

一般来说，中小民营企业往往拥有几十个甚至上百个岗位。若通过一次会议就评估完所有岗位，则会议的时间会很长。为了提高评估效率，可以分两个阶段实施评估。

第一个阶段：可以选择 15 ～ 20 个标杆岗位，评估小组先对这些标杆岗位进行集中评估，待统计完标杆岗位的评估结果后，再进行第二阶段的评估。

第二个阶段：可以采用两种方式评估，第一种方式是由各部门的负责人参照标杆岗位的评估分数，分别对剩下的岗位进行评估，其他小组成员不用参与；第二种方式是将相关资料直接发给评估小组成员，让每人参照标杆岗位的评估分数，分别对剩余岗位进行评估。企业可以根据实际情况，选择其中一种方式。

7）汇总评估结果

行政人事部负责人或咨询顾问老师，负责收集岗位评估小组成员对所有岗位的评估结果并制作评委投票评分表，接着按岗位进行汇总分析（见 P139《×× 岗位评委评分统计表》）。

首先，计算要素平均分。在统计分析时，把所有评委的评估分数，去掉一个最高分与一个最低分，然后对每个要素的得分取平均值，该平均值即为每个要素的最终得分。

其次，计算加权总分。针对每个岗位，根据各要素的最终得分，计算其加权总分，以此作为该岗位的总得分。

计算公式：加权总分 = 任职资格得分 ×10% + 专业知识得分 ×10% + 沟通难度得分 ×10% + 解决问题难度得分 ×15% + 监督范围得分 ×15% + 职责范围得分 ×15% + 战略地位得分 ×15% + 工作条件得分 ×10%

最后，把所有岗位的加权总分汇总在一张表里（保留一位整数即可），即为"岗位价值评估结果汇总表"。

以下是我修改后的"岗位价值评估方案"参考模板，以及相关的附件工具，大家可以参考使用。

岗位价值评估方案

一、评估委员会

1. 成立评估委员会

（1）企业管理层（× 人）：名单……

（2）顾问老师（× 人）：名单……

（3）观察员（若干人）：各部门班组长及员工代表，参与本部门的旁听，不参与对岗位的评分。

2. 小组职责

（1）全面了解被评估岗位的工作内容和任职资格。

（2）清楚并理解岗位价值评估的实施方案。

（3）参与岗位价值评估会议、执行评估方案。

（4）向员工解释岗位价值评估的意义及相关薪酬问题。

二、为何要进行岗位评估

（1）确定每个岗位在企业中的地位，对不同岗位之间的贡献价值进行衡量比较。

（2）是对岗位本身所具有的特性（任职基本条件、专业知识、沟通难度、解决问题难度、监督范围、职责范围、战略地位和工作条件）进行评价。

（3）评价对象是岗位，而非任职者，遵循"对岗不对人"原则。

三、岗位评估结果的应用

（1）确定岗位级别的手段。

（2）薪酬分配的基础。

（3）员工职业发展和晋升路径的参照标准。

四、岗位评估的步骤

（1）确定部门岗位编制，并对岗位进行分类（岗位序列）。

（2）确定并定义影响岗位价值的共同付薪要素（共计八个要素）。

（3）对每个付薪要素给出不同的分数，分数的大小视这个因素在全部付薪要素中所占的重要性而定。

（4）对每个要素进行分级，给出每级所对应的分数。

（5）评估委员会的成员根据岗位评分标准，给出各个岗位在每个要素项上的得分，再把所有评委的评估分数去掉一个最高分和一个最低分，然后对每个要素的得分取平均值，该平均值即为每个要素的最终得分。

（6）针对每个岗位，根据各要素的最终得分，计算其加权总分，作为该岗位的总得分。

计算公式：加权总分＝岗位任职资格得分 ×10% ＋专业知识 ×10% ＋沟通难度得分 ×10% ＋解决问题难度得分 ×15% ＋监督范围得分 ×15% ＋职责范围得分 ×15% ＋战略地位得分 ×15%＋工作条件得分 ×10%

（7）以加权总分对所有岗位进行排序，按照一定的级差分段，确定每一个岗位的具体等级。

五、评估要素界定及权重

序号	评价要素指标	指标界定	权重（%）
1	任职资格	本岗位工作所需的学历及相关工作经验	10
2	专业知识	本岗位工作所需的专知识及技能	10
3	沟通难度	本岗位工作的沟通难度和频率	10
4	解决问题难度	本岗位解决问题时的难度	15
5	监督范围	本岗位监督人员的数量和层次类别	15
6	职责范围	本岗位工作的受控程度及责任范围	15
7	战略地位	本岗位在部门（职能部门或运营部门）和企业战略中的重要性，以及因决策失误造成的损失大小	15
8	工作条件	本岗位所处的工作环境及潜在的安全性风险	10
	合计	—	100

相关附件：

《岗位价值评估会议议程》

《岗位编制清单》

《××岗位评委投票评分表》

《××岗位评委评分统计表》

《各评价要素的分等标准及等级配分》

岗位价值评估小组

年　月　日

附件 1：《岗位价值评估会议议程》

××公司岗位价值评估会议议程

一、评估时间
二、评估地点
三、参与人员 （1）公司管理层： （2）顾问老师： （3）部门观察员：各部门班组长或员工代表列席会议旁听，不参与对岗位的评分。

主持人：						
序号	部门	介绍人	时间	岗位数	观察员	备注
一	主持开场			—	—	介绍注意事项
1						
2						
3						
4						
5						
6						
7						
8						
9						
					×××有限公司 ××年××月××日	

附件 2：《岗位编制清单》

××公司岗位编制清单

一级部门	二级部门	三级部门		岗位名称	编制人数	现有人数	特别说明
总经办	—	—	1	总经理	1	1	第一阶段评估
财务部	—	—	2	财务部经理	1	1	第一阶段评估
	—	—	3	总账会计	1	0	第一阶段评估
	—	—	4	税账会计	1	1	第二阶段评估
	—	—	5	往来会计	1	1	第二阶段评估
	—	—	6	成本会计	1	0	第二阶段评估
	—	—	7	出纳	1	0	第一阶段评估

一级部门	二级部门	三级部门		岗位名称	编制人数	现有人数	特别说明
行政人事部	—	—	8	行政人事经理	1	1	第一阶段评估
	—	—	9	经理助理	1	1	第一阶段评估
	—	—	10	行政人事专员	1	1	第一阶段评估
	—	—	11	厨师	2	1	第一阶段评估
	—	—	12	炊事员	3	2	第二阶段评估
	—	—	13	门卫	6	3	第一阶段评估
	—	—	14	保洁员	3	1	第二阶段评估
市场营销中心	市场部	—	15	市场部经理	1	0	第一阶段评估
		—	16	市场专员	1	0	第一阶段评估
	销售部	—	17	销售总监	1	1	第一阶段评估
		—	18	大区域经理	3	0	第一阶段评估
		—	19	业务员	9	9	第一阶段评估
		—	20	内勤主管	1	1	第一阶段评估
		—	21	销售内勤	3	3	第二阶段评估
		—	22	售后主管	0	0	第二阶段评估
		—	23	售后工程师	5	5	第一阶段评估
	外贸部	—	24	外贸部经理	1	0	第一阶段评估
		—	25	业务员	1	0	第一阶段评估
		—	26	单证员	1	0	第二阶段评估
技术研发中心	研发部	—	27	研发部经理	1	0	第一阶段评估
		研发一组	28	研发工程师	4	1	第一阶段评估
		研发二组	29	研发工程师	4	2	第二阶段评估
		—	30	标准化工程师	2	2	第二阶段评估
		设备工装组	31	设备工装主管	1	1	第一阶段评估
		设备工装组	32	设备技术员	6	3	第一阶段评估
	技术部	—	33	技术部经理	1	1	第一阶段评估
		技术一组	34	技术员	2	1	第二阶段评估
		技术二组	35	技术员	3	1	第二阶段评估
		工艺组	36	工艺技术员	4	2	第一阶段评估
		综合组	37	样品管理员	1	2	第二阶段评估
		综合组	38	技术部文员	1	1	第二阶段评估

一级部门	二级部门	三级部门		岗位名称	编制人数	现有人数	特别说明
生产制造中心	采购部	—	39	采购部经理	1	1	第一阶段评估
		—	40	采购员	2	2	第一阶段评估
		—	41	统计员	1	1	第二阶段评估
		—	42	司机	1	1	第二阶段评估
	仓储部	—	43	仓储部经理	1	1	第一阶段评估
		—	44	仓管员	9	7	第一阶段评估
		—	45	统计员	1	1	第二阶段评估
		—	46	普工	1	1	第二阶段评估
	生产部	—	47	生产部经理	1	1	第一阶段评估
		—	48	PMC主管	1	0	第一阶段评估
		—	49	计划员	3	1	第一阶段评估
		—	50	统计员	2	2	第一阶段评估
		各车间	51	车间主任	4	6	第一阶段评估
		各车间	52	班组长	1	1	第一阶段评估
	质管部	—	53	质管部经理	1	1	第一阶段评估
		—	54	质量管理专员	1	0	第一阶段评估
		—	55	统计员	1	1	第二阶段评估
		—	56	检验员	11	9	第一阶段评估
		—	57	计量员	1	1	第二阶段评估
		—	58	实验员	1	0	第二阶段评估
		—	59	铲刮工	1	0	第二阶段评估
	设备部	—	60	设备部主管	1	0	第一阶段评估
		—	61	设备管理员	0	0	第二阶段评估
		—	62	设备维修工	3	0	第一阶段评估
		—	63	设备部文员	0	0	第二阶段评估
		—	64	电工	1	1	第一阶段评估
合计	—	—	—	—	132	87	—

说明：
① 第一阶段评估，由评估委员会进行评估，并附上岗位说明书。
② 第二阶段评估，由部门负责人根据已评估的内部岗位或其他类似岗位评估结果进行权衡赋值。
③ 关于岗位说明书，先完成第一阶段需要评估的岗位，后续再完善其他岗位。

附件3 :《××岗位评委投票评分表》

××岗位评委投票评分表

| 岗位名称 | 付薪要素及得分 | | | | | | | | 说明 |
	任职条件	专业知识	沟通难度	解决问题难度	监督范围	职责范围	战略地位	工作条件	
1									
2									
3									
4									
5									

说明:
① 各要素分数均应从要素评分标准中选择一个,不允许填写标准外的数字。
② 每次评估一个部门或者3～5个岗位,并采取无记名投票的方式。
③ 评估开始前由所在部门负责人介绍被评估岗位的工作职责和岗位任职标准。
④ 采用现场评估,项目组老师负责统计评估结果(视情况现场是否公示)。

附件4 :《××岗位评委评分统计表》

××岗位评委评分统计表

| 评委 | 付薪要素及得分 | | | | | | | | 说明 |
	任职条件	专业知识	沟通难度	解决问题难度	监督范围	职责范围	战略地位	工作条件	
评委1									
评委2									
评委3									
评委4									
评委5									
合计									
净合计									
平均分数									

附件 5：《各评价要素的分等标准及等级配分》

要素 1：任职基本条件。

学历等级	相关经验				
	基本不需要 任何工作经验	至少一年 工作经验	至少三年 工作经验	至少五年 工作经验	至少八年 工作经验
初中及以下	8	15	25	45	80
中专、职高	10	18	32	57	103
大专	12	22	39	69	124
本科	15	26	47	84	150
硕士（含双学士）	18	32	57	102	182

要素 2：专业知识。

知识要求		管理幅度		
		团队成员： 个体贡献者， 没有直接领导 他人的责任	团队领导： 在技巧上指导 他人（至少三 人）；领导、 计划、分配和 监督工作	多团队经理： 指挥一个以上 团队，决定团 队的架构和成 员的角色
有限的工作知识	专业知识或技能限制在狭窄的范围	15	50	75
基本的工作知识	具备某一模块或领域的基础性专业 知识和技能	30	65	90
宽泛的工作知识	具备多模块或领域的专业知识和技能	60	95	120
专业知识	具备至少一项专门的知识和技能， 能掌握一项特别的课题	90	125	150
资深的专业水平	具备多项或多领域的专业知识和技 能，并且在其中某一个领域达到行业 高端水平	113	148	173
领域专家	在特别的活动、领域或作法上有精 到的专长，或有组织多个管理领域的 经验	135	170	195

要素 3：沟通难度。

沟通频率	沟通难度				
	一般性信息交流	有对别人施加影响的沟通	有对别人施加影响的沟通，且有一定难度	有对别人施加影响的沟通，且有较大难度	有对别人施加影响的沟通，且有很大难度
工作中基本不需要沟通	12	22	42	78	147
工作中偶尔需要沟通	14	26	49	91	170
工作中经常需要沟通	16	30	56	106	197
工作中需要较为频繁的沟通	19	35	65	122	229
工作中需要非常频繁的沟通	22	41	76	142	266

要素 4：解决问题难度。

创造性		操作复杂程度				
		容易	较容易	一般	复杂	很复杂
第一等	所有工作都有明确规定，不需要进行改进或创造	20	36	64	115	205
第二等	对于现行办法灵活运用或进行一般性的完善	24	43	78	139	248
第三等	基本运用本行业经验对工作方法进行改进	29	52	94	168	301
第四等	需要少量借鉴其他行业、领域的先进经验或知识，对工作方法进行改进	35	63	114	203	364
第五等	需要部分借鉴其他行业、领域的先进经验或知识，提出新的理念并创立新的工作方法	43	77	137	246	440
第六等	需要大量借鉴其他行业、领域的先进经验或知识，并提出新的理念、创建新的模式	52	93	166	298	533

要素 5：监督范围。

下属人数 / 个	下属层次				
	辅助性岗位	操作性岗位	专业性且不具备管理职能的岗位	专业性且具备初层管理职能的岗位	专业性且具备中层管理职能的岗位
0	10	15	22	32	47
1 ~ 3	15	22	32	47	69
4 ~ 9	22	32	47	69	101
10 ~ 25	32	47	69	101	148
25+	47	69	101	148	218

要素 6：职责范围。

独立性	广度			
	担任部门内部性质相近的工作	担任部门内部性质不同的工作	领导一个部门	领导两个或更多部门，领导企业某一领域
不要求在工作中自主决策，时时受控	15	22	32	48
要求一定程度地自主决策，通过规章、程序等控制	22	32	48	70
根据工作目标独立开展工作，以结果控制	32	48	70	103
需要对目标进行拓展，充分发挥角色的作用	48	70	103	151

要素 7：战略地位。

经营风险损失	同战略目标关联度				
	一般	密切	较密切	很密切	非常密切
造成的经济损失可以忽略不计	30	60	100	150	—
造成一定经济损失	40	100	200	250	300
造成重大经济损失	—	150	250	300	400
会危及企业生存	—	—	300	400	500

要素8：工作条件。

工作环境	安全性风险			
	几乎没有安全性风险	有较低的安全性风险	有一般的安全性风险	有较高的安全性风险
基本在办公室	8	15	28	52
80%左右的工作时间在办公室	9	17	32	61
60%左右的工作时间在办公室	11	20	38	70
40%左右的工作时间在办公室	12	23	44	82
20%左右的工作时间在办公室	14	27	51	95

【特别说明】经过"七步有果法"，即可得出岗位价值评估结果。为了与薪酬体系对接，还需要对岗位序列、岗位等级和岗位发展通道进行设计，具体内容将纳入人才管理章节另行说明。

深度分享

岗位价值评估结果同样需要根据岗位的变化情况进行动态管理，以保持岗位评估结果的相对合理性。当遇到以下两种情况时，行政人事部应参照岗位价值评估方案，重新对岗位价值进行评估。

（1）新增岗位的时候：需要先编制新岗位的岗位说明书，并对岗位价值进行评估，再确定岗位序列和岗位等级。

（2）岗位的职责范围和任职资格变化较大的时候：需要修订岗位说明书，并重新评估岗位的价值。

【方案小结】本章的岗位体系设计方案，借助岗位工作分析工程和岗位价值评估工程这两项基础工程的简易逻辑，为大家做了系统的介绍和展示。同时，运用"三步成书法"完成了岗位说明书的编写，运用"七步有果法"得出了岗位价值评估的结果。这些都是企业人力资源管理的重要基础性工作，需要行政人事部或人力资源部进行动态管理和维护。

随着本章两项基础工程的完成，对中小民营企业的组织建设体系已经顺利搭建完毕。接下来，我们将一同攻克企业经营管理三棱柱的最后一环——"人才"。这一环不仅专业度强，而且难度最大。

国内的人力资源管理大致经历了事务型、专业型、业务型、战略型和人才管理型五个阶段的演变。人才管理是企业人力资源管理依照自身逻辑发展和演化而来的一种管理技术，如今企业的人力资源管理已经包含了人才管理。

人力资源管理的关注点侧重于各模块功能的实现，而人才管理的关注点则侧重于"人"，确切地说，关注的是人的才干或能力。在人才管理中，为了促进人才发展，各项功能相互促进、互为因果且充分融合，其终极目标是为企业发展提供源源不断的人才。

人才资源是企业管理的核心要素之一，人才的能力就是企业的生产力。人才管理的核心任务，即采用科学的方法加速人才"选、育、用、留"机制的循环，最大限度激发人的潜能。

因此，本书以超过三分之一的占比来介绍企业经营管理三棱柱的"人才"这个角。在内容设计上，尽可能高度提炼中小民营企业人力资源管理各模块功能之间运行规律的重点内容，并以"选育用留"的基本逻辑进行呈现，具体分为人才选拔机制、人才培养机制、人才激励机制和人才梯队搭建四章。

第三部分

人才管理体系

第六章
人才选拔机制

对一部分的中小民营企业来说，员工招聘是每年的常态化工作，甚至占据了行政人事部大部分的工作时间，导致其他人力资源工作计划没有足够时间和精力深入开展。造成这种被动局面的原因是多方面的，在我看来，主要在于招聘管理中的人才选拔机制存在不足。

本章所讨论的人才选拔机制，并非对中小民营企业的日常招聘工作进行规范和梳理，而是针对招聘管理中普遍欠缺且至关重要的人才标准问题，与大家分享如何规范人才选拔标准，以及如何将其应用于实际工作。

一、问题现象

（一）招聘管理常见问题

许多中小民营企业在招聘管理和人才选拔方面，存在着一系列的问题和现象，尤其是人才招聘难，留人更难的问题，严重影响了企业的健康发展并制约了企业竞争力的提升。以下是一些常见的问题和现象。

1. 选拔标准不明确

招聘标准不清晰，首先表现为标准过于简单，主要关注知识、年龄、工作经验等硬性条件。一方面，这容易让企业"看走眼"，招到履历较好但工作能力较差的员工；另一方面，对硬性条件要求过高，会让符合要求的人才稀缺。并且，满足条件且有能力的人往往期望更高的薪酬和发展机会，这就会增加企业的用人成本。

由于缺乏明确的标准，行政人事部和其他部门的主管对相同岗位会有不同的理解，导致面试评价结论相去甚远。这种标准的不统一，会大幅降低招聘效率，甚至导致岗位长期空缺。

2．重视能力而轻视潜力

在选拔过程中，过度强调候选人的工作经验和资历，而忽视了其潜在能力、学习能力和创新思维。

3．内部推荐和任人唯亲

在一些家族式企业中，关键岗位多由家族成员占据，企业内部的推荐和关系网也会影响人才的公正选拔，产生"关系户"现象。

一些企业在招聘和晋升过程中，倾向于选择与现有员工或管理层有个人关系的人，而非根据能力和资历来选拔。

4．缺乏科学的评估和测试手段

面试过程通常依赖面试官的个人判断，缺少有效的评估工具和测试方法，难以全面评估候选人的能力和潜力。

5．文化和价值观匹配度不足

企业在选拔人才时，可能忽视了员工与企业核心价值观的匹配度，导致员工的忠诚度和工作积极性不高。

6．转正评估流程不健全

在新人实习考察或见习期间，缺少实习计划和明确的考核要求，也没有规范的转正考核流程，仅凭直接领导的主观判断决定其是否能够转正。

7．不透明的人才选拔过程

很多中小民营企业在内部晋升及人才选拔时缺乏透明度，员工不清楚内部晋升的标准和流程，导致信任度降低。

8．重视成本而轻视实效

许多中小民营企业在人才选拔时，受成本压力影响，往往重视成本而轻视实效，这会导致人才质量下滑、员工流失率增加，以及生产力降低等问题。

9. 完美主义倾向

有些企业在招聘时走入了另一个极端，招聘要求过于复杂，标准既多又全，希望招到"十八般武艺样样精通"的人才。企业想在人才获取上一步到位无可厚非，但满足所有要求的精英毕竟是少数，这会让很多实际上能够满足职位需求的人望而却步。同时，要求过多意味着很多指标与职位关联不大，可能导致招聘到的人无法胜任工作。

（二）员工访谈的问题摘录

以下是我们在为中小民营企业做咨询项目期间，于访谈调研中收集到的员工对招聘管理方面的问题反馈摘录。这些摘录从各个层面和维度，反映了员工对招聘管理及人才选拔方面的意见和看法。

- "生产经理最长做四五年，最短做一两个月，换了不下十个人。因为老板要求经理短时间内做出成效，否则就会换人。"
- "很少有人能获得晋升，既没有标准，也没有培训，工作交接更是无人负责。"
- "没有晋升通道，很少有人晋升，根本没有晋升标准。"
- "感觉自己在公司很难工作满 3 年，能力跟不上老板的要求。"
- "岗位的晋升主要看老板，感觉自己没有什么晋升机会。"
- "不想往上晋升，感觉处理人和事太耗费精力。"
- "公司没有晋升、降级、淘汰的标准。"
- "公司的技术实力非常薄弱，也没有明显的新生力量，近两年招的技术员多是专科与职高，基础比较差。"
- "主要问题在于技术方面毫无突破，主打产品不仅没有提升，反而出现了衰退。原因是专业技术人才匮乏。"
- "我们的技术力量太过薄弱，不是大家不努力，而是能力有限。"
- "有的员工能力不足，但因用人需求，会被强行提拔。"
- "老板太感情用事，仅以信任为前提，用人标准有问题。"
- "在面试候选人时，常常会遇到原计划 40 分钟的面试，却耗时两个小时也无法结束的情况。"
- "向候选人提问时，得到的答案都不是自己期望的，有时候我们自己也不清楚想要什么答案。"

- "我们准备了面试提纲，可领导经常不看，领导可能有自己的一套面试方法。"
- "有时候招聘到的人并不适合这个职位，导致我们不得不重新招聘，浪费了大量时间和资源。"
- "有时候招聘到的员工与职位要求不太匹配，可能需要加强筛选和评估过程。"
- "我觉得公司招聘太过于看重学历和工作经验，可能会忽略一些有潜力但缺乏经验的候选人。"
- "我建议公司在选拔时更加关注候选人的职业规划和长远发展，而不只是着眼于当前的职位需求。"
- "人事部只会处理工资事务，招人也招不到优秀人才，就是个打杂的部门。"

【问题小结】中小民营企业在人才选拔方面存在的问题和现象是普遍性的。不仅没有明确的招聘标准，还缺乏规范的选拔和评估流程，最终导致选出的人才难以满足岗位工作的要求。

二、原因分析

许多中小民营企业在招聘管理和人才选拔方面，面临着诸多问题，总体原因可以归结为以下几点。

1. 资源限制与认知不足

由于规模和资金的限制，许多中小民营企业难以投入大量资源用于招聘流程的优化和人才选拔机制的完善。同时，管理层往往缺乏对招聘管理和人才选拔的足够重视，未能将其视为企业战略发展的重要环节。

2. 管理体系和流程不成熟

许多中小民营企业尚未建立起成熟的人力资源管理体系，导致招聘、选拔、培训、评估等各个环节都存在不足。流程的不规范和不透明使得招聘效率低下，同时也增加了人才流失的概率。

3．家族式管理与裙带关系

在一些家族式管理的企业中，家族成员占据关键职位，导致人才选拔受到家族关系的影响。这种管理方式限制了外部优秀人才的加入，影响了企业的竞争力和创新能力。

4．缺乏专业人才和专业技能

许多中小民营企业在招聘管理和人才选拔方面往往缺乏专业人才和专业技能。面试官的选拔和评估能力参差不齐，缺乏科学的评估工具和测试方法，导致招聘决策的准确性和有效性受到影响。

5．文化与价值观不匹配

企业在招聘过程中，往往忽视候选人与企业文化的契合度。如果新员工无法融入企业文化，就会引发团队凝聚力下降、员工工作效率降低等问题。

6．短视行为和成本控制

面对激烈的市场竞争和成本压力，一些中小民营企业过于追求短期利润和成本控制，而忽视了人才选拔所带来的长期效益。这种短视行为同样会导致企业陷入人才短缺、竞争力下降的困境。

【原因小结】中小民营企业在招聘管理和人才选拔方面存在的问题和现象具有普遍性。造成这些问题的原因主要在于管理者重视程度不足，缺少相应的专业知识和技能。

三、方案措施

企业成败的关键，在于一开始能否找对人。只有找到合适的人才，企业才能达成想做的事。人才选拔是企业人才管理的首要关卡，中小民营企业只有从目前对日常招聘事务的管理，上升到人才管理的高度，进一步建立和完善人才选拔机制，明确人才选拔的标准和流程，提高人才选拔的效率和效果，才能为企业的长期发展提供有力的人才保障。

在当前资源和条件有限的情况下，中小民营企业究竟该如何建立自身的人才选拔机制呢？基于多年对中小民营企业的咨询经验，我总结出了"3+3"人才选拔机制，即"健全三个标准，走好三个流程"。

三个标准：是指任职资格标准、能力素质模型和岗位人才画像。

三个流程：是指实习与考察流程、转正述职流程和内部竞聘流程。

以下我将围绕"3+3"人才选拔机制，分别做具体而详细的介绍。

（一）健全三个标准

1．任职资格标准

岗位的任职资格标准，是企业各类岗位人员为有效履行岗位职责，要求任职者必须具备的知识、技能、个性、品质、价值观及态度等要素。

在第五章岗位体系设计中，关于岗位说明书的编制部分，已经对岗位任职资格标准进行了基本的说明，在岗位说明书的参考模板 A 和参考模板 B 中，也分别做了简要的案例展示。本章所介绍的岗位任职标准，采用的是岗位说明书参考模板 B 中的岗位任职资格标准，即岗位任职资格标准（完整模板），如表 6-1 所示。

本章讨论的岗位任职资格标准，重点说明以下三点。

第一，在日常的招聘和选拔中，对于各维度的任职条件中，必要条件属于最低标准的要求，期望条件则提供了更高层次的选项标准。原则上，若应聘者超出了期望条件的合理范围，也将作为不符合要求的否决项处理。

第二，针对专业知识、专业技能和从业经验这三个维度，分别明确了企业外部要求和企业内部要求。这是因为在同一个岗位的人才选拔中，企业内部竞聘选拔的人才和企业外部社会招聘的人才，现实条件存在差异。其中，岗位任职标准的内部要求内容，也是企业对晋升标准和转岗标准的要求。

第三，在岗位说明书中，对核心能力和通用能力没有做深入介绍。本章从人才管理的专业视角出发，对岗位的核心能力和通用能力做了进一步的深化。首先，对岗位要求的核心能力和通用能力的范围做了界定；其次，对每项能力的具体能力标准做了等级划分。

表 6-1　岗位任职资格标准

部门：　　　　　　　　　　　　　　　　　岗位：

	维度	必要条件	期望条件	评估方法
1	核心能力（文化认同）			

续表

	维度		必要条件	期望条件	评估方法
2	通用能力	基本技能			
		个性品质			
3	企业知识				
4	专业知识	企业外部			
		企业内部			
5	专业技能	企业外部			
		企业内部			
6	教育背景	学历			
		专业			
7	从业经验	企业外部			
		企业内部			
8	性别年龄				
9	岗位绩效				

岗位任职资格标准补充说明如下。

（1）核心能力（文化认同）：是指对企业价值观的特别要求，以及对企业文化理念的认同。具体参考企业的"核心能力素质词典"。

（2）通用能力：是指对岗位综合素质的要求，也是最基本的技能要求，是员工无须企业培训就应该具备的能力，具体参见"通用能力素质词典"。

（3）企业知识：包括企业的基本情况、企业文化、发展历程、企业架构及职责、业务流程、基本制度（员工手册）、战略规划、人才管理等应知范围。同时，需要注明对这些知识的应知程度要求，如了解、熟悉、掌握、精通。这就需要行政人事部和相关部门共同建立起对应的知识库，以及建立针对每个知识板块的测评题库。

（4）专业知识：是指各岗位必须具备的专业学科知识、企业产品知识、所属行业知识等。同样，行政人事部和相关部门需共同建立相关的知识库，以及每个知识板块的测评题库。

（5）专业技能：是指各岗位必须具备的岗位操作技能和经验。这需要在各部门主管的参与下，建立相应的技能鉴定方法或考核标准。对于企业外部人员，测评方法有实操、作品、成功案例；对于企业内部人员，测评方法则是主管的考核评估。

（6）从业经验：是指本岗位的工作经验或其他相近岗位的工作经验。针对企业外部人员的从业经验，测评方法是做背景调查；针对企业内部人员的从业经验，测评方法是直接查阅员工的人事档案。

（7）其他：如教育背景、性别年龄和岗位绩效等，见岗位说明书参考模板B的说明。

【特别说明】岗位说明书模板A和模板B中的岗位任职资格标准，同本章的岗位任职资格标准在本质上是一样的。考虑到中小民营企业的现实管理状况，若没有资深项目咨询老师的辅导，很难一步到位，因此需要大家根据自己企业的情况循序渐进地推进。而本书的宗旨，便是为大家指明优化和改进的方向。

2．能力素质模型

能力素质模型，是指驱动员工做出卓越绩效的一系列综合素质，包括核心能力、通用能力和专业能力（或专业技能）。从该定义可以看出，能力素质模型是岗位任职资格标准的一部分，即岗位任职资格标准已经包含了岗位的能力素质模型。

岗位的任职资格标准与能力素质模型在企业人才管理中的功能和意义是有区别的。如表6-2所示。

表6-2　任职资格标准与能力素质模型的区别

	用途	任职资格标准	能力素质模型
1	晋升和招聘	主要用于晋升和晋级	主要用于招聘和转岗
2	考核与评估	绩效行为考核的依据	发展潜力评估的依据
3	评价与预测	评价过往绩效的表现	预测未来绩效的潜力

关于能力素质模型中核心能力、通用能力和专业能力这三大能力的要求，在专业能力方面，不同企业之间及同一企业的不同岗位之间，存在着极大差异，这就需要企业结合自身实际情况自行制定。在本章中，我将重点介绍核心能力与通用能力标准的制定。

核心能力是对企业价值观的要求进行细化，它和通用能力一样，都需要参考能力素质词典。能力素质词典的结构，主要包括能力项、定义、级别和行为描述，其中的级别一般又分为初级、中级、高级和不合格，共四个级别。

编制能力素质词典，对大部分中小民营企业来说，是一项难度较大的工作。我结合以往咨询项目的经验，整理了一个相对完整的，包含了核心能力和通用能力的素质词典，供大家参考使用，如表6-3、表6-4所示。

表6-3　××公司能力素质词典目录

维度		能力项	子项/近义词	高层领导	中层管理	基层员工
核心能力	1	客户至上	客户第一　客户为中心	√	√	—
	2	创新	敢于冒险　勇于挑战	√	√	—
	3	拼搏	迎难而上　不懈奋斗	√	√	√
	4	团结	团队认同　齐心协力	√	√	√
	5	共赢	合作共赢　共同发展	√	√	√
	6	友善	与人为善　和谐相处	√	√	√
	7	互助	乐于助人　互帮互助	√	√	√
	8	务实	不图虚名　但求实效	√	√	√
	9	守信	信守承诺　言行一致	√	√	√
	10	爱岗	积极主动　全力以赴	√	√	√
	11	敬业	主动承担　精益求精	√	√	√
通用能力	12	战略导向	目标导向　绩效导向　注重结果	√	—	—
	13	影响感召	领导能力　激励鼓舞　人格魅力	√	—	—
	14	统筹规划	系统思维　资源整合　分工授权	√	—	—
	15	推动执行	方案设计　跟进督导　推动落地	√	√	—
	16	团队建设	培养他人　经验传授　引导启发	√	√	—
	17	大局观念	全局意识　格局境界　眼界高度	√	√	√
	18	沟通协调	口头表达　书面表达　矛盾处理	√	√	√
	19	学习成长	学习意识　自我驱动　自我总结	√	√	√
	20	监督控制	监督检查　风险意识　自律严苛	—	√	√
	21	关注细节	严谨细致　认真仔细　细节取胜	—	√	√
	22	灵活应变	讲究弹性　头脑灵活　随机应变	—	—	√
	23	分析判断	逻辑思维　理解判断　决断果断	√		√

表6-4 ××公司能力素质词典

能力项		定义	级别	行为描述
1	客户至上	关注客户需求和利益，以追求客户满意为工作的重心	不合格	① 客户意识淡薄，不了解客户的真实需求； ② 客户关系管理混乱，缺少必要的客户管理； ③ 没能建立起长期的客户关系，客户生命周期短
			初级	① 有较强的客户意识，渴望去了解客户的真正需求； ② 能够进行客户关系管理，以提高客户满意度与忠诚度，努力建立与客户的长期关系
			中级	① 有非常强烈的客户意识，把"客户的满意度与忠诚是企业重要的无形资产"这一理念作为企业的价值观； ② 以客户为中心，把客户看作重要的合作伙伴，力求实现双方的共赢
			高级	① 以客户为中心，将企业的组织架构，工作流程按照"客户第一"的理念再造，将客户视为企业最宝贵的资源； ② 具有优秀的客户关系管理能力，能够为客户创造价值，并将提升客户生命周期作为自己努力的方向
2	创新	关注身边的新技术、新方法和新事物，挑战传统的工作方式，推陈出新，在服务、技术、产品和管理等方面追求卓越，并取得良好成效	不合格	① 因循守旧，对任何新事物都抱着敌视的态度； ② 对于上级布置的各项工作，教条、死板地执行； ③ 遇到各种问题，习惯用经验来解决，懒于创新
			初级	① 对新事物抱有无所谓的态度； ② 解决问题时愿意尝试新的方法； ③ 对于上级布置的各项工作，会从自己的角度出发，灵活变通地完成
			中级	① 对新事物具有良好的接受性； ② 能够作为企业创新精神的倡导者； ③ 创造性地落实上级布置的各项工作； ④ 鼓励下属多角度思考，提出各种解决思路； ⑤ 做决策时稳健而不保守，敢于创新但不冒失
			高级	① 行业内创新的先驱，热衷于创造性地解决问题； ② 对新事物有强烈的偏好，对旧事物非常反感，积极倡导新思维，做决策时比较大胆激进

续表

能力项		定义	级别	行为描述
3	拼搏	对待工作以事业心、使命感、社会责任感、人生理想和价值贡献作为基础，具有较高的职业道德操守和品格，以及较强的自我约束能力和自我管理能力	不合格	① 缺少事业心和使命感，对自己自信不足，总是觉得自己没有能力单独完成一项任务，对他人依赖性强； ② 遇到挑战不敢面对，遇到困难与挫折总是消极逃避
			初级	① 有事业心和使命感，对自己有一定的自信，并有着较明确的定位； ② 遇到挑战能积极面对，遇到困难也能以积极的心态去寻找解决方法
			中级	① 能够把企业与个人的发展相融合，有强烈的责任感和使命感； ② 做人做事有自己的原则和标准，能够做到严于律己，身先示范； ③ 敢于迎难而上，不断挑战自我，具有坚强的毅力，不轻言放弃
			高级	① 有着非常强烈的事业心与使命感，对自己要求极高，对工作高度负责； ② 是企业中的楷模和榜样，常常把企业的发展和团队的成长放在首位，有极高的职业素养与专业技能，不为任何利益和关系动心； ③ 不惧怕任何困难和挑战，具有不达目标决不放弃的决心和毅力
……	……	……	……	……

注：此表格较长，添加作者微信号（caixuzixun），可获得完整电子版。

能力素质词典的使用说明如下。

（1）该词典是企业人才管理的基础资料，主要应用在岗位说明书和人才盘点中。在岗位说明书中，主要作为核心能力等级与通用能力等级的参考标准选项；在人才盘点中，作为小组评估打分的依据，具体在后面人才梯队建设中再详细介绍。

（2）各企业需要根据自己企业的价值观和岗位素质要求，确定适合自己企业的能力素质词典目录，再根据词典目录，详细编制能力素质词典。

（3）在实际的应用中，务必同岗位说明书的更新保持同步，并先从关键岗位开始优化和升级，再初步推广到其他需要进行管理升级的岗位上。

3．岗位人才画像

如果一个中小民营企业在管理上基本做到了拥有完整的岗位说明书和能力素质词典（且前提是能够切实运用），那么便堪称管理规范化的标杆了。

然而，在实际的人才选拔工作中，不可能拿着岗位说明书和能力素质词典进行面试沟通。尤其是在发布人才招聘广告或给猎头公司对接岗位需求时，行政人事部还需结合岗位说明书及岗位的任职资格标准，拟定一份专业的岗位需求，也就是所谓的"岗位人才画像"。对于非常规招聘的关键岗位而言，这样的一份文件尤为必要。

关键岗位的人才画像，需要行政人事部与用人部门或企业领导共同讨论确定。一份规范的岗位人才画像，应当包含基本信息、岗位职责、关键技能、核心能力、关键绩效、岗位挑战性等内容。以下是我总结拟定的两个岗位人才画像案例模板，供大家参考使用。

关键岗位人才画像（模板 A）

岗位名称	PMC 经理
岗位设置目的	依据生产部现有产能规划及计划安排，组织开展销售订单评审工作。将订单系统性分解为生产月计划、周计划与日计划。同时，监督物料的到货进度及生产计划的完成进度，以确保能够按时按量满足客户的交付要求
岗位工作重点	部门统筹：负责统筹管理生管科与仓储科两个部门； 订单评审：负责组织对销售订单进行评审； 生产计划：负责制订各车间班组的每月和每周生产计划，并跟进生产进度； 物料计划：负责制订各项物料需求计划，并跟进采购计划的落实进度； 仓库管理：建立和完善仓库管理流程和制度，并负责监督落实； 异常处理：负责组织处理订单执行过程中的异常情况，并及时反馈给相关部门解决，以保持产供销的相对平衡
关键绩效指标	订单交付及时率； 生产计划完成率； 库存周转率
岗位关键挑战	销售订单的准时交付； 产供销环节的平衡； 产品库存周转率的提升

续表

岗位名称		PMC 经理
任职资格	性别年龄	性别不限，28 ~ 45 岁
	学历专业	大专及以上学历，项目管理、工商管理等相关专业
	资格证书	不做要求
	从业经验	三年及以上 PMC 管理岗位经验
	职业培训	PMC 道场及相关专业培训
能力素质	专业知识	生产流程和工艺知识、ISO9000 或 IATF16949 质量管理体系
	专业技能	生产计划和调度能力、物料管理和控制能力、数据分析能力
	关键历练	生产、品质、技术多岗位的实操经历
	性格品质	严谨细心，执行力强，责任心强，沟通能力强
绝对禁止		不会办公自动化，没有管理经验
优先条件		汽车配件生产企业 PMC 工作经验

关键岗位人才画像（模板 B）

部门：客户服务部　　　　　　　　岗位：客服主管

维度	要求	描述说明
基本要求	性别与年龄	绩优员工多为女性，25 ~ 35 岁最佳年龄，处于职业上升期
	教育背景	大专或本科学历，管理类专业优先
	从业经验	五年以上工作经验，其中两年客户管理岗位经验，本行业大中型企业工作经历优先
	口头表达	声音柔和、语速适中，普通话标准，能听懂 ×× 话优先
	工作稳定	非频繁跳槽，最近三年跳槽不超过两次
	职业着装	着装得体，喜欢素雅颜色且款式简洁，最好能体现出职业化风格
性格特质	外向开朗	MBTI 中外倾型和思考，16PF 中具备较高的乐群性
	职业需求	价值需求测评中社会型或平衡型
	耐心包容	在与客户沟通中，能够保持耐心和细心，善于取得客户信任
	情绪稳定	能够冷静、理智地应对各种情况，并能够调节团队氛围

续表

维度	要求	描述说明
关键技能	沟通话术	熟练掌握企业培训的沟通话术，并能够运用在工作中
	系统操作	能够熟练操作企业的信息系统，可以根据需要快速调用相关资源
基本能力	执行能力	能够理解制度内涵，熟悉部门相关工作流程，并充分利用资源，完成工作任务
	学习能力	乐于接受企业安排的培训，愿意向上级请教问题。认为不断学习是职业生涯中的重要一环
	计算操作能力	能够熟练使用办公室自动化软件，以及企业内部的信息系统
	分析判断能力	能够准确分析重大问题发生的原因，并找到解决问题的突破口
	沟通协调能力	能够根据环境、对象的不同，采取不同的表达方式与策略
核心能力	客户至上	以客户为中心，把客户看作重要的合作伙伴，力求实现双方的共赢
	守信	能够做到诚实守信、言行一致；能够以认真负责的态度对待各项工作，从而赢得大家的信任；为人正直，有是非观念和社会公德意识
	敬业	不推辞工作任务，不推诿责任，尤其在内部分工尚不明确的情况下，能够尽自己力量多做一些事情或自愿承担一些责任
	拼搏	能够把企业与个人的发展相融合，有强烈的责任感和使命感；敢于迎难而上，不断挑战自我；具有坚强的毅力，不轻言放弃

【特别说明】对企业的招聘管理而言，建立人才选拔标准是有效的招聘工具。不过这一举措仅实现了招聘的规范化，还处于"找人"的初级阶段。相比之下，营销招聘是更高层次的人才招聘方式。而在人才招聘的整个体系中，雇主品牌建设属于更高阶的范畴，其处于"吸引人"的阶段。

（二）走好三个流程

招聘的终点并非新员工入职到岗，而是提高新员工的留存率，确保新入职的人才能够顺利转正。

企业运用岗位人才画像，无论是通过外部招聘渠道，还是通过内部竞聘上岗的方式，招聘到的合适人才都还需经过试用期或考察期的考核，才能判定其是否为合格的人才。

所以，企业需要建立规范的实习或考察流程、内部竞聘流程和转正述职流程。只有经过这三个流程考核评估且合格的人才，才能算是企业真正需要的人才。

为了区分社会招聘和内部招聘，对社会招聘人才的试用期，以下称为实习期（或实习），对内部竞聘人才的试用期，以下称为考察期（或考察）。

1．实习与考察流程

目前大部分的中小民营企业，在员工招聘选拔工作中，问题的关键并非人才招聘不到，而是人才很难留下来。主要原因在于，对人才入职到岗后的试用期跟踪考核工作落实不到位。这导致要么人才在中途不明原因地流失，要么企业在其转正后才发现不合格，等等。

我为大家提供两种版本的"新员工试用期实习或考察流程"，以供参考。

新员工试用期实习或考察流程（模板 A）

> **一、目的**
>
> 本流程旨在规范新员工试用期的实习和考察工作，确保新员工能够适应企业文化、岗位需求，以提高员工整体素质和工作效率，为企业发展奠定坚实的基础。
>
> **二、适用范围**
>
> 本流程适用于企业全体新员工，以及转岗或晋升的员工。
>
> **三、部门分工**
>
> 1．用人部门负责人
>
> （1）布置、审批新员工试用期期间的工作／学习计划及结果。
>
> （2）指定、监督员工直接上级或导师对新员工的工作进行指导和评价。
>
> （3）给予新员工试用期相关部门级培训。
>
> （4）对新员工在试用期各阶段的考核进行评估。
>
> （5）与新员工进行绩效面谈，并提出指导意见。
>
> 2．员工直接上级（导师）
>
> （1）帮助新员工熟悉企业环境及相关制度。

（2）帮助新员工熟悉岗位工作内容，并对其工作进行相应的指导。

（3）定期或不定期地与新员工进行沟通，了解其最新动态。

（4）协助开展新员工试用期工作情况的考核评价。

3. 人力资源部

（1）负责新员工的企业级别培训，比如新员工入职培训和其他素质培训。

（2）负责新员工考核的组织管理。

（3）向新员工本人、直接上级或导师发放相关考核表。

（4）对考核过程中的公平性、公正性进行监督，保证考核质量。

（5）考核结果的通知及跟进。

（6）对考核结果及考核标准等相关文件和表单进行存档。

（7）试用期员工转正（停止试用）办理。

4. 试用期员工

积极配合人力资源部、部门负责人、直接上级（导师）开展相关工作。

四、试用期期限

根据企业的实际情况及相关法律法规，新员工的试用期为 2 ~ 3 个月。

五、考察内容

（1）工作能力：包括专业技能、工作效率、团队协作等方面的能力表现。

（2）学习能力：包括新知识掌握情况等方面的能力表现。

（3）工作态度：包括积极主动性、责任心等方面的具体表现。

（4）企业文化：包括了解企业文化、遵守企业规章制度等方面的情况表现。

六、考察流程

（1）制订考察计划：在新员工入职时，由其直接上级与新员工共同制订试用期考察计划，明确考察目标、时间节点和具体任务。

（2）日常观察与记录：直接上级在日常工作中对新员工的工作表现进行观察和记录，及时发现问题并予以指导。

（3）阶段性评估：在试用期期间，根据考察计划进行阶段性评估，了解新员工在各方面的表现，并给出具体的建议和意见。

（4）试用期总结报告：试用期结束后，其直接上级需撰写试用期总结报告，对新员工在试用期内的表现进行全面评价，并提出是否转正的建议。

（5）转正审批：人力资源部根据其直接上级的试用期总结报告，对新员工是否转正进行审批，并将结果通知新员工及其直接上级。

七、考察结果处理

（1）正常转正：若新员工在试用期内表现优秀，符合企业的要求，则予以转正，并签订正式劳动合同。

（2）延长试用期：若新员工在试用期内表现一般，但仍有改进空间，经直接上级与人力资源部协商，可延长试用期，但最长不得超过 × 个月。

（3）终止试用：若新员工在试用期内表现欠佳，无法胜任岗位工作，则终止试用，并按照规定为其办理离职手续。

八、注意事项

（1）确保公平公正：在考察过程中，上级要确保对所有新员工一视同仁，避免主观偏见和歧视。

（2）及时沟通与反馈：直接上级需定期与新员工进行沟通，了解其在工作中的困惑和需求，并及时给予指导和帮助。

（3）保密原则：涉及新员工的个人信息和考察结果应予以保密，不得随意泄露。

（4）持续改进：人力资源部应定期对试用期考察流程进行回顾和总结，并根据实际情况进行优化和改进。

九、附则

（1）本流程自发布之日起执行，由人力资源部负责解释。

（2）在执行过程中，如遇特殊情况需要对本流程进行调整，必须经过企业领导审批同意后，方可执行。

新员工试用期实习或考察流程（模板 B）

序号	流程	作业内容和标准	责任部门	表单
1	办理入职	入职当天办理入职手续，确认岗位说明书，签订劳动合同等	行政人事部	岗位说明书、劳动合同
2	入职培训	按新入职员工培训计划进行培训并考试	行政人事部	考试成绩
3	部门培训	按部门的岗位实习计划进行培训，或安排师傅帮扶，并进行阶段性的试用评估	所在部门	岗位实习评估鉴定表
4	个人总结	试用期到期前一周内，提交书面试用期工作总结或转正述职报告	所在部门	工作总结、转正述职报告
5	转正评估	行政人事部组织相关部门和企业领导进行转正评估	行政人事部、所在部门	试用期转正评估表
6	转正办理	对评估通过的员工办理转正手续，未通过的员工延长试用期或办理离职手续	行政人事部、所在部门	试用期转正评估表
7	资料存档	资料手续齐全后，存入员工档案	行政人事部	以上所有信息资料

2．转正述职流程

目前大部分中小民营企业在员工转正手续办理环节的管理较为粗放，这也是导致人才评估不准确的重要因素。建议针对关键的岗位，务必建立转正述职的评估流程，把好人才选拔的最后一道关。

以下为新员工转正述职流程的参考模板，供大家参考使用。

新员工转正述职流程

一、目的

本流程旨在规范新员工转正述职工作，确保新员工在试用期结束后，通过全面、公正的述职评价，顺利转入正式员工行列，为企业选拔和留住优秀人才提供有力保障。

二、适用范围

本流程适用于企业全体新员工在试用期结束后的转正述职工作。

三、转正述职内容

（1）试用期工作总结：新员工需对试用期的工作进行全面总结，包括试用期工作内容、成绩与不足；转正后的工作计划和设想，以及对企业的意见和建议等。

（2）工作成果展示：新员工需通过具体案例、数据等形式，展示在试用期期内取得的工作成果。

（3）职业规划与展望：新员工需阐述对企业的认知、对岗位的理解，以及个人的职业发展规划，同时表达对未来的展望和目标。具体按《员工职业发展规划管理办法》执行。

四、转正述职流程

（1）提前通知与准备：人力资源部需在试用期结束前一周通知新员工准备转正述职，并提供相关材料模板和指导。

（2）撰写述职报告：新员工需在规定时间内完成述职报告的撰写，并提交给直接上级审核。

（3）审核与反馈：直接上级对新员工的述职报告进行审核，并给予反馈和建议，帮助新员工进一步完善报告。

（4）安排述职会议：人力资源部根据新员工和直接上级的时间安排，确定述职会议的具体时间和地点，并通知相关人员参加。

（5）转正述职汇报：在述职会议上，新员工需向与会人员汇报试用期工作总结、成果展示、职业规划与展望等内容，并回答与会人员的提问。

（6）评审与决策：与会人员根据新员工的汇报和表现，进行评审和打分，最终由企业领导或相关决策机构决定是否同意新员工转正。

（7）结果通知与执行：人力资源部将评审结果通知新员工及其直接上级，并根据决策结果办理转正手续或进行后续沟通。

五、注意事项

（1）确保公平公正：在述职评价过程中，要确保对所有新员工一视同仁，避免主观偏见和歧视。

（2）充分沟通与反馈：直接上级需在述职前与新员工进行充分沟通，了解其工作情况和所面临的困难，并给予必要的支持和指导。

（3）注重实效与成果：在评价新员工时，要注重其实际工作成果和表现，而非仅关注报告的形式和文笔。

（4）保密原则：涉及新员工的个人信息和述职内容应予以保密，不得随意泄露。

六、附件

《试用期转正评估表》

《试用期工作总结》

附件1　　　　　　　　　　试用期转正评估表

姓名		部门		岗位	
学历		专业		入职日期	
试用期间	___年___月___日至___年___月___日			填表日期	___年___月___日
考核内容综合评定	试用期工作总结	（试用期工作总结另附） 部门主管：			
	岗位知识技能考核	（笔试和实际操作考核） 部门主管：			

续表

考核内容综合评定	行政人事制度考核	（笔试和日常行为考核） 行政人事专员：
考核结论		
综合绩效等级： 　优秀□ 　良好□ 　中等□ 　不及格□ 　较差□	1. 提前转正，晋（　　　）级，从____月____日起执行； 2. 按期转正，晋（　　　）级； 3. 按期转正，不予晋级； 4. 延长试用期____个月（到____年____月____日止）； 5. 试用期不合格，解除试用期	
部门主管：	部门经理：　　　　　人力资源部：　　　　　员工本人确认：	

附件 2　　　　　　　　　　**试用期工作总结**

姓名		部门		岗位	
入职日期	____年____月____日	填写日期		____年____月____日	
总结提纲：试用期工作内容、成绩与不足，转正后工作计划和设想、对公司的意见和建议等（可打印）					

备注：对于述职岗位为主管级及以上的员工，需同时提交述职报告 PPT。

3．内部竞聘流程

目前大部分中小民营企业几乎都没有规范的内部竞聘流程，这也是造成员工感觉没有晋升空间的重要原因，建议大家对内部的转岗、晋升工作采取公开竞聘的方式，让内部人才选拔管理透明化。

以下"企业内部竞聘上岗流程"（模板 A、模板 B），供大家参考。

企业内部竞聘上岗流程（模板 A）

一、目的

本流程旨在规范企业内部竞聘上岗工作，确保选拔人才的公平、公正和透明，激发员工的积极性和创造力，实现企业和员工的共同成长和发展。

二、适用范围

本流程适用于企业全体员工参与内部竞聘上岗的情况。

三、竞聘岗位发布

（1）确定岗位需求：各部门需提前确定需要竞聘的岗位，包括岗位名称、职责、要求等信息。

（2）发布岗位公告：人力资源部负责汇总各部门的岗位信息，并通过内部公告栏、企业微信群或钉钉群等途径发布，通知全体员工。

四、报名与资格审核

（1）报名：有意参加竞聘的员工需在规定时间内提交书面申请，包括个人基本信息、工作经历、业绩成果、对岗位的认知及职业规划等内容。

（2）资格审核：人力资源部根据岗位要求和员工申请材料进行资格初审，筛选出符合条件的候选人。

五、竞聘答辩及考核

（1）现场演讲：应聘者进行现场演讲，既可以充分展示其在原来职位上的突出业绩，也可以呈现其对应聘职位的理解，以及自己就任该职位的相关计划和设想。

（2）专家提问：在竞聘演讲结束后，评审小组可以根据事先准备好的问题，结合竞聘者的演讲内容进行提问，以获取相关信息作为评价依据。

（3）现场评价：评审小组针对应聘者各方面的表现，依照评价标准，做出现场评价，填写评分表。评价要素可以根据企业情况编制。

（4）综合评价：在竞聘者竞聘结束后，评委可对其在日常工作中的表现进行点评，从竞聘者面对竞聘职位的不足之处出发，提出改进建议；也可就其在现场展示的工作思路、领导力及系统思维能力等方面进行提问并打分评价，给出聘任建议。

六、结果公示与任命

（1）结果公示：将所有现场评价的评分表收集起来，由计分小组根据评价者对竞聘者每项要素的评分，计算出各要素的（平均）得分。根据事先确定的各要素权重，进行综合计算，得出综合评价结果。将拟录用人选名单在内部公告栏、企业微信群或钉钉群等途径予以公示，接受全体员工的监督并收集员工意见。

（2）任命与调整：公示无异议后，正式下发任命文件，并按照企业相关规定办理人员调整手续。

（3）转岗交接：原岗位人员需协助拟录用人员完成岗位交接工作，确保工作的顺利开展。

七、注意事项

（1）确保公平、公正：在整个竞聘过程中，务必对所有候选人一视同仁，避免主观偏见和歧视。

（2）充分沟通与反馈：各部门领导需要与参加竞聘的员工进行充分沟通，了解其意愿和期望，给予必要的支持和指导。

（3）注重实效与成果：在评价候选人时，要注重其实际工作成果和表现，而非仅关注报告的形式和文笔。

（4）保密原则：涉及员工的个人信息和竞聘内容应予以保密，不得随意泄露。

（5）记录存档：整个竞聘过程的相关资料需整理归档，以便查阅和备案。

内部竞聘上岗流程（模板 B）

序号	流程	作业内容和标准	责任部门	表单
1	发布公告	拟定并发布内部招聘通知书	行政人事部	内部竞聘通知
2	资格审核	收集竞聘者的报名表，确认信息完整性，并进行报名资格审核，对不合格者，及时反馈给员工本人	行政人事部	内部竞聘报名表
3	竞聘答辩	行政人事部组织相关部门和企业领导召开竞聘答辩会，并进行综合评估	行政人事部；所属部门	内部竞聘评估表
4	结果公示	拟定竞聘结果公告通知，接受广大员工的监督	行政人事部	结果通告通知
5	晋升转岗	公示无异议的，办理转岗手续，并进行工作交接	行政人事部；所在部门	转岗或晋升审批表、工作交接表
6	新岗考察	按部门的岗位培训计划进行培训，并进行阶段性考察评估	行政人事部；所在部门	岗位培训计划
7	资料存档	资料手续齐全后，存入员工档案	行政人事部	以上所有信息资料

【方案小结】本章人才选拔机制的"3+3"解决方案，即"健全三个标准，走好三个流程"，让中小民营企业的员工招聘与选拔有了规范的标准和流程。该方案可以有效解决企业人才招聘中的六大难题：拓展新业务、管理有瓶颈、技术遇难题、创新力不足、企业发展快、人才流失大。

本章的人才选拔机制解决方案，看起来较为简单，但真正实施起来还是有难度的，这主要取决于企业是否在文化建设、战略管理、岗位体系设计和人才选拔机制等方面打好了管理的基础。

深度分享

　　未来企业人才的选拔趋势正由重视当下能力向挖掘未来潜力转变。随着市场竞争的加剧和技术的更新，仅具备现有技能的员工已不足以应对挑战。因此，潜力成为选拔人才的重要考量因素，包括学习能力、适应能力、创新能力和领导能力等方面。企业在招聘时，将更加注重评估候选人的发展潜力，并提供培训资源助力其挖掘和提升自身潜力。这种转变是企业实现可持续发展和获得竞争优势的关键。

第七章
人才培养机制

对绝大部分的中小民营企业而言，员工培训工作或多或少一直都在推进。个别企业老板热衷于参加各类培训活动，甚至会聘请外部讲师来企业为团队授课。然而，总体培训效果欠佳，企业一方面觉得培训似乎用处不大，另一方面又深知培训意义重大，不能停止，总之对培训工作非常纠结和矛盾。

本章所讨论的人才培养机制，并非对中小民营企业的日常培训管理工作做规范和梳理，而是从人才管理的角度出发，探讨如何把培训同企业的战略目标、业务流程、岗位职责、员工成长、绩效管理等有效融合起来，从而在有限的资源条件下，更高效地开展人才培养工作。

一、问题现象

（一）培训管理常见问题

中小民营企业在员工培训管理方面存在的问题现象，可以归纳为以下五个方面。

1. 培训管理不成体系

一个规范的培训管理体系，至少应涵盖讲师团队及激励办法、课程体系开发维护、培训活动实施计划、培训效果跟踪评估这四项内容。然而中小民营企业在培训管理方面很少有这样系统性的规划，这往往导致培训内容缺乏针对性、培训方式单一、与绩效考核脱节等问题，如此一来，培训便很难达到预期效果。

2．培训团队水平较低

在中小民营企业中，一方面，现有的培训师资团队管理能力有限，培训经验不足，既无法提供深入且有针对性的培训内容，也不足以支持和建立起企业的培训体系；另一方面，企业没有足够的资源去吸引和留住高素质的培训人才，这是绝大多数中小民营企业面临的客观现实问题。

3．培训方法较为单一

很多中小民营企业往往采用传统的课堂讲授方式进行培训，缺乏多样化的培训手段，这种单一的培训方式不仅会让员工感到枯燥乏味，降低其参与培训的积极性，还难以满足不同员工的学习需求和发展目标。同时，单一的培训方式往往不利于员工深入理解培训内容并将其应用于实践，从而限制了员工技能的提升和综合素质的提高。

4．培训效果差强人意

中小民营企业的培训效果通常不尽如人意，主要表现为：培训内容与实际工作需求不匹配，缺乏针对性和互动性；缺少对培训效果的跟进评估机制，没有对培训工作进行深入的改进和优化等。这些因素导致员工难以将所学知识和技能有效运用到工作中，进而让员工觉得培训对工作帮助不大，认为培训没有太大的用处。

5．培训认知观念传统

中小民营企业在培训方面，往往观念较为传统。例如，认为培训只是一种福利，忽略了员工参加培训的义务和责任，致使部分员工觉得这种福利可有可无；认为培训只是人力资源部的职责，所以培训工作很难得到业务部门的支持，订单多的时候没有时间组织培训，订单少的时候又想让员工多休息，尤其是计件岗位，员工认为参加培训就减少了工资收入；认为培训只是技能或理论的学习，这将使培训与企业长期发展脱节，等等。

（二）员工访谈的问题摘录

以下是我为中小民营企业做咨询项目期间，在访谈调研中收集到的员工对培训管理方面的问题反馈摘录。这些反馈从各个层面和维度，切实反映了员工对培训管理及人才培养的意见和看法。

- "很多培训活动都是临时安排的，没有什么长期的规划。"
- "培训时间是不带薪的，耽误我们挣计件工资。"
- "一进课堂就想打瞌睡，还不如把课件发给我们自己看呢。"
- "培训完就算完成任务了，虽然有时感觉有些收获，可没有人跟踪培训效果。"
- "我们部门年初制订了培训计划，可一直忙于生产，没有时间安排培训，培训计划很难落实。"
- "公司派了几个班组长和车间主任去宁波参加培训，他们感觉收获挺多，但其实工作并没有什么改进。"
- "这次推荐几个班组长去外地培训一周，一开始他们愿意去，可一听说培训回来要写总结，还要进行内部分享，他们就不想去了。"
- "内部培训时没有课件，就是随便讲讲，培训的人也不会制作PPT课件。"
- "目前还没组建内部讲师队伍，培训计划分配给部门经理了，他们有时间的话就会组织培训。"
- "老板说培训要安排在非上班时间，但是大部分员工下班后要做饭、接小孩，所以还是得利用上班时间培训。"
- "外出培训也是有工资的，公司要求培训后要签三年培训协议，有的人嫌时间长，就不愿意参加培训了。"
- "行政部天天催着我们培训，你看现在生产那么忙，天天赶货，总不能为了完成培训任务耽误发货吧。"
- "老板经常去参加培训，也不知道他学的什么内容，从来没跟我们分享过。"
- "我就参加过一次入职培训，行政部给我们念了一遍企业的文化理念和管理制度，也就一个小时吧，之后就没参加过其他培训了。"
- "我们有入职培训，岗位培训是师傅带的，其他的培训就不知道了。"
- "每个师傅带徒弟的方法都不一样，公司也没有给师傅培训过如何带徒弟。"
- "我个人喜欢看书学习，不喜欢公司组织的培训，感觉是在浪费上班的时间"。
- "公司没有系统化、专业化地组织质量管理培训和岗位技能培训。2018

年推行过质量体系，但是没有成功。我个人认为，内部没有能力做好，主要是公司的重视度不够、各部门决心不大。"

● "生产太忙，新工人又多，车间没时间培训，新工人都是直接上岗。"

【问题小结】中小民营企业普遍缺少人才培养机制，甚至连最基本的员工培训管理基础工作都没有做好。培训团队水平有限、培训观念传统、培训方式单一，以及缺少完整的培训体系，这些问题必然导致培训效果不理想。

二、原因分析

从以上中小民营企业在培训管理和人才培养方面的问题可以看出，这些问题既是现象，又是导致培训效果不佳的原因。整体而言，可以分为主观和客观两个方面的原因。

（一）主观方面的原因

1．领导和管理者对人才培养不够重视

许多中小民营企业的管理者往往将主要精力放在生产和经营上，认为培训是额外的成本支出，而非必要的投资。他们更倾向于将资金用于购买设备或扩大生产规模上，而忽视了人力资源的长期投资。

2．人才培养观念的错位

不少中小民营企业对人才培养存在一种错误的观念，将培训与培养混为一谈，并期望通过短期的培训课程迅速解决所有问题。这种观念忽视了人才培养的复杂性和长期性，导致许多企业在投入培训资源后，急于看到效果，甚至因担心员工离职，而对人才培养投入产生不信任感和不安全感。

3．缺乏明确的人才规划和培训目标

绝大多数中小民营企业的人力资源管理功能都比较薄弱，也没有系统的企业战略规划，这直接导致人才规划的模糊和缺失。同时，由于缺乏对员工需求

的深入分析和对培训目标的清晰界定，导致许多企业在进行培训时，往往缺乏针对性，培训内容与实际工作需求脱节，最终使得培训效果不尽如人意。

4．员工对培训和自我提升的意识不强

由于一些员工对职业发展的认识不足，或者对培训的重要性和必要性缺乏了解，导致他们缺乏参与培训的动力和积极性。这也使得企业在推动培训工作时面临一定的困难。

（二）客观方面的原因

1．资金和资源条件受限

由于许多中小民营企业的规模相对较小，资金、时间和人力资源往往有限，这导致企业在面对培训需求时，可能无法投入足够的资源来支持大规模或长期的培训项目。因此，企业只能选择短期、零散的培训方式，或者仅针对关键岗位或技能进行有限的培训。

2．员工流失率较大

许多中小民营企业长期面临员工流动性较高的问题，这使得企业在培训的投入和回报上存在一定的不确定性。

3．缺乏专业的培训团队

一些企业没有专门的培训团队或人员，管理团队对于内部员工培训也并不擅长。所以，许多中小民营企业仅凭借自身的能力，难以制订出科学、有效的培训计划，同时也缺乏对员工培训的有效管理和评估，自然难以取得良好的培训效果。

【原因小结】许多中小民营企业在员工的培训管理和人才培养方面存在的问题和现象具有普遍性。造成这些问题的原因，既有主观认知上的局限，也有客观资源方面的限制。然而大部分中小民营企业正处于快速发展阶段，对人才的需求其实是很大的，有的企业甚至会不惜花重金去挖掘人才，并且十分渴望培养更多的优秀人才。究其根本，主要是因为这些企业没有充分理解培训的基本逻辑，也没有掌握一套有效的人才培养方法。

三、方案措施

目前绝大部分中小民营企业的员工培训工作，仍处于为了培训而培训的初级阶段，与人才培养的规范化需求差距甚远。在多年的人力资源管理及系统咨询服务中，我们不断研究和总结，探索如何帮助中小民营企业建立自己的人才培养机制。我们期望这一机制，不仅能够有效连接企业的文化理念、战略目标、任职资格、能力模型、绩效管理、薪酬体系、晋升通道等，而且在方法上要做到操作简单、方便实用。最终，总结出了帮助中小民营企业建立人才培养机制的"53231"方案。

所谓的"53231"人才培养方案，即五大岗位序列、三个晋升通道、两种晋升标准、三级培训体系、一套职业规划。

（1）五大岗位序列：分别是管理序列（M）、技术序列（T）、生产序列（P）、销售序列（S）和职能序列（A）。

（2）三个晋升通道：分别是指管理线、技术性和职能线三个晋升通道。

（3）两种晋升标准：一种是岗位或职务上的晋升标准，另一种是岗位或职务不变的情况下，工资标准的上调（晋级）标准。

（4）三级培训体系：目前的中小民营企业虽然还没有必要按企业大学的模式建立人才培养的体系，但至少应建立包含新员工入职培训、员工岗位技能培训和员工职业发展培训的三级培训体系，以满足不同层次员工当下的学习和发展需求。

（5）一套职业规划：是指员工的职业发展规划管理办法。

接下来，我将围绕"53231"人才培养方案展开具体介绍。

（一）五大岗位序列

在第四章的组织架构设计中，我们已经梳理出来了企业的岗位清单。为进一步对企业岗位进行科学管理，还需根据岗位的职能和属性，将企业所有岗位划分成不同的序列和等级。这样做的目的在于，便于设计岗位的职业发展通道和企业的薪酬体系。关于岗位的薪酬体系设计，会在人才激励章节的薪酬管理方案中具体介绍。

我所做过咨询的中小民营企业通常把岗位分为五个序列。具体见岗位序列分类表，如表 7-1 所示。

表 7-1　岗位序列分类表

序号	岗位序列	代号	定义	岗位性质
1	管理序列	M	指有直接下属的管理岗位。例如，各部门的经理、主管、班组长等	平路型
2	技术序列	T	指技术类、研发类、设备维修类等的专业技术岗位。例如，工艺工程师、维修技师、钳工、技术员等	下山型
3	生产序列	P	指生产制造系统的操作类岗位。例如，质检员、操作员、包装工等	平路型
4	销售序列	S	指以业绩提成为主的业务销售类岗位。例如，内销业务员、外贸业务员、区域销售主管等	上山型
5	职能序列	A	指行政后勤类、职能支持类的岗位。例如，经理助理、会计、采购员、仓管员、行政专员、保安等	平路型
说明：每个岗位具体划分为哪个岗位序列，需要视岗位编制情况而定。例如，销售内勤可以归为职能序列，仓管员可以归为生产序列等。				

（二）三个晋升通道

晋升通道，即员工职业发展通道，其设计思路有多种形式。例如，按管理线和非管理线可以分为两个通道；按岗位序列可以分为五个通道；按部门和岗位甚至还可以划分出若干更细致的通道。对于中小民营企业而言，我们一般是按照管理线、技术线和职能线三个晋升通道进行设计的。

1. 管理线

管理线（M 线）通常关注员工的领导能力和管理技能的发展。这条通道的设计，可以包括多个层级，从基层管理者开始，逐步晋升为中层管理者、高层管理者，乃至企业的核心领导层。每个层级都对应着不同的职责和权力范围，同时也要求员工具备相应的管理能力和经验。

M线晋升通道：员工→主管→经理→总监→副总经理→总经理→总裁。

为了支持管理线的发展，企业可以提供相关的培训和发展机会，如领导力培训、团队管理课程等，帮助员工提升管理能力和领导力水平。

2．技术线

技术线（T线）专注于员工在专业技术领域的发展。这个通道的设计，可以根据企业的行业特点和业务需求进行划分。例如，针对技术研发人员可以设置初级工程师、中级工程师、高级工程师、技术专家等层级。每个层级都对应着不同的技术能力和经验要求，同时也代表着员工在专业领域内的成就和贡献。

T线晋升通道：学徒→技术员→工程师→高级工程师→资深工程师→首席工程师。

为了支持技术线的发展，企业可以提供技术培训、技术交流和研发项目等机会，鼓励员工不断学习和掌握新技术，提升自己的专业水平。

3．职能线

职能线（A线）是指那些专注于特定职能领域的发展通道，如生产、人力、财务、销售等。员工在这些领域内可以逐步深化自己的专业知识和实践经验，从初级职能人员晋升为中级、高级或资深级职能专家。

A线晋升通道：初学者→助理级→初级→中级→高级→资深级。

在职能线上，员工可以专注于提升自己在特定职能领域内的专业技能和知识水平，通过参与复杂的项目、制定并执行职能策略并通过与其他部门协作来推动业务的发展。企业可以提供职能相关培训、分享最佳实践并给予员工职业发展规划指导，以支持员工在职能线上的发展。

为方便大家设计自己企业的职业发展通道，现将以上三个晋升通道汇总成表格"员工职业发展通道"，如表7-2所示，供大家参考。大家可以根据自己企业的岗位编制和薪酬水平等实际情况，稍做修改便可使用。

表 7-2　员工职业发展通道

职等	职级	管理线（M）		技术线（T）		职能线（A）	
总经理	总经理 3 级	M15					
	总经理 2 级	M14					
	总经理 1 级	M13	总经理				
副总经理	副总 3 级	M12		T15			
	副总 2 级	M11		T14			
	副总 1 级	M10	分管副总经理	T13	首席工程师		
总监	总监 3 级	M9		T12			
	总监 2 级	M8		T11			
	总监 1 级	M7	各部门或中心总监	T10	资深工程师		
经理	经理 3 级	M6		T9		A11	
	经理 2 级	M5	各部门经理	T8		A10	
	经理 1 级	M4		T7	高级工程师	A9	资深级
主管	主管 3 级	M3	各部门主管	T6		A8	
	主管 2 级	M2		T5		A7	高级
	主管 1 级	M1	班组长	T4	工程师	A6	
员工	员工 5 级			T3		A5	中级
	员工 4 级			T2	技术员	A4	
	员工 3 级			T1	学徒	A3	助理级
	员工 2 级					A2	合格员工
	员工 1 级					A1	初学者

在设计以上职业发展通道时，企业需要考虑员工的个人兴趣、能力和职业规划，同时紧密结合企业的战略目标和业务需求。此外，企业还应建立明确的晋升标准和评估机制，以确保员工在职业发展通道中的晋升是基于他们的实际能力和业绩。

【特别说明】以上三条线是纵向的职业发展通道设计思路，企业也可以通过员工横向发展的方式，培养未来企业需要的复合型、多能型人才。在做员工的横向发展规划时，应该遵循以下三个指导原则：①从企业战略需要出发，在人力资源整体规划和人才梯队建设计划的指导下统筹实施；②结合员工的个人职业生涯规划，做好员工双向沟通，尊重员工个人意愿；③以岗位任职资格标准和绩效考核结果作为衡量依据，员工达到标准后才能进入横向发展路径。

（三）两种晋升标准

员工的晋升分为两种情况，一种情况是岗位或职务的晋升，需要建立相应的晋升考核标准，这种情况通常伴随着工资级别的晋升；另一种情况是岗位或职务不变，仅限于工资级别的晋升。

无论是岗位晋升还是工资晋升，都需要制定相应的考核制度作为晋升依据。目前，部分中小民营企业因为没有晋升考核标准，所以不得不每年都面临与员工谈判加工资的问题。

根据我们为中小民营企业提供管理咨询的经验，员工晋升考核方案至少要明确两个核心内容，即晋升的周期和考核的标准。

1. 晋升的周期

关于晋升的周期分为不定期和定期两种情况，不定期的晋升是指日常的员工转正、转岗、临时任命和调整等情况；定期的晋升，一般以每一年或每半年为周期集中组织一次。

2. 考核的标准

从考核的内容来看，考核的标准应该涵盖能力、态度和业绩三个维度，具体来说就是围绕岗位任职资格、绩效考核结果、价值观考核结果、人才培养数量等方面进行考核评估。

员工的晋升标准，是与企业的业绩考核、价值观考核、岗位任职资格评定，以及企业的人才盘点等结合起来综合应用的结果，其具体的内容和细节比较多。在此，我提供两个模板供大家参考使用，一个是"岗位晋升标准"，（见表 7-3），一个是"技术研发中心考核晋升方案"。

表 7-3 岗位晋升标准

职等	职级	晋升通道			基本条件		
		管理线	技术线	职能线	管理线资格	技术线资格	职能线资格
总经理	总经理3级	—			任该岗位五年以上且年度绩效 B 以上的员工	—	—
	总经理2级	—	—		任该岗位两年以上且年度绩效 A 以上的员工	—	—
	总经理1级	总经理			具备总经理级的能力要求	—	—
副总经理	副总3级	—	—	—	任该岗位三年以上且年度绩效 B 以上的员工	任该岗位五年以上且年度绩效 A 以上的员工	—
	副总2级	—	—		任该岗位两年以上且年度绩效 B 以上的员工	任该岗位两年以上且年度绩效 A 以上的员工	—
	副总1级	分管副总经理	首席工程师		具备副总级的能力要求	具备首席工程师的能力要求	—
总监	总监3级	—	—		任该岗位五年以上且年度绩效 A 以上的员工	任该岗位三年以上且年度绩效 A 以上的员工	—
	总监2级	—	—		任该岗位两年以上且年度绩效 A 以上的员工	任该岗位两年以上且年度绩效 A 以上的员工	—
	总监1级	各部门或中心总监	资深工程师		具备总监级的能力要求	具备资深工程师的能力要求	—

职等	职级	晋升通道			基本条件		
		管理线	技术线	职能线	管理线资格	技术线资格	职能线资格
经理	经理3级	—	—	—	任该岗位三年以上且年度绩效A以上的员工	任该岗位三年以上且年度绩效A以上的员工	在职时间三年以上且年度绩效A以上的员工
	经理2级	各部门经理	—	—	具备经理级的能力要求	任该岗位两年以上且年度绩效A以上的员工	在职时间两年以上且年度绩效A以上的员工
	经理1级	—	高级工程师	资深级	任该岗位四年以上且年度绩效A以上的员工	具备高级工程师的能力要求	具备资深级的能力要求
主管	主管3级	各部门主管	—	—	具备主管级的能力要求	任该岗位三年以上且年度绩效A以上的员工	在职时间三年以上且年度绩效A以上的员工
	主管2级	—	—	高级	任该岗位两年以上且年度绩效A以上的员工	任该岗位两年以上且年度绩效A以上的员工	具备高级的能力要求
	主管1级	班组长	工程师	—	具备班组长级的能力要求	具备工程师的能力要求	在职时间两年以上且年度绩效A以上的员工
员工	员工5级	—	—	中级	—	任该岗位两年以上且年度绩效A以上的员工	具备中级的能力要求
	员工4级		技术员	—	—	具备技术员能力要求	在职时间两年以上且年度绩效B以上的员工
	员工3级	—	学徒	助理级	—	试用期员工	具备专员助理级的能力要求
	员工2级		—	合格员工	—	—	转正后的员工
	员工1级			初学者	—	—	试用期的员工

技术研发中心考核晋升方案

一、目的

通过建立科学合理的绩效评价体系，实现人才能进能出、职务能升能降、岗位能左能右、薪酬能高能低的人才激励机制。

二、适用范围

本方案适用于享受项目提成或无项目提成的所有岗位。

三、职责

（1）总经办负责制定绩效考核政策和工作流程。

（2）技术中心总监根据考核方案和实际项目情况制定各岗位的工作标准和要求，并对下属各岗位实施绩效考核工作。

（3）各岗位人员严格执行各项工作标准和要求，认同企业文化，并不断进行自我完善和提升，以适应企业快速发展的要求。

四、管理流程

1. 考核维度

（1）享受项目提成：项目考核、专业技能考核、人才培养考核、价值观考核和任职资格认证（维持条件）。

（2）不享受项目提成：专业技能考核、人才培养考核、价值观考核和任职资格认证（维持条件）。

2. 考核方法

1）项目考核

（1）考核周期：每月考核一次。

（2）等级分类：技术项目根据技术要求、难易程度、完成周期、投入费用、重要程度等，划分为五个等级。

（3）立项程序：所有技术项目立项时均应做好项目报价评审，经技术总监和项目经理签字确认后，方可进入项目开发阶段。

（4）提成比例：所有项目的提成标准均按项目中人工成本预算的20%提取，该金额可作为技术中心的内部分配额度。

（5）内部分配：个人提成的比例为职级对应的6%～16%；项目经理除享受个人提成外，还享受项目成员提成2%～6%的差额部分；技术总监享受所有人员奖励的2%。

（6）部门基金：对于技术中心分配到个人后剩余的 2%，均由财务部建立专门账户，作为技术中心的部门活动基金使用。

（7）所有个人提成的部分，均随本人当月工资一起发放。

（8）所有技术人员申请晋升或工资晋级时，其项目考核必须达到规定的标准。

2）专业技能考核

（1）根据岗位任职资格标准，界定各岗位的专业技能范围和应掌握的程度。

（2）建立专业技能的培训课件体系及测评方法。

（3）对专业技能的考核，原则上每季度进行一次综合评估；学徒或试用期员工，达到及格以上，方可给予转正晋升。

（4）所有技术人员申请岗位晋升或工资晋升，其专业技能考核必须达到现岗位标准的优秀水平。

3）人才培养考核

（1）考核周期：原则上每年考核一次。

（2）凡工程师及以上级别，均负有培养下属的义务，工程师级别每年至少培养出 1 人；经理级别每年至少培养出 2 人；总监级别每年至少培养出 3~4 人。

（3）人才培养的合格标准，以通过任职资格认证为标准，即经过人才综合评估达到及格以上。

4）价值观考核

（1）考核周期：原则上每年考核一次。

（2）考核周期内没有因违反企业价值观被警告或被处罚的行为记录。

（3）考核内容：根据岗位任职资格要求的核心能力进行考核，对应核心能力词典的描述，由综合评价小组进行评估。

（4）价值观综合评估小组由技术总监、项目经理，以及企业其他部门的相关人员组成。

5）任职资格认证

（1）考核周期：原则上每季度认证一次。

（2）考核依据：以岗位任职资格标准进行考核，包含核心能力、通用能力、企业知识、专业知识和专业技能五项内容。

（3）若在考核前两个月内，与任职资格相关的内容已经做了考核，则此部分内容可以免考。

（4）任职资格认证的考核结果以"人才盘点评估表"的形式体现。

（5）所有技术人员的任职资格考核必须达到合格以上，若不合格则至少降低一个职级。

3. 考核程序

考核基本程序：自评→初评→绩效面谈

（1）自评：由各岗位人员对需要考核内容做自我总结和评价，然后交给直接主管进行初评。

（2）初评：部门主管对下属人员工作自评情况进行评价，初评结果即为最终考核成绩。如果需要考评小组进行考核的，考核的结果即为最终考核成绩。

（3）绩效面谈：部门主管将最终的考核结果反馈给员工本人，并当面沟通辅导，告知员工的优点和不足。

4. 考核结果的应用

（1）工资晋升：单项或综合考核结果必须达到规定标准方可给予工资晋升。

（2）岗位晋升：需要经过全面综合的考核，考核结果合格以后方可给予晋升。

（3）试用期转正：需要经过全面综合的考核，考核结果合格以后方可给予转正。

（4）年度奖励或年度分红：平时的考核结果会影响年度奖励，具体还需要根据年度奖励或分红办法进行明确。

5. 考核相关规定

（1）除临时性的岗位调整、试用期转正外，企业每年6月份和12月份各集中组织一次工资调整的综合考核。

（2）参与半年度考核调薪的人员，须在本岗位工作满六个月。

（3）对于临时考核和半年度考核不达标的，需要提交书面整改报告并限期改进。

（4）投诉监督机制，如果对考核结果不能达成共识，或者认为考核存在严重不公平的，可以向人力资源部提出申诉，由人力资源部组织相关人员进行重新评估，最终以人力资源部评估的结果为准。

五、附则

（1）此方案的解释权归总经办。

（2）此方案从发布之日起试行三个月，三个月后正式执行。

（3）相关附件

《岗位说明书》（含岗位任职资格标准）

《技术中心薪资标准》

《项目报价审批表》

《技术项目等级划分标准》

《能力素质词典》

《人才盘点评估表》

（四）三级培训体系

所谓的三级培训体系，是指新员工入职培训体系、员工岗位技能培训体系和员工职业发展培训体系。这一体系按近期、中期和远期培训需求递增的层级进行排序，是中小民营企业最基础的人才培养体系。只有把这个体系建设好，才有可能随着企业的发展实现初步升级。

对于大部分的大中型企业来说，其培训体系已经升级为企业大学或商学院的培养模式，早已经历了三级培训体系的管理阶段。然而，本章所介绍的三级培训体系，对大多数中小民营企业而言，还没有做到应有的规范化程度。从当下的重要程度和紧急程度来看，新员工的入职培训是最重要、最紧急的，也是必须要做好的基础工作；岗位技能培训是比较重要的，也是较为紧急的，这项工作最能考验管理团队的综合能力；员工职业发展培训是最重要的，但并不算很紧急，因为当下绝大部分的中小民营企业甚至还没有开展此类的培训。

1. 新员工入职培训体系

新员工入职培训的对象，涵盖刚入职的新员工、新岗位的老员工，以及校园招聘的实习生。就校园招聘而言，目前中小民营企业很少开展，即使有实习生，数量也较少，而且实习生入职时就做了岗位的定向培养，所以建议按扩大版的新员工入职培训实施就可以了。对于规模化的实习生培养方案，本书暂不做详细介绍。

关于如何建立和完善新员工入职培训体系，我为大家提供了以下参考。

1）明确培训目标和内容

新员工入职培训的目标，通常包括帮助新员工了解企业文化、掌握基本工作技能、熟悉工作流程和规章制度等。根据目标制定相应的培训内容，确保内容既全面又符合企业的实际需求。

2）设定培训阶段和形式

设定培训周期和阶段：将新员工入职培训分为不同的阶段，如入职培训初期、中期和后期，每个阶段设定不同的培训内容和目标。

多样化的培训形式：结合线上和线下培训形式，利用企业内部的培训资源，如内部讲师、培训课程等，同时也可以引入外部专业的培训机构或讲师。

3）制订培训计划和流程

制订详细的培训计划：包括培训时间、地点、参与人员、培训内容等。

确保培训流程清晰、有序：从新员工报到、参加入职培训，直至完成培训后的评估，都要有明确的指导和安排。

4）强化培训效果评估和反馈

对新员工进行培训效果评估：了解他们的掌握情况和改进方向。

收集新员工的反馈和建议：对培训体系进行持续优化和完善。

5）营造积极的学习氛围和文化

建立激励机制：对表现优秀的新员工给予奖励和认可，激发他们的学习热情。

倡导开放、共享的学习氛围：鼓励新员工之间互相学习、交流经验。

6）确保培训资源的有效利用

合理配置培训资源：包括培训师、场地、设备等，确保培训的顺利进行。

建立培训档案：对新员工的培训过程和结果进行记录和管理，便于后续跟踪和评估。

对新员工进行入职培训时，需要考虑到企业资源、战略目标，以及员工的实际需求等多方面因素，具体可参照第六章"新员工试用期实习与考察流程"执行。

2．员工岗位技能培训体系

岗位技能培训旨在提升员工在特定职位上的专业知识和技能。第五章的"岗位说明书"和第六章的"岗位任职资格标准与能力素质模型"，已经对各岗位知识和技能的等级要求做了规范，这为进一步建立和完善岗位技能培训体系提供了坚实基础。

关于如何建立和完善员工的岗位技能培训体系，我为大家提供了以下参考。

1）分析技能的差距

一方面，通过绩效管理机制，直接主管在对下属员工进行绩效考核过程中，及时发现员工在知识和技能方面的不足，将其纳入培训提升计划；另一方面，对比本岗位与上一级岗位在知识和技能上的差距，为员工晋升提前制订培训计划。

2）确定培训的内容

岗位技能培训通常包括理论知识学习和实践操作训练。以员工能够熟练掌握本岗位工作职责和技能要求为目标，设定具体的培训内容。培训内容和标准因岗位而异，但始终都会遵循"因材施教"的原则。

3）明确培训的形式

岗位技能培训的形式应该灵活多样，包括在线课程、现场教学、模拟操作或实践操作等，以满足不同学员的学习需求。同时，培训时间的安排应考虑到学员的工作和生活平衡，确保他们有足够的时间学习，并且不耽误本职工作。

4）制订培训的计划

编制详细的培训计划，包括时间安排、参与人员、培训方式等。设计清晰的培训流程，确保从报名、参训到考核的各个环节都能顺利进行。

5）强化培训的实操性

注重培训的实践性，通过模拟演练、现场实操等方式，帮助员工将所学应用于实际工作。同时，提高培训的互动性，鼓励员工积极参与讨论和分享，形成良好的学习氛围。

6）实施效果评估和持续改进

对员工进行培训效果评估，了解他们的掌握程度及应用情况。同时，收集员工的反馈意见，针对不足之处进行调整和优化，使培训体系更符合企业的实际需求。

7）建立激励机制和培养企业文化

设立奖励措施，如晋升机会、奖金等，以激发员工积极参加培训、提升自身能力的积极性。倡导终身学习的理念，营造积极向上的学习氛围和企业文化。

岗位技能培训务必要求业务部门和行政人事部高度配合，以业务部门为主导，行政人事部协助开展相关工作。

3．员工职业发展培训体系

员工职业发展培训是为了帮助员工规划和管理其职业生涯的教育和训练活动。这种培训不仅关注员工在当前岗位上的技能和知识提升，还注重培养其长期职业发展的能力和意识。

关于如何建立和完善员工的职业发展培训体系，我为大家提供了以下参考。

1）明确职业发展规划路径

根据员工的岗位序列和企业既定的岗位晋升通道，明确员工的具体晋升路径。同时，与员工共同制定个性化的职业规划，明确员工的发展目标和时间节点，确保个人发展与企业的目标相吻合。

2）制订阶段性的培训计划

结合职业发展路径，设计不同层级的培训内容和培训方式。同时，适当引入外部专业培训机构或行业专家，为员工创造接触前沿知识和技能的学习机会。

3）实施定期评估和反馈机制

对员工的职业发展进度进行定期评估，了解员工的培训效果和职业发展情况。根据评估结果，及时调整培训计划和职业发展路径，确保员工能够按照既定的目标稳步发展。

4）建立激励和晋升机制

设立明确的晋升标准和激励机制，将员工的职业发展与其薪酬、福利等挂钩，激发员工的积极性和动力。对于在职业发展中表现突出的员工，给予晋升机会和相应奖励，使其充分发挥榜样示范作用。

5）营造积极的学习氛围和文化

倡导学习型的组织文化，鼓励员工持续学习、自我提升。定期组织分享会、座谈会等活动，让员工交流学习心得和经验，促进知识共享和团队协作。

6）加强内部导师制度和人才库建设

建立内部导师制度，让经验丰富的员工担任导师角色，为新员工和潜力员工提供指导和支持；建立企业人才库，对优秀员工进行重点关注和培养，为企业未来的发展提供人才储备。

中小民营企业在建立和完善员工的职业发展培训体系时，应全面考虑企业的战略目标、员工的个人发展需求及行业趋势等因素，需要员工本人、直接主管和行政人事部共同协作与配合，并将其纳入企业人才梯队建设计划。人才梯队搭建的相关内容，会在第九章做具体的介绍。

（五）一套职业规划

中小民营企业因为缺少规范的人才培养机制，所以存在外部优秀人才招不进来、员工培训效果差、内部人才培养速度慢等问题，这实属正常现象。

一个企业未来能站多高、走多远，首先取决于企业的"掌舵人"；但决定一个企业能做多久、走多快，则取决于企业是否拥有充足的人才队伍。

所以，一个拥有明确的使命和愿景、着眼长期发展的企业，应该把人才队伍的培养和打造当作"一把手工程"。结合企业自身的管理现状和能力水平，本着"先解决当下，再着手未来"的原则，逐步建立起适合自己的人才培养机制。

综合以上"五大岗位序列、三个晋升通道、两种晋升标准、三级培训体系"中人才培养机制的重点内容，我拟定了一个员工职业发展规划方案供大家参考，具体内容见如下的"员工职业发展规划管理办法"。

员工职业发展规划管理办法

一、目的

（1）为了充分、合理、有效地利用企业内部的人力资源，实现企业人力资源需求和员工个人职业生涯需求之间的平衡。

（2）对人力资源的开发与管理进行深化与发展，最大限度地发掘本企业人才。

（3）规划企业员工的职业生涯发展，帮助员工获得更多的发展机会，实现员工与企业的共同发展。

二、适用范围

本方案适用于企业各部门员工的职业发展、调动及晋升管理。

三、定义

（1）职业生涯规划与管理，是指个人发展和企业相结合，对决定员工职业生涯的主客观因素进行分析、总结和测定，并通过设计、规划、执行、评估和反馈，使每位员工的职业生涯目标与企业发展的战略目标相一致。

（2）职业生涯规划与管理包括两个方面：一方面是员工的职业生涯发展自我规划管理，员工是自己的主人，自我规划管理是职业发展成功的关键；另一方面是企业协助员工规划其职业发展，并为员工提供必要的教育、培训、轮岗等发展的机会，促进员工职业生涯目标的实现。

四、职责

1. 员工本人的责任

（1）完成岗位说明书规定的工作任务和内容，并定期进行自我总结和评估。

（2）设定个人职业生涯发展目标，填写"员工职业生涯规划表"，通常包括理想的职位、工作安排和技能获取等目标。

（3）按照人力资源部的要求填写"能力开发需求表"，制订相应的行动计划，并在实践中不断修正。

（4）具体执行行动计划，尤其是要主动参加企业的培训活动，不断提升管理知识和技能。

2. 部门主管的责任

（1）充当员工职业生涯规划的顾问，为其职业目标的设定和行动计划的制定提供指导和建议，并帮助其制定现实可行的规划目标。

（2）对员工的绩效和能力进行评价，并反馈给员工本人，帮助其制订进一步的行动计划。

3. 人力资源部的责任

（1）制定相关管理制度，在企业内部建立系统的员工职业生涯规划制度。

（2）对员工和主管人员进行培训，帮助其掌握员工职业生涯规划的必要技能。

（3）根据组织的需求与发展，对员工的职业发展计划给予咨询和指导，通过培训、岗位测评、晋升等方式帮助员工实现其职业目标。

（4）及时向员工传达企业的职位空缺信息，并办理员工转岗或晋升的人事手续。

五、管理规定

1. 职业生涯规划的组织管理

（1）员工的直接上级，即主管领导为员工的职业发展辅导人，如果员工转换部门或工作岗位，则新的主管领导为辅导人。

（2）员工在入职时（最迟在转正时），人力资源部应同员工的主管领导一起为员工建立职业发展档案，其中包括"员工职业生涯规划表""员工能力开发需求表"，职业发展档案一式两份，员工本人一份，其主管领导一份。

（3）人力资源部每年制订培训计划及科目时，应从员工需求的角度出发，参考员工"能力开发需求表"确定相关培训内容，具体按企业的"培训管理制度"执行。

（4）人力资源部每半年需与员工职业发展辅导人共同对员工职业发展档案进行一次检查评估。借此了解企业在过去半年中有没有为员工提供学习培训与晋升机会。同时，掌握员工半年内的考核情况及晋升情况，并据此提出员工下阶段的发展建议，指导员工对职业发展规划做出修正。

（5）员工职业发展辅导人每年在本年度工作结束、考核结果确定后，必须与被辅导员工就个人工作表现与未来发展进行谈话。在谈话中肯定员工的成绩和进步，指出其存在的问题，进而确定下一步的职业发展目标与方向。

（6）人力资源部根据员工个人发展的不同阶段及岗位变更情况，选定不同的发展策略并调整岗位需求，以使其适应岗位工作及未来发展的需要。

2. 员工个人职业生涯规划

员工个人职业生涯规划流程：自我评价→现实审查→目标设定→行动规划。

在个人职业生涯规划过程中，职业讨论并未暗含承诺或担保，员工的发展直接取决于企业的需要和机会，以及员工自己的业务技能水平。

（1）自我评价。主要采取如下两种方式：①心理测验，帮助员工确定自己的职业和工作兴趣；②自我评估练习，帮助员工确认自己喜欢在哪一种类型的环境下工作。

（2）现实审查。现实审查中信息传递的方式：①由员工的主管领导将信息作为绩效评价过程的一个组成部分，与员工进行沟通；②主管领导与员工举行专门的绩效评价与职业开发讨论会，对员工的职业兴趣、优势及可能参与的开发活动等方面进行交流；③所有的交流信息均应记载在员工职业发展档案中。

（3）目标设定。确定职业发展目标设定的方式：员工与上级主管针对目标进行讨论，并记录在员工的职业发展档案中。

（4）行动规划。制订行动计划：行动计划的确定方式主要取决于员工开发的需求及开发的目标。可采用安排员工参加培训课程和研讨会、获得更多评价、积累新的工作经验等方式来制订具体的行动计划。

3. 员工职业发展通道

（1）企业应鼓励员工专精所长，并为不同类型的员工提供平等的晋升机会，给予员工充分的职业发展空间。

（2）根据企业各岗位工作性质的不同，设立管理线、技术线和职能线三个晋升通道，使从事不同岗位工作的员工均有可持续发展的职业发展通道。

M线通道：员工→主管→经理→总监→副总经理→总经理→总裁。

T线通道：学徒→技术员→工程师→高级工程师→资深工程师→首席工程师。

A线通道：初学者→助理级→初级→中级→高级→资深级。

（3）企业通过晋升、通道转换、岗位轮换、挂职锻炼、职务代理、职责扩大等多种培养方式，为各类员工提供多重发展通道。

（4）每一个岗位序列皆对应一种员工职业发展通道，随着员工技能与绩效的提升，员工可以在各自的通道内获得平等的晋升机会。

（5）考虑到企业的发展需要、员工个人的实际情况及职业兴趣，员工在不同通道之间有转换机会，即技术岗位员工有机会转换到管理岗位、操作岗位员工有机会转换到技术岗位，但转换必须符合各岗位相应的任职要求，并按企业相关制度执行。

（6）在员工选定的职业发展通道内没有晋升机会的时候，企业将为绩效良好、有发展潜力的员工提供工作轮换的机会，使他们有机会在不同岗位或核心岗位任职，承担更重要的责任，积累多样化的工作经验。这既能使优秀员工充分发挥自身的价值，也有助于企业储备人才。

（7）培养本岗位的接替候选人是每位主管领导的重要责任，若没有合适的接班人，则主管领导不能晋升。主管领导有责任将接替计划的相关信息传达给候选人，使候选人清楚自己的绩效、能力水平、企业对他的评价及晋升潜力。

（8）随着企业组织规模的扩大和业务的扩张，每年考核结束后，人力资源部应和主管领导一起对每个岗位的接替计划做出修正。只有那些绩效和能力持续提升的人，才有可能留在候选人名单中。

4. 内部晋升的规定

1）内部晋升的条件

任企业低一级岗位一年以上。

（1）连续四个季度绩效考核成绩在优秀以上。

（2）具备拟任职位的任职要求和管理技能，具有发展潜力。

（3）年度价值观综合考核良好以上。

（4）年度绩效考核平均成绩、管理及领导力测评平均成绩的合计得分达到企业当年的要求。（具体以通知为准）

2）内部晋升的程序

当管理岗位出现空缺时，人力资源部应首先考虑以内部晋升的方式填补空缺，同用人部门一起从候选人中选出当前绩效优秀且具备提升能力的员工。经初审后，填写"内部晋升申报表"，并报企业领导审批。

六、附则

1. 相关附件

《转正管理办法》

《培训管理制度》

2. 相关记录

《员工职业生涯规划表》

《员工能力开发需求表》

《岗位调动/晋升审批表》

附件 1 　　　　　　　　　　**员工职业生涯规划表**

规划人		最高学历		入职时间	
部　门		岗　位		直接领导	

SWOT 分析（结合职业发展信息，对自身的优劣势及目前所处的外部环境进行分析）	
优势（Strength）	不足（Weakness）
机会（Opportunity）	阻碍（Threat）

职业目标规划	
长期目标	起止时间
中期目标	起止时间
短期目标	起止时间

已参加过的培训或获得的证书	
1.	4.
2.	5.
3.	6.

你认为自身更适合哪种职业发展方向？ A. 专业技能型　B. 管理型
结合自己的需要和专长，你对目前本职位的工作是否感兴趣，原因是什么？
为了达成职业目标，你下一步的行动计划是什么？
你认为自己最重要的三种需要是： □弹性的工作时间　　□成为管理者　□增加报酬　□工作稳定 □和家人在一起的时间　□承担更多的责任　□成为专家　　□其他_____

填表人签字		填表日期	

附件 2   员工能力开发需求表

姓 名		部 门		岗 位	
工作评价	评价描述			评价依据	
自我评价	□完全胜任	□胜任	□不能胜任	1.	
				2.	
				3.	
主管评价	□完全胜任	□胜任	□不能胜任	1.	
				2.	
				3.	
你对目前本职位的想法和希望是什么？					
1.					
2.					
3.					
通过岗位锻炼或培训，你目前已掌握哪些技能？					
1.			3.		
2.			4.		
为达成职业目标，你目前还欠缺哪些技能？			为掌握必要技能，你还需要哪方面的培训？		
1.			1.		
2.			2.		
3.			3.		
除培训外，你还希望公司提供什么支持？			部门主管意见或建议		
填表人签字			填表日期		

【方案小结】本章的人才培养机制解决方案，是通过"53231"的简要逻辑，给大家系统性地介绍了五大岗位序列、三个晋升通道、两种晋升标准、三级培训体系和一套职业规划的实施建议和方法。这些环节都是搭建企业规范化培训体系的关键要素，不仅构成了后期建立和完善企业培训体

系的基本框架，更是企业最基础的培训体系雏形。

　　人才培养机制是继人才选拔机制后，人才管理工作的第二道关卡，中小民营企业需要遵循最基本的培训逻辑，实现岗位体系、人才标准、绩效考核、员工成长和企业发展之间的有效链接，如此才能真正培养出符合企业发展需要的人才。

深度分享

　　企业未来的人才培养趋势正逐渐从传统的被动培训模式向主动学习模式转变。企业为员工提供更多自主选择学习内容和方式的机会，以满足不同员工的个性化需求；培训内容与企业战略目标、业务需求和员工岗位职责紧密结合，使培训更具针对性和实用性。这一转变有助于激发员工学习动力、提高工作效率，进而推动企业持续发展，增强企业竞争力。

第八章
人才激励机制

人才激励是一个范畴广泛且较为复杂的话题，关于激励的各种理论研究文献也颇为丰富。目前，绝大多数的中小民营企业在人才激励方面存在诸多不足，更难以谈及全面的人才激励举措。例如，在薪酬管理方面，部分企业做法简单粗暴，薪酬水平差距较大，甚至有些企业根本就没有完善的薪酬体系；在绩效管理方面，有的企业考核指标大而全，将德、能、勤、绩一并考核，而有的企业根本就没有绩效管理体系。还有些企业，在目标管理、文化建设和成本核算等方面尚不健全的情况下，就迫切地引入了股权激励或阿米巴模式，导致最终成效不尽如人意。

本章所讨论的人才激励机制，重点是帮助中小民营企业解决薪酬管理和绩效管理不规范的问题，为将来实施更为全面的人才激励措施奠定基础。

一、问题现象

目前，中小民营企业的人才激励措施，主要体现在薪酬福利、绩效考核、奖罚制度及超额利润分红等方面。从我们对一些中小民营企业的调研诊断结果来看，主要存在如下问题。

（一）薪酬管理方面的问题

1. 薪酬制度不完善

许多中小民营企业的薪酬体系设计过于简单，甚至没有薪酬管理制度，除计件工资有计件标准外，计时岗位工资的薪酬结构、岗位序列、薪酬等级、调薪机制等方面基本处于空白状态。这使得薪酬管理存在较大的随意性，没有形成一套标准化、规范化的薪酬管理制度，进而导致企业内部的薪资分配出现不公平现象。

2．薪酬水平不合理

各岗位的薪酬水平，基本上都是老板根据个人经验或与员工谈判确定，由于没有进行岗位价值的评估，各岗位之间的薪酬水平缺乏合理性，很难确定究竟哪个岗位的价值和贡献更大，只能凭直觉判断。结果出现部分岗位薪酬水平偏高，而部分岗位薪酬水平偏低的情况，致使薪酬分配缺乏依据，难以形成公平、合理的薪酬体系。

3．薪酬结构不规范

许多中小民营企业薪酬结构不规范主要呈现为三种情形：第一，薪酬结构单一，有的是只包含基本工资和奖金，有的是一个月薪的总额；第二，虽有基本工资、岗位工资、技能工资、绩效奖金、加班工资等结构的划分，但绩效工资的占比设置不合理，要么过高，要么过低，没有根据岗位序列和薪酬总额确定绩效的占比；第三，对加班工资没有充分体现，因为绝大部分中小民营企业的上班时间相对较长，员工的加班工资实际上应该包含两个部分，一部分是超出正常出勤时间的加班工资，另一部分是正常出勤时间内超出国家规定标准工时的加班工资，然而绝大部分中小民营企业在这方面做得都不到位，这是一个较大的潜在劳资风险。

4．薪酬增长少机制

绝大部分中小民营企业缺少科学规范的薪酬调整机制。有的企业薪酬增长缓慢，无法满足员工对薪酬增长的合理期望；有的企业会每年按惯例进行普调，如给所有的员工统一增加固定的金额，或者都按一定的比例普调，这种普调方式，虽然在维持员工稳定性上有一定作用，但没有同员工的绩效挂钩，激励效果欠佳，甚至会造成管理层和基层员工薪酬倒挂的现象；还有一部分企业，一到年底员工就直接找老板谈加薪，导致老板疲惫、员工烦扰。以上种种情况，都容易引发员工对薪酬管理的不满和抱怨。

5．薪酬管理不透明

许多中小民营企业试图推行薪酬保密制度，要求所有员工对自己的薪酬严格保密，可实际情况是员工之间会相互询问工资情况，很难做到薪酬保密。由于企业与员工在薪酬管理方面的沟通渠道不畅，员工对薪酬的构成、计算方式和调整规则等缺乏了解，极易产生误解和不满，甚至对企业失去信心。

6. 工资发放常延迟

大部分企业每月的工资发放时间都会超过工资结算日 30 天以上。很多中小民营企业，还是按多年前的习惯，隔月支付员工的工资，有些企业会安排在次月发放工资，但发放时间基本上都在月底。针对员工工资发放时间延迟的问题，凡是经过我们薪酬改革咨询和辅导的企业，均建议将工资发放时间设定至次月 25 日前。

（二）员工福利方面的问题

1. 福利项目单一，缺乏创新与个性

许多中小民营企业提供的员工福利项目，还停留在传统的那几项，如社保、节假日礼物、生日礼物、工龄工资、春节往返交通费报销、春节开门红包、提供食宿等。这些福利既缺乏创新，又很少考虑员工的个性化需求。对于公积金和带薪年假这类法定福利项目，也很少有中小民营企业实施。这种"一刀切"的福利制度，难以满足不同员工的多样化需求，导致部分员工对福利的感知度不高。

2. 福利水平偏低，缺乏市场竞争力

由于中小民营企业规模和资金实力的限制，相较于大型企业或外资企业，中小民营企业的福利水平往往有限，导致福利水平相对较低，难以在市场上形成竞争力。这使得企业在吸引和留住优秀人才方面，面临较大的挑战，同时也会对员工的工作满意度和忠诚度造成影响。

3. 福利管理缺乏长期规划，投入不足

许多中小民营企业在员工福利方面的投入不足，缺乏长期规划和持续投入机制。这使得企业的福利制度难以与时俱进，也无法满足员工随着职业发展而变化的福利需求。这种短视行为，不仅会打击员工的工作积极性和稳定性，还会制约企业的长期发展。

4．缺乏与员工的沟通和反馈机制

许多中小民营企业在制定和调整福利政策时，缺乏与员工的充分沟通。例如，企业很少主动征求员工对福利制度的意见和建议，也缺乏对员工福利满意度的调查和评估。这就导致企业无法准确了解员工对福利的真实需求和期望，从而难以制定出符合员工需求的福利政策。这种缺乏沟通的做法，不但会削弱福利政策的有效性，还可能降低员工的工作满意度和归属感。

5．忽视员工心理健康和职业发展

许多中小民营企业往往只关注员工的物质需求，而忽视了员工在心理健康和职业发展方面的需求。这也会导致员工在工作中感到压力过大、缺乏归属感，甚至产生职业倦怠的情况。而且，缺少职业发展机会和事业平台，也会使员工感到前途渺茫，最终选择离职。

（三）绩效管理方面的问题

1．绩效方案不完整

大多数中小民营企业在绩效管理方面缺少系统的策划，没有一套规范的绩效管理方案，往往是侧重于考核，而缺少绩效管理的手段和方法，让员工感觉绩效考核就是扣工资。还有一部分中小民营企业，只会以罚款代替考核，根本就没有实施绩效考核。

2．指标设置不科学

许多中小民营企业在制定考核指标时，要么是过于简单，要么是过于复杂，无法真实反映员工的贡献和能力。绩效考核内容及指标设置不科学主要体现在三个方面：第一，同企业的战略目标脱节，没有把企业的战略目标有效分解到各部门和岗位，往往出现岗位绩效结果满分，而企业目标没有达成的情况；第二，只有对业绩的考核，没有对价值观的考核；第三，考核的标准没有量化，对指标的定义、目标的确定、评分的细则等都是模糊的，导致数据的来源和统计困难，考核结果不可靠。

3．考核流程不规范

一些企业在绩效考核过程中缺乏规范的操作流程，导致各个环节的责任不

清晰、沟通不顺畅，没有形成绩效管理的闭环。最普遍的问题是，缺乏有效的沟通反馈机制，绝大部分企业在绩效考核中没有进行绩效面谈，导致员工无法了解自己的工作表现和改进方向。

4．考核周期不合理

绩效考核的周期需要根据具体的考核指标来确定。例如，业绩指标的考核周期一般是一个月；专业能力的考核周期一般是一个季度或半年；行为态度的考核则需要随时记录、定期汇总。部分企业在执行考核时，往往会"一刀切"，使考核周期过长或过短。考核周期过长，会导致反馈不及时，员工难以及时调整工作；考核周期过短，又会增加管理的成本。

5．考核应用较单一

大部分企业在应用绩效考核结果时过于单一，仅将其作为每月员工绩效工资发放的依据，而没有发挥其在员工激励、培训和职业规划等方面的多重作用。

6．考核成效不明显

绝大部分推行绩效考核的中小民营企业，并没有达到预期的效果。要么考核结果区分性不强，考核与不考核都一样，员工认为无所谓；要么考核结果不可信，员工接受度低，甚至产生抵触的情绪。这种方式的绩效考核，既不能促进员工绩效和企业绩效的提升，也不能达到激励员工、提升工作效率、促进企业发展的目的。

（四）其他长期激励方面的问题

（1）缺乏清晰的长期激励政策：大部分中小民营企业没有制定对关键岗位与核心骨干的长期激励政策。

（2）长期激励条件苛刻：为了控制成本或限制风险，企业可能设置过于苛刻的长期激励条件，使得员工难以获得预期的收益。

（3）长期激励设计不合理：企业在设计长期激励方案时，可能过于复杂或过于简单，无法满足不同员工的需求和期望。

（4）长期激励缺少信任：长期激励往往是企业的主观愿望，由于企业管理缺乏透明度，员工对财务数据不了解，导致员工难以全身心地投入其中。

（5）长期激励效果不佳：由于种种问题的存在，企业的长期激励措施很难达到预期效果，无法有效留住关键人才。

（五）员工访谈的问题摘录

以下是我们在为部分中小民营企业开展咨询项目的访谈调研期间，收集到的员工对于薪酬福利、绩效考核，以及相关激励政策方面的问题反馈摘录。这些反馈从多个层面和维度反映了员工在激励机制方面的意见和诉求。

- "涨工资没有标准，提辞职才有调薪，都是找老板去谈。"
- "研发工程师与技术人员的薪酬体系没有建立起来，总是等到人要离职了才提出加薪挽留。"
- "勤快的人干活多，懒的人干活少，责权利分配不合理。"
- "薪资没有激励作用，活多钱少，以前积极，现在摆烂。"
- "收入与外部相比竞争力不足，工资水平不高。有些工价太低了，听说正在调整。"
- "基层员工对于做管理的热情不高，大多都想走技术上升的路线。技术工的月收入比生产部长的月收入还高。"
- "员工计件只是追求产量与效率，质量经常会顾不上。"
- "不敢对员工进行考核，经常因工资问题被员工牵制。"
- "入职时没说有绩效，发工资时才知道，找人事反映后，绩效工资就都不扣了。"
- "之前有承诺给予产量超标奖金，可实际上产量超了也不发钱，更没有文件说明。"
- "加绩效不是加工资，因为绩效都是用来扣钱的。"
- "觉得今年公司的福利少了，以前过生日有 50 元，这两年都没有了，公司也没有考虑如何策划生日活动。"
- "绩效考核不需要数据统计，考核完全看心情，没有明确的标准，很多地方还重复扣钱。"
- "绩效考核是有，但没人收集资料数据，也没人保证真实性。主观评分部分没有向本人确认过。表格老旧，一成不变。"
- "每个月都会有考核，但只有发工资的时候才知道绩效考核结果。"
- "大家不愿意在现有工资里考核绩效，绩效工资只能增不能减，所以绩效制度很难推广。"
- "对于技术部的考核办法，目前没有正式文件，都是在开会时讨论确定的。"

- "我们研发人员的问题，主要是如何通过绩效把高端人才留住的问题。"
- "公司有绩效考核，但都是靠上级打分，主要还是看人情，具体考核什么、考核工资是多少都不清楚。大家都习惯了，也不想问。"
- "采购部今年1月份实行独立核算考核，目前实施了五个月都是亏损状态，主要是交期延迟的罚款较多。没有书面的考核文件，都是会议上做出的决定。"
- "我们车间按交期延迟情况，每月要扣采购部10多万元，现在仅扣1万元，要是扣多的话采购部就干不下去了。两个部门私下达成共识就可以了。"
- "独立考核后工作效率低了，干什么都谈钱，人和人之间变得生分了，责任心也不强了，没有利益的事情没人愿意干。"
- "听说过股份分红和入股的事情，但具体针对哪些人员，以及相关标准是什么并不清楚。"

【问题小结】许多中小民营企业在人才激励方面存在的问题和现象是普遍性的。薪酬管理没有体系、福利项目缺少特色、绩效考核流于形式、长期激励无关痛痒等问题，最终导致激励的效果普遍都不理想。

二、原因分析

1. 管理层认知和重视不足

（1）管理层因缺乏对现代人力资源管理理念的认知，故而对薪酬制度的建立与完善未给予足够重视。

（2）管理层对员工个体差异性需求认识不足，无法准确制定满足员工期望的个性化福利和薪酬政策。

（3）管理层对绩效管理的重要性理解不够深刻，未能建立起与企业战略相结合的绩效管理体系。

2. 资源限制与成本控制

（1）企业规模和资金实力有限，难以提供在市场上具备较强竞争力的薪酬福利水平。

（2）长期激励计划可能因考虑成本而设置较为苛刻的条件，从而降低了激励效果。

3．沟通与信息透明度不足

（1）内部沟通机制不畅，缺乏有效收集员工反馈的渠道，导致薪酬、福利及绩效考核方面存在不透明现象，容易引发员工的误解。

（2）在制定和调整福利政策时，缺少员工的参与及与员工的有效沟通，使得政策难以准确反映员工的实际需求。

4．制度设计与执行不当

（1）薪酬结构和增长机制设计不合理，不能反映岗位价值和工作绩效，进而导致员工产生不公平感。

（2）绩效考核指标设计不科学，与企业的战略目标脱节，考核周期和考核应用也未根据实际需要进行优化。

（3）缺乏对员工职业发展和心理健康需求的考量，长期激励机制设计过于简单或过于复杂，无法满足不同员工的期望。

5．专业人力资源能力缺乏

（1）缺乏专业的人力资源管理团队，导致在人才激励方案的设计和实施过程中，专业性明显存在不足。

（2）对于如何有效利用绩效考核结果，进行员工激励、培训和职业规划工作，很多中小民营企业缺少深入理解和实践经验。

【原因小结】许多中小民营企业在人才激励方面存在的问题和现象也是普遍性的，究其根源，主要在于管理者缺少相应的专业知识和技能，且重视程度不够。

三、方案措施

在企业的各项激励机制中，绩效管理机制是最复杂、牵涉面最广、操作难度最大的。绩效考核可以说是世界性难题，也是一把"双刃剑"，用好了可以推动经营业绩提升，用不好就会伤及自身。没有绩效考核万万不行，而有了绩效考核又困惑不断。

这就是为什么很多企业在推行绩效管理中，人力资源部虽然积极主动地开展绩效管理工作，但往往陷入老板不认可、各级管理者不认同、员工不满意的境地。

我个人认为，如果企业缺少推行绩效考核的基础，还不如先舍弃绩效考核，因为绩效管理不仅涉及人力资源管理系统，还关系到企业整体的经营管理系统。需要企业在文化建设、战略管理、流程制度及组织建设这四个方面具有一定的管理基础。例如，在文化上，要有文化理念体系，且对价值观做分解量化；在战略上，要有明确的战略规划目标，且对目标进行科学合理的分解；在流程制度上，要有流程制度体系，且流程制度能做到简单有效；在组织建设上，要有规范的组织架构及岗位设计体系，且做到各部门和岗位的职能分工明确。

凭借多年的人力资源管理及系统咨询服务经验，我认为中小民营企业的人才激励机制需要结合当前企业管理的状况和经济实力，先规范薪酬管理体系，逐步提升薪酬水平，然后在完善各项管理基础的同时，因地制宜、循序渐进地导入绩效管理体系，并兼顾组织和个人的短期与长期利益。

总之，我建议中小民营企业按"三短两长"的激励方案开始实施。所谓"三短两长"激励方案，就是指三个短期激励（薪酬管理体系设计、福利管理制度设计和绩效管理体系设计）和两个长期激励（超额利润激励方案设计和虚拟股权激励方案设计）。

以下将分别对这五个激励方案的设计进行具体介绍。

（一）薪酬管理体系设计

为了降低中小民营企业对薪酬管理体系设计的难度，我对多年薪酬项目咨询的成果进行了高度提炼，大家只需要按基本的操作步骤完成即可。首先，要熟悉企业薪酬管理体系设计通用操作流程，如表8-1所示；其次，依据薪酬管理制度的模板，将之前的薪酬设计成果编制成规范的文件。

1. 薪酬管理体系的操作流程

在开展薪酬管理体系设计或薪酬管理体系改革前，需要成立一个专项小组。该小组由行政人事部牵头并主导，建议聘请一位专业咨询老师提供协助，以此增强薪酬设计的说服力与可信度。

表 8-1　企业薪酬管理体系设计通用操作流程

计划事项			具体事项及要求	备注
第一步 现状分析	环节 1	薪资政策	现有薪酬制度和资料分析，包括计件、计时、福利、奖金等	可以先做计时岗位的薪酬设计
	环节 2	薪酬水平	现有员工的薪酬水平数据分析：计时计件的月工资表、近三年的增长情况、人力成本占比等	财务提供数据
			近 12 个月的员工工资表：包括平时和年终的各类奖金，用于分析员工的年总收入情况	暂对小组部分人员公开
			外部薪酬水平数据资料收集对比	大概了解即可
第二步 岗位评估	环节 3	岗位清单	确认企业组织架构及岗位编制计划是否完备。	参照第四章的成果
			确认各岗位说明书是否完备，重点是岗位的任职资格标准	参照第五章的成果
	环节 4	评估结果	确认岗位价值评估结果，是否存在遗漏的岗位，是否需要对评估结果进行修正	参照第五章的成果
第三步 制度设计	环节 5	薪酬策略	根据盈利能力及内外部分析，确定薪酬水平的策略	控制总体增长的幅度
	环节 6	分级定薪	确定各岗位序列的薪酬带宽，以及岗位的等级数量和相应的薪资总额	具体见案例模板
			确定各职等和总的岗位级别数量，以及级差和档差	具体见案例模板
	环节 7	薪酬结构	设定各岗位级别的薪资结构及占比	具体见案例模板
	环节 8	形成制度	补充完善与制度相关的附件表单，并形成管理制度，经充分讨论后定稿试行	可参考制度模板
第四步 过渡执行	环节 9	制度培训	组织所有员工（包括管理层），对薪酬管理制度的执行落地进行系统培训	总经理或行政人事经理主持
	环节 10	过渡试行	对现有人员进行盘点，并确定过渡工资标准	培训前先确定调整方案
			制定新旧工资体系过渡套级规则，并根据盘点的结果，正式试行三个月	需要每位员工签字，进行书面确认

针对以上表格中的重点环节，做如下说明。

1）环节 4 的岗位价值评估结果

以 ×× 公司岗位价值评估结果（见表 8-2）作为参考案例，共计 58 个岗位，最高分是 225.1 分，最低分是 16.9 分，最高分是最低分的 13.3 倍。

表 8-2　××公司岗位价值评估结果

一级部门	二级部门	岗位名称	评估结果	岗位序列
总经办	—	董事长	225.1	M
总经办	—	总经理	216.6	M
总经办	—	副总经理	151.4	M
PMC 部	—	PMC 经理	150.0	M
生产部	—	生产经理	138.6	M
人力资源部	—	人力资源经理	130.0	M
外贸部	—	外贸经理	129.0	M
研发部	—	研发经理	126.2	M
采购部	—	采购经理	124.3	M
财务部	—	财务经理	123.2	M
生产部	—	生产副经理	114.0	M
品质部	—	品质主管	113.1	M
外贸部	—	外贸副经理	100.6	M
人力资源部	—	人力资源主管	95.2	M
采购部	—	采购主管	92.0	M
财务部	—	主办会计	88.5	M
外贸部	—	跨境运营专员	81.2	S
财务部	—	成本会计	69.3	A
外贸部	—	外贸业务员	65.4	S
研发部	模具组	模具组长	65.0	M
生产部	冲压组	冲压组长	61.8	M
生产部	拉伸组	拉伸组长	61.5	M
生产部	—	生产助理	60.9	P
生产部	喷塑组	喷塑组长	60.8	M
生产部	包装组	包装组长	60.8	M
生产部	纸芯组	纸芯组长	60.2	M
生产部	封边组	封边组长	60.1	M
生产部	设备组	机修工	60.0	T
研发部	模具组	车工	60.0	T

续表

一级部门	二级部门	岗位名称	评估结果	岗位序列
研发部	模具组	钳工	60.0	T
生产部	装粉组	装粉组长	59.8	M
财务部	—	出纳	50.0	A
品质部	—	实验工程师	49.1	A
外贸部	—	外贸单证员	45.8	A
采购部	—	采购员	43.8	A
财务部	—	会计助理	42.5	A
PMC 部	仓储科	仓管员	42.4	A
PMC 部	生管科	PMC 助理	42.3	A
人力资源部	—	司机	39.9	A
研发部	技术组	制图员	39.2	T
品质部	—	质检员	37.9	A
人力资源部	—	人力资源专员	34.6	A
外贸部	—	销售内勤	34.3	A
外贸部	—	外贸助理	32.9	S
采购部	—	采购文员	32.7	A
外贸部	—	美工	32.1	T
生产部	包装组	印字工	31.9	P
生产部	冲压组	普工	21.6	P
生产部	拉伸组	普工	21.6	P
PMC 部	仓储科	搬运工	21.4	A
人力资源部	—	门卫	18.7	A
人力资源部	—	保洁	18.5	A
生产部	喷塑组	普工	17.8	P
人力资源部	—	后勤	17.3	A
生产部	包装组	普工	16.9	P
生产部	封边组	普工	16.9	P
生产部	纸芯组	普工	16.9	P
生产部	装粉组	普工	16.9	P

2）环节 6 的职等和岗位级别的测算设计

经项目小组讨论，暂定把所有的岗位划分成六个岗位等级：员工级、主管级、经理级、总监级、副总级和总经理级，价值系数分别为 1、2、3、4、5、6。岗位级别从高到低，再划分为 20 个，每个岗位级别又分成 3 ~ 5 个档次。

具体的岗位级别对应的岗位价值区间测算过程，如"岗位职等级别测算表"所示（见表 8-3）。

表 8-3　岗位职等级别测算表

岗位级别划分标准			岗位等级	薪酬级差（元）	价值级差	价值级差计算		
	价值区间					3.2	208	系数
20 级		19 级	总经理级	3000	20	19.2	6x	6
	225				20	19.2	6x	6
18 级	205				20	19.2	6x	6
	185	17 级	副总级	2500	20	16	5x	5
16 级	165				16	16	5x	5
	149	15 级			16	16	5x	5
14 级	133		总监级	2000	16	12.8	4x	4
	117	13 级			13	12.8	4x	4
12 级	104				13	12.8	4x	4
	91	11 级	经理级	1500	13	9.6	3x	3
10 级	78				10	9.6	3x	3
	68	9 级			10	9.6	3x	3
8 级	58		主管级	1000	10	6.4	2x	2
	48	7 级			7	6.4	2x	2
6 级	41				7	6.4	2x	2
	34	5 级	员工级	500	7	3.2	x	1
4 级	27				3	3.2	x	1
	24	3 级			3	3.2	x	1
2 级	21				3	3.2	x	1
	18	1 级			3	3.2	x	1
	15							

通过以上测算，最终得出所有岗位对应的岗位级别。岗位价值评估结果应用，如表8-4所示。

表8-4　岗位价值评估结果应用

一级部门	二级部门	岗位名称	评估结果	岗位序列	职级
总经办	—	董事长	225.1	M	20
总经办	—	总经理	216.6	M	19
总经办	—	副总经理	151.4	M	16
生产部	—	生产经理	138.6	M	15
外贸部	—	外贸经理	129.0	M	14
研发部	—	研发经理	126.2	M	14
采购部	—	采购经理	124.3	M	14
PMC部	—	PMC经理	150.0	M	14
财务部	—	财务经理	123.2	M	14
生产部	—	生产副经理	114.0	M	13
品质部	—	品质主管	113.1	M	13
外贸部	—	外贸副经理	100.6	M	12
人力资源部	—	人力资源主管	95.2	M	12
人力资源部	—	人力资源经理	95.2	M	13
采购部	—	采购主管	92.0	M	12
财务部	—	主办会计	88.5	M	11
外贸部	—	跨境运营专员	81.2	S	11
财务部	—	成本会计	69.3	A	10
外贸部	—	外贸业务员	65.4	S	9
生产部	冲压组	冲压组长	61.8	M	9
生产部	拉伸组	拉伸组长	61.5	M	9
生产部	—	生产助理	60.9	P	9
生产部	喷塑组	喷塑组长	60.8	M	9
生产部	包装组	包装组长	60.8	M	9
生产部	纸芯组	纸芯组长	60.2	M	9
生产部	封边组	封边组长	60.1	M	9
生产部	装粉组	装粉组长	59.8	M	9
研发部	模具组	模具组长	65.0	M	8

一级部门	二级部门	岗位名称	评估结果	岗位序列	职级
财务部	—	出纳	50.0	A	8
品质部	—	实验工程师	49.1	A	8
生产部	设备组	机修工	60.0	T	7
外贸部	—	外贸单证员	45.8	S	7
采购部	—	采购员	43.8	A	7
财务部	—	会计助理	42.5	A	7
PMC 部	仓储科	仓管员	42.4	A	7
PMC 部	生管科	PMC 助理	42.3	A	7
人力资源部	—	司机	39.9	A	6
研发部	技术组	制图员	39.2	T	6
品质部	—	质检员	37.9	A	6
研发部	模具组	车工	60.0	T	6
研发部	模具组	钳工	60.0	T	6
人力资源部	—	人力资源专员	34.6	A	6
外贸部	—	销售内勤	34.3	A	6
外贸部	—	外贸助理	32.9	S	5
采购部	—	采购文员	32.7	A	5
外贸部	—	美工	32.1	T	5
生产部	包装组	印字工	31.9	P	5
生产部	冲压组	普工	21.6	P	3
生产部	拉伸组	普工	21.6	P	3
PMC 部	仓储科	搬运工	21.4	A	3
人力资源部	—	门卫	18.7	A	2
人力资源部	—	保洁	18.5	A	2
生产部	喷塑组	普工	17.8	P	1
人力资源部	—	后勤	17.3	A	1
生产部	包装组	普工	16.9	P	1
生产部	封边组	普工	16.9	P	1
生产部	纸芯组	普工	16.9	P	1
生产部	装粉组	普工	16.9	P	1

3）环节 6 的各岗位的薪酬宽带设计

岗位序列及岗位薪酬宽带对应表，如表 8-5 所示。

表 8-5　岗位序列及岗位薪酬宽带对应表

岗等	岗级		管理序列（M）	职能序列（A）	技术序列（T）	生产序列（P）	销售序列（S）
		对应岗位	对应岗位	对应岗位	对应岗位	对应岗位	对应岗位
总经理	20	总经理 3 级					
	19	总经理 2 级					
	18	总经理 1 级					
副总经理	17	副总 3 级					
	16	副总 2 级					
	15	副总 1 级					
总监	14	总监 3 级					
	13	总监 2 级					
	12	总监 1 级					
经理	11	经理 3 级					
	10	经理 2 级					
	9	经理 1 级					
主管	8	主管 3 级					
	7	主管 2 级					
	6	主管 1 级					
员工	5	员工 5 级					
	4	员工 4 级					
	3	员工 3 级					
	2	员工 2 级					
	1	员工 1 级					

4）环节 7 的岗位薪酬结构及占比设计

岗位薪资结构与等级汇总表，如表 8-6 所示。（具体的薪酬数据已经隐去，请谅解）

表 8-6 岗位薪资结构与等级汇总表

岗等	岗级		基本工资	固定加班工资	加班补贴	岗位津贴（5档）					绩效工资			技能津贴	月薪总额	年终奖系数	年薪总额	岗位序列及岗位晋升通道				
						1档	2档	3档	4档	5档	下山型	平路型	上山型					管理序列（M平）	职能序列（A平）	技术序列（T下）	生产序列（P平）	销售序列（S上）
总经理	20	总经理3级																				
	19	总经理2级																				
	18	总经理1级																				
副总经理	17	副总3级																				
	16	副总2级																				
	15	副总1级																				
总监	14	总监3级																				
	13	总监2级																				
	12	总监1级																				
经理	11	经理3级																				
	10	经理2级																				
	9	经理1级																				
主管	8	主管3级																				
	7	主管2级																				
	6	主管1级																				
员工	5	员工5级																				
	4	员工4级																				
	3	员工3级																				
	2	员工2级																				
	1	员工1级																				

岗位薪资结构与等级汇总表说明如下。

（1）基本工资：指达到标准工时工作时间，员工每月的最低工资性收入。可以参照本地区的最低工资标准确定，各岗位序列可以略有差异。

（2）固定加班工资：指因企业所处行业所致，对无法实行标准工时工作制的岗位，企业以基本工资为基数，遵循周末加班按双倍日工资核算，平时加班按 1.5 倍小时工资核算的原则，在员工正常出勤的情况下，折算出每月固定的加班工资总额。

（3）绩效工资：是以岗位等级对应月薪总额的一定比例作为每月绩效考核结果发放的部分。例如，员工级约 5% ～ 10%，主管级约 15%，经理级约 20%，总监级约 25%，副总经理级约 30%，总经理级约 35%。

5）环节 10 的新老工资过渡套级测算表

年度工资过渡套级测算结果，如表 8-7 所示。

表 8-7　年度工资过渡套级测算结果

序号	一级部门	二级部门	岗位名称	姓名	入职时间	原工资标准							去年奖金	今年加薪计划	新工资标准								月薪调整比例	特别说明
						正常出勤	薪酬类型	基本工资	岗位津贴	技术津贴	绩效奖金	其他补贴	月薪总额			岗位序列	标准等级	过渡套级	基本工资	固定加班工资	岗位津贴	绩效奖金基数	技能津贴	月薪总额		

6）环节 10 的薪酬调整确认单

薪资调整确认单，如表 8-8 所示。

表 8-8　薪资调整确认单

姓名：＿＿＿＿＿＿　　　部门：＿＿＿＿＿＿　　　岗位：＿＿＿＿＿＿

调整原因：公司薪酬体系统一规范和调整。

调整前薪资标准	月薪总额：＿＿＿＿元（具体构成如下） ① 基本工资：＿＿＿元 ② 岗位津贴：＿＿＿元 ③ 技术津贴：＿＿＿元 ④ 绩效奖金基数：＿＿＿元 ⑤ 其他补贴：＿＿＿元

续表

调整后 薪资标准	1. 薪资级别：＿＿＿级＿＿＿档 2. 月薪总额：＿＿＿元（具体构成如下） 　　① 基本工资：＿＿＿元 　　② 固定加班工资：＿＿＿元 　　③ 岗位津贴：＿＿＿元 　　④ 技能津贴：＿＿＿元 　　⑤ 绩效奖金基数：＿＿＿元 3. 其他约定事项：＿＿＿＿＿＿＿＿＿＿ ＿＿＿＿＿＿＿＿＿＿＿＿＿＿＿＿＿＿
执行日期	＿＿＿年＿＿＿月＿＿＿日
员工签名： 日期：＿＿＿年＿＿＿月＿＿＿日	主管签名： 日期：＿＿＿年＿＿＿月＿＿＿日
说明： ① 调整后的工作标准，统一按公司"薪酬管理制度"、"绩效管理制度"及相关规定执行。 ② 公司其他福利项目按"福利管理制度"政策执行。	

2．薪酬管理制度参考模板

中小民营企业整体的薪酬设计工作，需要同时考虑往年的薪酬增长率、人力成本情况、企业盈利能力、福利项目预算、薪酬保密程度、绩效执行情况、员工晋升通道等多种因素。在中小民营企业资料齐全、进展顺利的情况下，大概需要用两个月的时间来完成薪酬管理体系的设计。

以下是常规的薪酬管理制度模板，供大家参考使用。

薪酬管理制度模板

一、目的

（1）为了规范企业的薪酬体系，根据企业实际情况，结合国家劳动法律法规要求，特制定本制度。

（2）企业实行以岗位技能工资、绩效工资和结构工资相结合的综合工资制度，岗位序列等级与各岗位的工资标准是参照岗位价值评估结果排序确定的。

（3）影响员工收入水平的因素有：国家相关法律、法规；社会物价水平；同行业工资水平；员工的工作岗位；员工的工作绩效和企业的效益状况。

二、范围

（1）本制度适用于企业的管理序列、技术序列和职能序列岗位。

（2）以业绩提成为主的销售序列岗位和以计件制为主的生产序列岗位，均暂不适用本制度。

三、职责

（1）各部门负责人可以根据本部门业务性质拟定内部激励方案，也可以根据员工绩效表现提出薪酬调整的意见和建议，部门的内部激励方案和员工的薪资调整，必须经企业总经理批准后方可执行。

（2）人事中心人力资源部负责制定工资与绩效考核的制度和流程，审核、统计各部门员工每月的考勤结果，收集各部门的绩效考核结果，并将其提供给财务部，作为工资计算和发放的依据。

（3）财务中心负责每月工资和奖金（或提成）的核算和发放。

四、定义

（1）岗等：即岗位的等级，共分为员工级、主管级、经理级、总监级、副总经理级和总经理级六个等级。

（2）岗级：即岗位的工资级别，共分为员工1～5级、主管1～3级、经理1～3级、总监1～3级、副总经理1～3级、总经理1～3级共20个工资级别。

（3）岗位序列：根据岗位的工作性质和职能，共分为管理序列M、技术序列T、职能序列A、生产序列P和销售序列S五个序列。

五、工资结构

（1）本制度所指的薪资结构分为固定和浮动两部分，其中固定部分包括基本工资、固定加班工资、加班补贴、岗位工资和技能补贴，浮动部分包括绩效工资和年终奖金。

（2）基本工资：参照当地最低工资标准确定，是员工每月的最低工资收入，所有岗位序列相同。

（3）固定加班工资：指因企业所处行业特点所致，对无法实行标准工时工作制的岗位，企业以基本工资为基数，遵循周末加班按双倍日工资核算，平时加班按1.5倍小时工资核算的原则，在员工正常出勤的情况下，折算出每月固定的加班工资总额。

（4）加班补贴：对于实行标准工时工作制和非标准工时工作制的岗位，因工作需要偶尔加班，但又没有按企业考勤制度走完加班审批流程的情况，企业给予的固定加班补贴。

（5）岗位工资：根据各岗位责任大小和重要性确定的月工资性收入。每个岗级的岗位工资分为 3 ～ 5 档，并以下一级的第 5 档为起点，呈等差递增。

（6）技能补贴：根据各岗位所需特殊技能而设定的工资性收入。

（7）绩效工资：根据岗位的月薪总额，以其职等职级所对应的一定比例，作为每月绩效考核的发放方式，具体按"绩效管理制度"执行。

职等职级	员工级	主管级	经理级	总监级	副总经理级	总经理级
绩效占比	约 10% ～ 15%	约 20%	约 25%	约 30%	约 35%	约 40%

月薪总额＝基本工资＋固定加班工资＋加班补贴＋岗位工资＋技能补贴＋绩效工资

（8）年终奖金：根据各岗位的岗级和价值系数，结合企业年度目标完成情况、所在部门的年度目标完成情况，以及个人年度综合绩效考核结果，进行考核并发放（具体参照"绩效管理制度"执行）。

六、工资计发

（1）每月工资的计算期间：每月 1 日起至当月最后一个工作日止。

（2）每月 25 日是上月工资的发放日，若付薪日遇节假日或休息日则顺延。

（3）每月 25 日发工资前需要本人确认工资明细，工资通过银行转账形式支付，若对工资核算的数据有疑问，请咨询各自的主管。

（4）每月工资的核算：当月出勤工资＝月薪总额（基本工资＋固定加班工资＋加班补贴＋岗位工资＋技能补贴＋绩效工资）÷当月满勤天数×出勤天数。

（5）经企业批准的有效加班，加班费的计算方法为：加班费＝基本工资÷174×加班工时×加班系数（平时 1.5 倍，周末 2 倍，法定节假日 3 倍）。

（6）试用期员工第一个月未满勤时的工资计算方法为：当月出勤工资＝月薪总额/当月满勤天数×当月实际出勤天数。

（7）试用期转正当月的工资，以批准转正的日期为界限，分段核算。

七、代扣代缴

（1）企业代扣代缴的薪金个人所得税。

（2）代缴的员工个人承担的社会保险费或商业保险费。

（3）法院判决、裁定要求代扣的抚养费、赡养费。

（4）法律法规规定的可以从劳动者工资中扣除的其他款项。

八、其他规定

（1）企业薪酬实行保密制度，员工之间不允许相互打听薪资数额。

（2）各岗位基本工资参照当地最低工资标准和物价水平等，视情况做出调整。

（3）其他薪酬相关的福利项目，按企业福利管理制度或相关政策执行。

（4）本制度自××年××月××日起正式过渡执行。

九、附则

（1）相关附件。

《岗位价值评估结果》

《岗位序列及等级》

《岗位薪资结构与等级》

（2）相关记录。

《工资调整确认单》

《工资表》

《工资条》

（二）福利管理制度设计

随着企业对福利越来越重视，福利激励已经成为现代企业员工激励不可或缺的手段和方法，而且福利也逐步向目标化、个性化、弹性化、社会化和走心化发展。

目前，企业常规的福利项目包括法定假期、社会保险、企业工龄、每月全勤、改善提案、婚/产/丧假、生日祝贺、年终奖金、先进评选、节日慰问、团建基金、带薪年假、员工食堂、员工公寓、高温补贴、特殊贡献、培训深造、职业工装、集体活动、健康体检、父母关怀、继续教育、子女教育、人才推荐、互助基金、晋升机会等26项。各企业可以根据自己的情况选择细化相关的执行标准。

以下是常规的福利管理制度模板，提供给大家参考使用。

福利管理制度模板

一、目的

为体现企业文化的特色，满足员工多样化的需求，吸引和留住优秀人才，结合企业管理现状，特制定本制度。

二、适用范围

本制度适用于企业本部及分支机构正式聘用的岗位员工。

三、职责

人事中心人力资源部负责福利项目的制定和修改，相关部门负责相关福利的实施。

四、定义

福利是企业整体薪酬的重要组成部分，包括国家法定福利、企业特殊福利、物质类福利、非物质类福利、普惠性福利和专项福利等。

五、福利项目及相关规定

1. 法定假期

元旦1天、春节3天、清明节1天、劳动节1天、端午节1天、中秋节1天、国庆节3天。具体放假安排以临时的通知为准。

2. 社会保险

员工转正后，享受社会保险福利，试用期员工暂不办理，具体执行标准参照国家相关规定执行。

3. 企业工龄

员工工作满一年可享受300元/年的工龄奖，以后每年按照300元的标准递增，中途离职再入职的，工龄重新计算。当年工龄奖将在次年的第一个月，随工资一起发放。

4. 每月全勤

一个月当中未出现请假、迟到、早退情况，可享受100元全勤奖，员工请病假、婚假或丧假的情况除外。

5. 合理化建议奖

根据"员工考勤补贴等级表"确定各职务的补贴标准，每月根据其实际考勤表现，计算实际补贴额度。

6. 婚／产／丧假

（1）工作满半年以上的员工，企业给予初婚者三天的假期。员工须提前一个月申请婚假，并在休假申请单中附上双方结婚证复印件。符合婚姻法规定的初次结婚的员工，可享受 500 元礼金。

（2）女员工在计划生育范围内生育，根据生育保险管理规定，可享受三个月产假。女职工若已休产假，当年不再享受带薪年休假。凡符合计划生育政策的员工，均可获得 500 元的生育礼金。

（3）直系亲属（配偶、子女、父母）去世，可享有 5 天丧假。企业给予500 元慰问金。

7. 生日祝贺

为了体现"成就贡献者"的管理理念，营造良好、和谐的员工关系及工作氛围，建立良好的企业归属感，让每一位职工都体会到企业这个大家庭的温暖与关怀。企业设立了生日福利项目，主要有以下内容。

（1）温馨生日祝福：人力资源部将企业领导签名的生日贺卡转达至过生日的职工，并表示祝贺。

（2）流行大片观赏：发放电影票，员工可以选择观看电影院正在上映的流行大片。

（3）共享甜美蛋糕：企业为过生日的每一个员工发放蛋糕票，员工凭蛋糕票领取生日蛋糕一份，与同事或家人共享生日的喜悦。

8. 年终奖金

企业根据年度目标（包括基本目标、期望目标和卓越目标）达成情况和个人工作综合表现，每年发放年终奖金。具体的发放方式以综合管理中心和财务管理中心的临时通知为准。

9. 节日慰问

（1）企业根据实际情况，在每年的端午节、中秋节和春节发放慰问品。

（2）女性正式员工可享有"三八妇女节"礼品。

10. 活动基金

（1）按每人每月 30 元的标准建立企业文化活动基金，每季度由人力资源部发动全体员工参与，举行一次集体娱乐活动。

（2）各部门每月的绩效扣款统一纳入企业文化活动基金。

11. 带薪年假

工龄满一年以上的员工每年有 5 天带薪年假，可以分多次休假，原则上不允许同其他法定节假日合并休假。

12. 员工食堂

每人每月补助 200 元餐费，随每月工资一起发放，对当月没有满勤的员工，则按实际出勤天数进行核算。

13. 员工公寓

对符合一定学历和技能条件的外地员工，企业优先安排其入住免房租的集体宿舍，具体规定详见《员工宿舍管理办法》；对不能安排宿舍的按《外地员工租房补贴办法》给予补贴；对核心人才，企业购置人才公寓予以激励。

14. 高温补贴

企业为员工提供高温补贴，并视情况发放冷饮和防暑用品。高温补贴应随当月工资发放，具体标准参照本地政府的相关规定执行。

15. 特殊贡献

特殊人才津贴分为三档，一档为 300 ～ 500 元 / 月，二档为 500 ～ 800 元 / 月，三档为 800 ～ 1000 元 / 月。员工享受特殊人才津贴必须要经总经理办公会审批通过。

高绩效员工奖励，详见《优秀评选管理办法》《改善提案管理办法》《公关项目奖金评定办法》。

16. 员工深造

企业始终相信员工自身能力的提高是企业长远发展的不竭动力，因此企业领导十分重视员工的培训教育，以期达到实现员工个人价值与提高企业效益的双赢。例如，每周六上午组织全体员工观看影像资料，并讨论学习；企业送中高层管理人员及优秀员工去清华大学学习。

针对业绩突出、超额完成任务、有一定培养潜力、对企业做出巨大贡献，以及其他受到企业表彰的人员，除享受企业规定的精神、物质奖励外，培训亦作为一种激励形式，助力其在个人技能方面得到提高，详见《培训管理制度》。

17. 职业工装

为了塑造良好的企业形象，增强员工的团队归属感和集体荣誉感，公司特聘请国内知名服装公司设计职业工装，并为每一位员工量身打造夏季和冬季两套职业工装。

夏装：西裤＋衬衫（男性）；西装套裙＋衬衫（女性）。

冬装：西服＋衬衫。

18. 集体活动

为了促进企业与员工、管理层与执行层的双向沟通，增强企业向心力与凝聚力，企业会定期组织集体活动。例如，半年总结及聚餐、年终总结及晚会、春节过后的茶话会、厂家组织的旅游、各部门的定期聚餐，以及春游等。

19. 健康体检

为保证员工的身体健康，企业每年定期为员工提供一次免费体检，其中包括为女员工提供妇检。

20. 父母关怀

针对中高层及核心人才，在春节及员工父母生日时，企业向员工父母赠送一定金额的过节费或价值相当的礼品。

21. 子女教育

针对中高层及核心人才，在其子女上学期间，企业每年可为员工报销一定额度的教育津贴（报销范围包括学费、培训费、购买学习用品的费用）；当员工子女当年考入全日制大专、本科学校时，给予额外的教育津贴。

六、附则

本制度的解释权归人力资源部所有，自颁布之日起执行。

相关附件

《考勤与请假制度》

《薪酬管理制度》

（三）绩效管理体系设计

前面已经介绍了企业实施绩效管理的四个基础。根据本书企业经营管理三棱柱的内容逻辑，如果您的企业已初步完成第一章的企业战略管理、第二章的企业文化建设、第三章的流程制度梳理、第四章的组织架构设计和第五章的岗位体系设计，那么恭喜您，现在企业便可以导入系统化的绩效管理体系了。

我认为，与薪酬管理体系的设计相比，绩效体系设计在操作过程中更加简单。其中，工作量较大的环节是对各岗位绩效指标的提炼和设计；难度较大之处在于，需要打通企业目标、部门目标和岗位目标之间的逻辑关系，理顺数据来源及统计方法，而其他工作基本属于程序性内容。

1. 关于岗位考核指标的设计

岗位考核指标的设计，至少需要包含指标名称、指标定义、目标值、数据来源、评分标准和权重（或分值）这六个方面的内容。在此基础上，再加入本月完成情况、工作小结、自我总结、上级评价和面谈记录，每月的绩效考核工作就能形成管理闭环。

以下是我们在咨询项目中常用的月度绩效考核表（见表 8-9），供大家参考使用。

表 8-9 月度绩效考核表

被考核人： 部门名称： 岗位名称： 考核周期：

考核指标		指标名称	指标定义	2025 目标值		数据来源	评分标准	分值	本月完成情况	工作小结	自评	初评
				保底目标	挑战目标							
业绩指标	1											
	2											
	3											
	4											
	5											
管理指标	6											
	7											

考核指标	指标名称	指标定义	2025 目标值		数据来源	评分标准	分值	本月完成情况	工作小结	自评	初评
			保底目标	挑战目标							
评分说明							合计				
否决指标							100 分				
业绩考核			行为考核				本月考核等级				
自我总结									被考核人 / 日期：		
上级评价									直属上级 / 日期：		
面谈记录			直属上级 / 日期：					被考核人签字 / 日期：			

月度绩效考核表说明如下。

（1）考核指标设定：业绩指标由上下级协商确定，管理指标的侧重点以上级对下级的工作要求为主，对于无法量化的指标，以过程考核为主。

（2）目标值确定：目标值分为保底目标和挑战目标。保底目标不得低于往年的平均值，挑战目标是根据企业发展要求，并经岗位人员及其直接上司达成共识的标杆目标。

（3）评分标准设定：原则上，当业绩低于保底目标时，采取扣分制，直至扣完该指标的权重；当业绩超过保底目标时，采取加分制，加分项不超过该权重的 50%。

（4）工作小结：需对每项指标完成的具体数据或事项要点进行简要说明，确保内容清晰易懂。

（5）自我总结：被考核人需围绕本月的工作亮点、存在问题和对问题的改进措施这三个维度进行简要总结。

（6）上级评价：被考核人的直接上级需围绕对自评的亮点和问题是否认可、对改进的措施是否认同或补充、是否还有其他的管理要求这三个维度给出建议和评价。

（7）面谈记录：针对自我总结和上级评价存在的差异，需要双方达成共识并确认；若上级评价是同意自评且无其他补充内容，则无须进行面谈记录。

（8）否决指标：若被考核人为事故主要责任，在考核期间发生重大人身、财产安全事故或重大质量事故时，被考核人的当月业绩考核为 0 分。重大的人身、财产安全事故，以及重大质量故事的具体界定标准，以企业相关奖罚管理制度的规定为准。

（9）行为考核：具体内容参考绩效管理制度模板中的行为考核部分，这里不再做具体说明。

2．关于考核实施的说明

（1）考核实施：每月的绩考核表，起初先采用电子版进行操作传递，并与各部门每月的工作计划和总结同步推进。经过试行，确定数据流程顺畅后，再启用信息化的绩效考核系统。

（2）数据稽核：为了让绩效考核的数据顺利流转，在试行期间，需由行政人事部负责人或绩效导入项目的负责人于每月初对各部门指标数据的完成情况、统计方法、逻辑关系等进行深入稽核，一旦发现问题，需及时予以纠正。

（3）目标分解：在对企业战略目标进行逐级分解时，应保证下一级目标略高于上一级目标，以此确保企业总体目标的达成。这就需要在试行期间，对各级目标的数据逻辑进行测算，并验证其合理性。

（4）指标优化：业绩指标应先从关键点指标入手，在考核过程中不断优化和改进，再逐步建立各部门的指标库。

（5）要求升级：在日常考核中，若某项指标已达到满分，说明该项工作已实现常态化，此时可以取消该项指标，替换为其他有待提升的指标，管理指标尤其如此。这样才能推动整个团队不断进步。

（6）总结复盘：每月的绩效考核工作完成后，需要结合企业的月度经营管理例会、每季度的战略复盘例会进行系统性的总结、分析和回顾。及时对各部门和关键岗位的绩效目标及实施方案进行纠偏和辅导，从而促进企业总体战略目标的实现。

（7）成败关键：绩效管理体系导入能否成功，关键在于各级管理人员能否对下属做出公正、准确的绩效评价。这考验的并非管理体系本身的优劣，而是管理者是否具备对下属进行有效绩效辅导的能力。从多年实践经验来看，自正式导入绩效管理体系起，通常需要一到两年时间，绩效管理工作才能步入正轨。

3．关于绩效管理制度的模板

以下是常规的绩效管理制度模板，供大家参考使用。

绩效管理制度模板

一、目的

为构建科学合理的价值评估体系，通过对战略目标的逐级分解及开展绩效管理工作，加强员工绩效、部门绩效和企业绩效之间的紧密联系度，充分挖掘内部潜力，进而实现员工与企业的共同成长和发展。

二、范围

（1）本制度适用于所有岗位的正式编制员工。

（2）业绩考核仅适用于计时制的岗位员工。

（3）行为考核适用于计时制和计件制的所有员工。

三、职责

（1）行政人事部负责制定绩效管理政策和考核流程，同时协助总经理组织安排每月的部门绩效辅导会议。

（2）总经办负责审核批准绩效管理政策，以及审核各部门的考核指标和考核标准。

（3）各部门负责人根据绩效管理政策和业务管辖范围，制定各岗位的工作标准与要求，经总经办审核后，对下属各岗位实施绩效考核工作。

（4）各岗位人员需严格执行各项工作标准和要求，认同企业文化理念，并不断进行自我学习和提升，以适应企业快速发展的需要。

四、定义

（1）绩效考核：是指在一定的周期内，通过系统的方法评估员工在岗位上的工作行为和工作效果。绩效考核的方式分为业绩考核和行为考核，其结果会直接影响各岗位的绩效工资、薪酬调整、岗位调整，以及奖金发放等事宜。

（2）业绩考核：是针对岗位的业绩目标或关键绩效结果的完成情况所进行的评估。

（3）行为考核：是针对员工的态度与行为表现与企业价值观要求的相符程度所开展的评估。

五、关于业绩考核

1）绩效指标（KPI）

（1）以企业的战略目标为重点、以部门职能为基础，各部门主管和各岗位员工共同确定各岗位的KPI指标及考核标准。并且根据不同考核周期的工作重心，对指标和权重进行相应调整。

（2）所有部门和岗位的KPI考核指标及考核标准，经总经办审核后，由行政人事部统一管理或备案。

2）考核周期

业绩考核以自然月为周期进行，每月15日前完成。

3）考核程序

数据统计→自评→初评→绩效面谈→申诉复评

（1）数据统计：各项业绩指标来源的部门或岗位，负责将相关真实有效的数据进行汇总整理，并在每月5号前以书面形式提供给行政人事部备案，随后由行政人事部统一分发给各部门，作为自评和复评的依据。

（2）自评：由各岗位人员针对当月的指标完成情况进行自我总结和评价，于每月7号前完成，并交给直接主管进行初评。

（3）初评：部门主管对下属人员的工作自评情况进行综合评价，每月10号前完成，初评成绩就是最终考核成绩。

（4）绩效面谈：所有岗位的考核结果确认后，主管领导要与每位员工当面沟通，及时反馈员工的优点和不足。需在当月15号前完成上月的绩效考核工作，并报行政人事部备案。

（5）申诉复评：若员工对考核成绩存在异议，可以向总经办反馈申诉。总经办是员工考核成绩的监督和复评部门，对任何员工的异议或申诉，均应在5个工作日内给出处理结果。

六、关于行为考核

1）考核内容及标准

（1）遵章守纪情况：

加分项			减分项		
序号	标准	分值	序号	标准	分值
1	通报表扬	+1	1	轻微违纪	−1
2	记功	+3	2	一般违纪	−3
3	记大功	+5	3	较严重违纪	−5
4	特别荣誉	+7	4	严重违纪	−7

以上关于奖励和处罚的行为与标准，详见《行政奖罚制度》。

（2）价值观考核：根据企业文化手册中价值观专注、高效、改变和品质的要求进行考核评估。

价值观	定义	级别	行为描述	分值
专注	专注于重型车过滤器行业，全身心投入工作，从而拥有心流带来的喜悦	不达标	① 对工作不满意，工作热情不高，不钟爱本行业。 ② 使命感不强，没有奉献精神，事业心与上进心不足，没有目标和追求。 ③ 对企业没有认同感和归属感	-7 ~ 0分
		初级	① 比较认同企业文化，有较高的工作热情。 ② 爱岗敬业，有较强的使命感、事业心和上进心，努力追求更好的业绩。 ③ 愿意为企业利益做出一定的自我牺牲，有较强烈的归属感	1 ~ 2分
		中级	① 有较高的工作满意度，对工作热情投入。 ② 有较高的工作责任心，立足本职，兢兢业业。 ③ 有事业心和上进心，不断追求更好的表现与更高的业绩。 ④ 能够与企业共患难，在企业需要时愿意做出自我牺牲，对企业有强烈的认同感与归属感	3 ~ 5分
		高级	① 有强烈的主人翁意识，对企业的价值观与使命感完全认同。始终保持着创业般的工作热情，对工作本身具有非常高的满意度。 ② 愿意倾尽毕生精力投身于这项事业，持续不懈追求，与企业同甘共苦。在企业危机时，甘愿牺牲自己的任何利益，将这份事业视为生命	6 ~ 7分
高效	秉持高效、专业、协同、极致和认真的工作态度。高效，是全情投入，是言出必行，是使命必达，是我们在工作中全力以赴的姿态	不达标	① 与上级沟通不够，无法得到上级的认可与支持。 ② 横向沟通不畅，无法得到有关部门的大力配合。 ③ 对参与者的激励不够，难以激发他们参与的热情。 ④ 在过程控制中，无法及时处理各种障碍和问题	-7 ~ 0分

续表

价值观	定义	级别	行为描述	分值
高效	秉持高效、专业、协同、极致和认真的工作态度。高效，是全情投入，是言出必行，是使命必达，是我们在工作中全力以赴的姿态	初级	① 能做好与上级和其他部门的沟通，能获得上级对计划的认可与支持。②有一定的计划推行实施能力，对计划的实施有一定的监控能力，能较好地协调各方面的资源	1~2分
		中级	① 善于发现利益共同点，能够说到对方心坎里去，以赢得对方案的支持，激发其参与的热情。② 能够让每个参与者明确自己所扮演的角色，澄清目标、职责与价值。③ 有始有终，完成后给予参与者积极的反馈，从而在下次继续获得他们的支持。④ 熟悉相关部门的业务流程与特点，在计划推行时能使阻力降到最小	3~5分
		高级	① 卓越的计划推行能力，能将上级意图直接转化成完整的计划步骤，并按照计划逐步实施，积极调动资源和团队克服计划推行中的各种问题。② 在计划过程中，全程监控，落实责任，不断对计划效果进行反馈与改进	6~7分
改变	改变是求新、求突破，是不断创新、主动求变，是不断提高标准后勇攀高峰，是坚持学习成长，不断去适应并创造客户需求	不达标	① 因循守旧，对任何新事物都抱有敌视的态度。② 对于上级布置的各项工作，教条、死板地执行。③ 遇到各种问题，习惯用经验来解决，反对创新	-7~0分
		初级	① 对新事物抱有无所谓的态度。② 解决问题时愿意尝试新的方法。③ 对于上级布置的各项工作，会从自己的角度出发，灵活变通地完成	1~2分
		中级	① 对新事物具有良好的接受性。② 能够作为企业创新精神的倡导者。③ 能创造性地落实上级布置的各项工作。④ 提出各种解决问题的思路，鼓励下属多角度思考。⑤ 决策时，稳健而不保守，敢于创新但不冒失	3~5分
		高级	① 堪称行业内创新的先驱，热衷于创造性地解决问题。② 热忱探索新领域，开放包容旧事物，秉持创新思维，果敢做出前瞻性决策，以先锋精神推动革新发展	6~7分

续表

价值观	定义	级别	行为描述	分值
品质	品质铸就客户口碑,是我们的生命线,也是我们流程管理成果的直观体现	不达标	① 客户意识淡薄,不了解客户的真实需求。 ② 对工作的质量漠不关心,不思进取,造成客户的不满与投诉。 ③ 对下属的评价根据自己的喜好,而不是基于下属产出的高品质成果及专业知识和技能水平	-7 ~ 0分
		初级	① 有较强的客户意识,渴望去了解客户的真正需求。 ② 能够进行客户关系管理,全力提高客户满意度与忠诚度,致力于与客户建立长期稳定的合作关系。 ③ 对工作质量比较关注,在努力提高自己业绩的同时,还能为下属制定可量化的、富有挑战性的工作目标,并加以督导	1 ~ 2分
		中级	① 有非常强烈的客户意识,把"客户的满意度与忠诚是企业重要的无形资产"这一理念作为企业的价值观。 ② 具有不甘于人后、勇往直前的精神,具备不断创造高品质成果的决心和勇气。 ③ 督促下属就工作进展及时反馈,明确规定任务的完成时间和标准,经常强调工作质量在绩效考核中的重要地位	3 ~ 5分
		高级	① 以客户为中心,将企业的组织架构和工作流程按照"客户第一"的理念进行再造,将客户视为企业最宝贵的资源。 ② 把高品质作为衡量工作成效的主要依据,重点关注提高品质、实现目标和产出结果。经常主动探寻影响高品质的问题和机会,积极寻找改进工作质量的方法	6 ~ 7分

2)考核说明

(1)以上关于价值观的考核行为与标准,均应有具体的案例或事例。

(2)若存在与遵章守纪情况考核重复的案例,应按照更高要求的考核执行,不应进行重复考核。

3)考核周期

行为考核包括遵章守纪情况和价值观考核的加减分数,以季度为周期进行考核,即每季度结算和清零一次。

4)考核程序

考核的程序为:行为记提 → 审核批准 → 分数合计 → 结果公示。

（1）行为记提：企业行政人事部和各级主管责任人对员工的行为进行记录，并按企业奖罚制度流程要求进行提报。

（2）审核批准：依据企业管理权限和责任范围，完成对提报的奖罚申请的审批工作，由行政人事部进行归档备案。

（3）分数合计：行政人事部于每季度末对所有员工的奖罚数据进行统计，计算出每人的最终得分。

（4）结果公示：每季度第一周，行政人事部对上季度所有人员的行为考核结果进行内部公示。

5）考核分数

（1）每人的行为考核，基准分为80分，基准分加上季度合计分值，即为每个人的季度考核结果。

（2）本制度开始年度的第一季度按80分计算，此后每个季度的考核均以上季度考核成绩为基础，以此类推。

七、综合考核成绩

1）每月考核成绩

个人每月综合考核成绩＝当月业绩考核成绩×60%+上季度行为考核成绩×40%

2）年度考核绩效

个人年度综合考核成绩＝全年月平均业绩考核成绩×60%+年度平均行为考核成绩×40%

3）绩效考核等级

每月和年度的综合考核成绩，均按100分制核算，绩效考核结果分为"A+、A-、B、C+、C-"五个等级。

等级	考核分	评定等级
A+	90分及以上	优秀
A-	80～89分	良好
B	70～79分	合格
C+	60～69分	基本合格
C-	60分以下	不合格

八、绩效考核结果的运用

1）每月绩效工资的发放

（1）发放标准：每月绩效工资按当月综合考核成绩的等级及相应的系数发

放。其中，A+等级系数为1.2倍、A−等级系数为1.1倍、B等级系数为1倍、C+等级系数为0.8倍、C−等级系数为0.6倍。

（2）发放方式：随当月工资一起发放，具体见《薪酬管理制度》。

2）年终奖的发放

（1）影响年终奖的因素包括企业业绩完成度系数（K1）、部门业绩完成度系数（K2）、员工个人年度综合绩效成绩系数（K3），以及员工个人岗位对应的价值系数（A）。

（2）员工年终奖计算方法：个人年终奖＝单位价值系数奖金额×A×K3×K2×K1。其中，单位价值系数奖金额＝企业计发奖金总额/参与奖金分配人员的岗位价值系数总和。

（3）总经理和副总经理，因无具体归属部门，其年终奖按企业业绩完成度系数K1和个人的岗位价值系数A计算。

（4）若员工在年中出现岗位或职务级别调整，且对应的岗位价值系数不同，可按工作的月数进行分段加权计算。

（5）对于有年终奖特殊约定的岗位，按约定执行。

3）其他应用场景

员工的业绩考核和行为考核结果，将应用于先进评选、转岗、转正、培训、工资升降、职位升降等方面，具体以相关的人力资源政策、制度、规定或通知为准。

九、其他相关规定

（1）考核体系原则上应覆盖所有岗位员工，员工个人收益与个人绩效、部门绩效和企业绩效挂钩。

（2）对于试用期或学徒期未转正的员工，若已独立承担岗位职责，按所承担岗位进行考核；若未承担岗位职责，则由师傅或直接主管按"试用期员工考核办法"进行考核评估。

（3）本制度从××年××月××日起，试行三个月，根据试行情况另行修订。

（4）本制度的解释权归总经办和行政人事部所有。

（5）相关附件：《部门组织描述》《岗位说明书》《月度绩效考核表》。

深度分享

中小民营企业在导入绩效管理体系时，重点并非在于选择什么考核工具，而是应当结合当前的管理状况，确定考核的目标和策略。以下是我多年来对部分中小民营企业绩效管理工作的总结，可供大家参考。

	管理现状	管理对策	考核重点	考核工具
第一种	管理基础比较弱	建立并完善流程制度	岗位职责和流程标准	CPI、KSF
第二种	管理基础相对好	加强战略规划与管理机制	企业目标和问题导向	KPI、BSC
第三种	团队职业化水平高	实现文化引领和目标激励	激发动力和创造性	MBO、OKR

（四）超额利润激励方案设计

企业的中长期激励，通常采用股权激励的方式。然而，做股权激励不是企业老板一个人的事，也不是企业老板一厢情愿就能做好的事。要想让股权激励真正发挥作用，有一个重要前提，即企业领导层和管理层需在思想层面实现"上下同欲"，做到共识、共创、共担、共享，进而形成利益共同体、事业共同体，乃至命运共同体。

如果领导层和管理团队之间的相互信任基础不是很牢固，不妨先推行超额利润激励，再逐步过渡到股权激励。年度超额利润激励机制，其主要目的在于将员工利益和企业年度经营效益挂钩，促使全体员工关注企业的利润实现情况。

超额利润激励机制是指企业综合考虑战略规划、业绩考核指标、历史经营数据和本行业平均利润水平，合理设定目标利润，并把企业实际利润超出目标利润的部分作为超额利润，按约定比例提取超额利润分享额，分配给激励对象的一种中长期激励方式。

超额利润激励方案设计有以下五个要点。

1. 激励额度

一般按年度超额利润总量的一定比例提取，原则上该比例不超过30%。

（1）利润目标的设定，应与战略规划实现充分衔接。年度目标利润一般不得低于以下利润水平中的较高者：

① 企业的利润考核保底目标值；

②按照企业上一年净资产收益率所计算出的利润水平；

③企业近三年的平均利润；

④按照行业平均净资产收益率计算得出的利润水平。

（2）企业设定利润目标时，应剔除以下因素所产生的影响：

①重大资产处置等行为致使的本年度非经营性收益；

②并购、重组等行为造成的本年度利润变化；

③会计政策和会计估计变更引发的本年度利润变化；

④外部政策性因素导致的本年度利润变化。

2．激励对象

激励对象的选择有普惠制、精英制两种方式，生产制造型企业一般采取精英制。也就是内部的正式员工需在该岗位上连续工作1年以上，且是对企业经营业绩和持续发展有直接重要影响的管理、技术、营销、业务等方面的核心骨干人才，并且一般每期激励人数不超过企业在岗职工总数的30%。

3．绩效考核

超额利润分享的条件，由企业级绩效指标是否达标和个人指标是否达标决定。

企业级绩效指标：企业销售额××万元以上，利润在××万元以上。

个人绩效指标：考核成绩B等（含）以上，或绩效考核分数在70分以上。具体按绩效管理制度执行。

4．兑现方式

每个考核周期的超额利润分享，一般采用递延方式予以兑现，可以分三年兑现完毕。例如，第一年支付比例为50%，第二年支付比例为30%，第三年支付剩余的20%，每年均以此类推。在此过程中，所产生的个人所得税由激励对象个人承担。当然，企业也可以根据经营情况，确定各年度支付比例。

5．退出机制

企业在实施超额利润分享方案期间，若激励对象因调动、退休、工伤、丧失民事行为能力、死亡等客观原因，与企业解除或终止劳动关系，将按照其在岗位的任职时间比例（年度任职日/年度总工作日）兑现。以前年度尚未兑现部分，可按递延支付的相关安排予以支付。

若激励对象出现下列情况之一，不得继续参与超额利润的分享兑现，以前年度递延支付的部分也不再支付：

①个人绩效考核不合格；

②违反企业管理制度，受到重大处分；

③因违纪、违法行为受到相关部门处理；

④对重大决策失误、重大资产损失、重大安全事故等负有责任；

⑤本人提出离职，或者因个人原因被解聘、解除劳动合同。

（五）虚拟股权激励方案设计

股权激励是指企业通过多种方式让员工拥有本企业的股权，使员工与企业发展实现利益共享，从而在经营者、员工与企业之间建立一种以股权为基础的激励约束机制，服务于企业长期发展的一种激励方式。

虚拟股，也被称为干股、身股、在职股、岗位股。它与实股的区别在于，虚拟股只享有分红权，不具备所有权和表决权，也不能转让和出售，一旦员工离开企业便自动失效。

虚拟股权激励方案的设计，至少包括对象、数量、时间、条件和价格这五个要素。以下是常规的股权激励方案模板，供大家参考使用。

股权激励方案模板

一、目的

（1）进一步完善企业的薪酬激励体系，使中高级管理人员、核心技术人员和业务骨干的利益与企业的利益挂钩，激励他们为企业创造长期价值。

（2）吸引和保留关键技术人才，增强企业竞争实力，促进企业持续健康发展。

二、原则

（1）公开、公平、公正原则。

（2）激励机制与约束机制相结合的原则，即个人的长远利益和企业的长远利益及价值增长相关联，收益与风险共担。

（3）以增量为激励前提的原则，即在企业资产保值增值的前提下，在净资产增值中解决奖励股份的来源问题。

三、执行与管理机构

设立薪酬与绩效委员会作为企业股权激励方案的执行与管理机构。该委员会对董事会负责，并向董事会及股东大会汇报工作。薪酬与绩效委员会的主要职责有以下三点。

（1）研究对股权激励人员的考核标准，进行考核并提出建议，研究和审查董事与高层管理人员的薪酬政策与方案。

（2）制定股权激励方案，包括激励对象、奖励基金的提取比例、执行方式、个人分配系数等方面。

（3）定期对股权激励方案进行修改和完善，在发生重大事件时，有权变更或终止股权激励方案。

四、股权激励方案的内容

1. 股权激励对象

股权激励对象包含以下几类人员：

①在企业领取董事酬金的董事会成员；

②高层管理人员；

③中层管理人员；

④企业专业技术骨干人员；

⑤由总经理提名的卓越贡献人员。

股权激励对象的人数一般不超过企业员工总人数的20%，且不包括独立董事，具体人员由企业董事会确认。

2. 股权激励额周期

股权激励的授予期为三年，根据企业发展状况和个人业绩，每三年重新设定一次。

3. 奖励基金提取标准的确定

本方案奖励基金的提取，以净资产增值率为标准，在净资产增值额中提取奖励基金。净资产增值率计算公式如下：

$$净资产增值率 = \frac{期末净资产 - 期初净资产}{期初净资产} \times 100\%$$

例如，期初净资产为 120 万元，期末净资产为 300 万元，则期末的净资产增值率为：

$$净资产增值率 = \frac{300万元 - 120万元}{120万元} \times 120\% = 150\%$$

以上公式中所有数据以财务报表为准。

4. 奖励基金的提取比例

奖励基金按照超额累进提取，具体标准如下。

（1）奖励基金提取的底线标准暂定为 3%，即当年的净资产增值率在 3% 及以下时，不予提取奖励基金。

（2）在此基础上，净资产增值率在 3% 以上的增值部分，按 60% 提取。

（3）净资产增值率在 3% 以上的增值部分，提取额不足 5 万元的，当年提取但不奖励，推迟到下一年度再分配。

5. 奖励基金的转换标准

奖励基金转换为奖励股份的标准为期末每股净资产。

6. 奖励基金的转换公式

将奖励基金全部转换为股份，形成奖励股份总额的公式为：

$$奖励股份总额 = \frac{奖励基金总额}{期末每股净资产}$$

例如，期初有 120 万元净资产全部转化为股份，即每股的净资产为 1 元，若期末的净资产增值为 300 万元后，在总股本不变的情况下，每股的净资产就是 2.5 元。按照净资产增值部分的 60% 提取奖励基金总额，则期末的奖励股份总额为：

$$奖励股份总额 = \frac{(300-120) \times 60\%}{2.5} = 43.2（万股）$$

7. 个人奖励标准确定

（1）采取岗位序列比例法，将激励对象分为高层（高级管理人员）、中层（部门经理以上管理人员）、技术层（高级技术人才）、骨干层（优秀管理人员和业务人员）四类。

（2）高层占奖励股份总额的 40%；中层占 20%；技术层占 25%；骨干层占 15%。

（3）每个岗位序列的个人奖励比例按人数均分，即：

$$某岗位序列个人奖励比例 = \frac{某岗位序列奖励比例\%}{某岗位序列人数}$$

例如，中层管理人员的奖励股份占奖励股份总额的20%，持股的中层管理人员共计10个人，则中层管理人员的个人的奖励比例为：

$$中层管理人员个人奖励比例 = \frac{奖励股份总额的20\%}{10} = 2\%$$

（4）个人奖励股份额度计算公式为：

$$个人奖励股份额度 = 个人奖励比例 \times 奖励股份总额$$

例如，根据上述股权奖励办法和奖励比例，则中层管理人员个人的股份额度为：

$$中层管理人员个人奖励股份额度 = 2\% \times 43.2 = 0.864（万股）$$

中层管理人员个人的奖励股份换算成奖励的金额为：

$$中层管理人员个人实得奖励金额 = 0.864（万股） \times 2.5 元 = 2.16（万元）$$

本方案的奖励股份为一次性当期奖励，股权激励的授予期设为三年，岗位序列人数每年核定一次，个人奖励额根据所在岗位序列奖励比例和人数增减。

五、股份权利

（1）本股权激励方案所称股份为岗股（即虚拟股），享受分红权和股价升值收益，但不享有表决权、转让权、出售权和继承权。岗股为企业无偿授予，股权享有人无须出钱购买。

（2）股权享有人在离职后取消岗股权，分红则区别对待。

退休：股权享有人退休时收回岗股，可享受当年全年的分红。

辞职：自动辞职的收回岗股，按当年工作月数享受50%的分红权。

辞退：被解雇或辞退的收回岗股，不再享有分红权。

（3）股权享有人因升职或成绩优异获得高一级岗位序列的股权激励，则分段享受分红。

（4）股权享有人因工作重大失误被降职或免职的，降低或收回股权激励，并分段享受分红。

（5）企业确定的岗股激励人员，需与企业签订股权激励协议书。在明确相应的权利义务关系后，股权正式生效。

六、附则

（1）在股权激励方案实施过程中，因经营环境及外部条件发生重大变化时，薪酬与绩效委员会可提议变更激励约束条件，甚至终止该方案，相关提议需报经董事会批准。

（2）在条件成熟后，经企业董事会批准，可将部分或全部岗股转化为实股。实股持有者享有除分红权以外的其他权益，具体转化方案另行制定。

（3）本方案由薪酬与绩效委员会负责解释说明。

（4）本方案自企业董事会通过之日起，从××年开始实行。

【方案小结】本章的人才激励机制设计方案，通过薪酬管理体系设计、福利管理制度设计和绩效管理体系设计三个短期激励，以及超额利润激励方案设计和虚拟股权激励方案设计两个中长期激励，即"三短两长"设计方案，给大家做了系统的介绍和展示。

对当下的中小民营企业来说，薪酬管理体系是最基础的管理体系，而股权激励则是属于更高层次的管理要求。中小民营企业应先完善和规范短期激励机制，待企业发展到一定阶段，再逐步引入中长期激励机制。

深度分享

中小民营企业未来的人才激励趋势将更加注重全面性和长期性。中小民营企业将不再单纯依赖薪酬待遇吸引人才，而是会提供包括福利待遇、职业发展机会、培训学习等多方面的激励。同时，中小民营企业的评价机制也将从单一转向多元，更加重视员工的全面发展。这种趋势意味着，中小民营企业正从短视的、仅关注短期效益的用人方式，逐步转变为重视员工长期发展和忠诚度的用人方式，以此实现中小民营企业与员工的共同成长。

第九章
人才梯队搭建

人才是企业之本，是企业最重要的资源，也是企业最核心的资产。企业与企业之间的竞争，归根结底是人才的竞争。谁拥有优秀的人才，谁就拥有了制胜的法宝，也就更有机会拥抱美好的未来。

中小民营企业面临的最大困境，既不是业务订单不足，也不是资金设备短缺，而是人才匮乏。当企业步入快速发展轨道，往往会发现人才储备跟不上节奏；当企业谋求转型时，现有人才难以提供有效支撑；当企业渴望创新时，却找不到领军人物。此外，从外部引进人才，不仅成本高昂，还常因自身规模有限而留不住"大神"，进而引发组织内部的动荡。

表面上看，企业缺失的是人才，究其根本，其实企业缺失的是一套行之有效的人才梯队建设管理机制。人才梯队的规模与质量，是衡量企业人才管理能力强弱的重要标志，更是企业实现可持续发展的关键保障。

本章所讨论的人才梯队搭建，是人才管理体系的最后一关。前面的人才选拔、人才培养和人才激励三大机制，是面向全体员工的管理机制，而人才梯队搭建则是针对少数关键岗位的管理机制。人才梯队搭建的成果，也是检验人才选拔、人才培养和人才激励三大机制是否有效的重要依据。

一、问题现象

（一）人才梯队常见问题

中小民营企业在人才培养和人才梯队建设方面存在的问题现象，可以归纳为以下几点。

1．缺乏具体规划

许多中小民营企业没有制定具体且明确的人才梯队建设规划，这使得人才储备与培养工作缺乏针对性和系统性。如此一来，关键岗位容易出现人才短缺的情况，企业无法及时补充合适的人选，进而影响企业的正常运营和发展。

2．人才储备不足

大部分中小民营企业长期处于人才匮乏的状态，不仅关键岗位招聘和留人困难，基层岗位也经常处于缺编的状态。企业常常会陷入"离职—招聘—再离职—再招聘"这种反复无效的忙循环中，难以自拔。在人才队伍如此不稳定的状况下，企业更无从谈起人才的提前储备和培养。

3．成长空间受限

受规模和资源的限制，中小民营企业岗位多是"一个萝卜一个坑"，成长空间有限。即使有优秀人才，若长期得不到重用，看不到晋升的希望，也会选择离开。

4．缺乏科学评估

大部分中小民营企业在人才评估方面存在不足，无法准确评估员工的能力和潜力，使得企业在选拔和培养人才时存在盲目性，无法精准筛选出适合企业发展需求的人才。

5．中层动力不足

部分中小民营企业的领导层和管理层虽然在认知上都明白人才梯队建设的重要性，但是在执行时，中层管理人员往往缺乏培养接班人的积极性。一方面，他们担心"培养了徒弟，饿死师傅"；另一方面，由于培养人才梯队需要耗费大量精力，且企业也没有对此做硬性要求，他们便常常以工作太忙或选不出合适人才为借口，对人才梯队建设工作一拖再拖。

6．成长速度太慢

员工队伍的成长速度跟不上企业发展的步伐。随着企业的快速发展和不断扩张，员工队伍的成长未能与之同步，导致现有人力资源无法满足企业日益增长的需求。这一现象表现为，员工在专业技能、管理能力、创新思维等方面的发展，滞后于企业的发展步伐，使得企业在追求更高目标时，受到人力资源瓶颈的制约。

7. 人才流失率高

许多中小民营企业在薪酬福利待遇、职业发展机会等方面无法与大企业抗衡，往往面临人才不断流失的问题。一方面，高薪招聘的"空降兵"难以扎根，留存率低；另一方面，有潜力的员工会为了寻找更好的发展机会而选择离开企业，导致人才梯队建设难以持续推进。

（二）员工访谈的问题摘录

以下是我在为中小民营企业开展咨询项目的访谈调研过程中，员工对人才培养和人才储备管理方面的问题反馈摘录。这些内容从各个层面和维度反映了员工对人才梯队建设的意见和看法。

- "公司没有晋升通道，老员工年龄越来越大，新人没有出头之日，最后留下来的都是贪图安逸的人。"
- "公司没有针对专业能力方面的培训，主要是思想方面的培训。"
- "公司目前人才梯队不完善，走了一个人就补不上。"
- "目前负责精益生产的就一个人，工作根本就开展不了，公司也一直在招聘，但是根本就招不进来人，主要是薪资待遇没有吸引力。"
- "公司的成长空间比较小，这几年都没有储备干部了。"
- "我最担心员工请假，一个萝卜一个坑，稍有异常就会严重影响工作进度。"
- "目前最大的难题是人员短缺，各个岗位都缺人，虽然想要招聘更优秀的人才，但 HR 部门能力不足，资源比较有限，难以满足需求。"
- "技术部对产品的开发太慢，暴露的问题较多。我们急需引进更优秀的技术人才，借助外部力量实现技术突破。"
- "人员配置不足，经常缺人，比如编制为两个人的岗位，实际就一个人在岗，另一个岗位始终招聘不到合适的人。"
- "电子车间的技术人员能力有所欠缺，只愿做岗位内的事，不愿意主动学习、掌握更多的技能。"

- "公司对储备人员的培养比较欠缺，都靠经验。现有的线长、多能工等人员都是靠以前的经验在做，他们虽然技术熟练，但是管理不行。"
- "老板常说内部的员工难以培养成才，要多招聘外部有能力的人才，所以公司更偏向于外部招聘，而不是优先考虑内部员工的晋升。"
- "公司虽组织培训活动，但都是对管理层的培训，我们基层员工没有机会参加培训。"
- "公司提供的培训课程与我们的工作职责和实际需求脱节，我认为对提高工作效率或专业技能意义不大。"
- "公司没有很明确的管理思想，老板很爱出去学习，每次学习回来都要求我们学习各种新东西。"
- "公司会让我们出去学习，但是报销时又显得十分吝啬。"
- "公司的管理没有连续性，前前后后做过很多的咨询辅导与培训，还请过法国人指导检验工作、6S 管理、六西格玛、积分制等内容，但最终都没形成适用于公司的管理流程与模式。"

> **【问题小结】**在人才培养和人才梯队建设方面，中小民营企业存在的问题和现象是普遍性的。无论是发展较慢还是发展较快的中小民营企业，都面临着人才数量不足，甚至人才断层的困境。
>
> 即使有部分中小民营企业也在做人才梯队的搭建工作，但是真正系统地实施人才梯队建设的企业并不多，难以从根本上解决人才不足和人才断层的问题。

二、原因分析

中小民营企业在人才梯队建设方面存在的上述问题，可以归结为多个层面的因素。以下是针对上述问题总结分析，归纳出的五个主要原因。

1. 战略规划与意识不足

许多中小民营企业在初创或快速发展阶段，往往将重心放在业务扩张和短期利润上，对人才梯队建设的长期价值和战略规划缺乏足够的重视。企业领导者未能充分认识到人才是企业持续发展的核心驱动力，因此没有将人才梯队建设提升到战略层面，导致相关工作与资源投入不足。

2．资源限制与成本考虑

中小民营企业普遍面临资金、技术、人力等资源的限制，这使得它们在人才梯队建设方面的投入受到制约。出于成本控制考虑，企业不愿意投入过多的资源用于人才培养和储备，而是更倾向于直接招聘现成的人才来满足短期的需求。

3．管理制度与文化缺失

一些中小民营企业，缺乏有效的管理制度和文化氛围来支持人才梯队的建设。例如，缺乏明确的人才选拔和培养机制；缺乏公平竞争的晋升渠道；缺乏激励性的薪酬和福利制度等。这些都会导致员工对职业发展前景感到失望，从而影响人才梯队建设的实施。

4．培训与发展体系不健全

中小民营企业在员工培训和发展方面往往缺乏系统性和连续性。培训课程缺乏针对性、实战经验积累不足、定期评估和反馈机制欠缺等，致使员工的能力提升缓慢，无法满足企业快速发展的需求。

5．市场竞争与人才争夺

在激烈的市场竞争中，中小民营企业往往面临与大企业争夺人才的压力。由于大企业在品牌、规模、薪酬待遇等方面占据优势，中小民营企业在吸引和留住人才方面处于劣势，这使得它们在人才梯队建设方面更加困难。

> **【原因小结】** 中小民营企业在人才培养和人才梯队建设上存在的问题和现象是普遍性的，这是由多方面原因造成的。主观上的原因有意识不足、实施乏力；客观上的原因有资源有限、管理缺失。
>
> 从事情的本质来看，中小民营企业主要还是缺少一套有效的人才梯队建设管理机制。如果从全面人才管理的角度来讲，这一困境是人才选拔、人才培养、人才激励等多环节机制不完善的综合结果。

三、方案措施

人才梯队建设是一项旷日持久且需持续推进的战略工程。人才培养不仅是人力资源部的事情，更是每一个管理者都必须承担的重要管理工作。

如果企业希望建立一支合格的人才梯队，确保在需要人才时，永远有合适的人选，就必须从人才管理的战略高度出发，重塑人才梯队建设的管理机制。具体而言，企业需做好关键岗位的识别与人才评估工作，合理规划社会引进、内部培养和储备人才的路径。同时，定期对在职人员进行评估和管理，调整、安排好人才的职务，提拔有潜力的员工，确保他们能够在最适合自己的岗位上工作，从而充分发挥其最大潜力。

基于简单、实用和高效的原则，对于中小民营企业的人才梯队建设，我总结提炼出四会、一图和一库的"411工程"解决方案。

四会：即选拔会、述职会、校准会和恳谈会；

一图：即一张人才地图，也称继任者计划；

一库：即一个人才库。

以下就对"411工程"解决方案逐一做具体的介绍。

（一）选拔会

企业开展人才梯队建设的首个重要会议是选拔会，目的是挑选出关键岗位，并对关键岗位的人才做盘点和评估。关键岗位的人才盘点和评估，一般采取人才评估和人才测评相结合的方式。

从人才管理角度来讲，人才盘点是一个较为专业的工具。无论是做人才盘点还是评估，前提条件都是要有规范的人才标准。关于人才标准，本书第五章的"岗位说明书"，以及第六章的"任职资格标准"和"能力素质模型"已经做了具体介绍。

选拔会就像是一个枢纽工程，它是人力资源各模块业务的高度集成和综合应用。

1. 关键岗位的挑选

关键岗位是指对企业战略实现有重要影响、外部市场稀缺性高、内部培养难度大，或者专业技能独特的岗位。如果不针对关键岗位，而是对所有岗位进行无差别化的人才梯队建设与培养，不仅会造成资源的严重浪费，也难以取得好的效果。以生产制造型企业为例，可以优先选择多能工岗位开展人才梯队的建设和培养工作。通过积累该岗位人才梯队建设的经验，再逐步向其他的关键岗位推广。

在第二部分"组织建设体系"中的第四章和第五章，我们分别梳理了企业的岗位编制清单，并进行了岗位价值的评估。在此基础上，我们进一步从"战略地位密切度占30%""外部市场稀缺度占30%""内部培养较难度占20%""专业技能独特性占20%"四个维度进行评估，并根据评估的结果，挑选出企业的关键岗位。关键岗位评估表如表9-1所示，关键岗位清单如表9-2所示。

表9-1 关键岗位评估表

序号	部门	岗位名称	评估维度				综合得分
			战略地位密切程度（30分）	外部市场稀缺程度（30分）	内部培养的难度（20分）	专业技能的独特性（20分）	
1							
2							
3							
说明： ① 战略地位密切：该岗位职能的发挥，对战略的实现具有重要的影响。 ② 外部市场稀缺：拥有该岗位要求的技能和能力的人，在外部人才市场上较为稀缺。 ③ 内部培养较难：能够胜任该岗位工作的人，很难通过训练在短周期内快速培养起来。 ④ 专业技能独特：该岗位为本行业甚至本单位特有的，往往需要拥有特定的技能。							

表9-2 关键岗位清单

序号	一级部门	二级部门	三级部门	岗位名称	岗位价值系数	岗位编制	现有人数	评估结果	高潜人数
1									
2									
3									
4									
5									

2．关键岗位人才评估

对关键岗位的所有在职人员进行评估，旨在挑选出高潜力的人才。评估围绕岗位任职资格标准和能力素质模型，从态度行为、业绩成果、知识技能、发展潜力四个维度进行综合评估。综合评估的结果不仅是纳入人才梯队储备计划的依据，也是企业实施"选育用留"人才策略的重要参考。

对大多数中小民营企业来说，可以从以下四个维度设计梯队人才选拔和评估的标准。

（1）态度行为：主要是指人才的行为表现，包括对企业文化的认同度、价值观的符合度、对企业的忠诚度，以及和企业长期共同发展的意愿程度等。重点依据来源于对被评估人的价值观考核记录和日常奖罚记录。

（2）业绩成果：主要是指人才的岗位绩效表现，这是未来发展的基础，选拔业绩优秀的人才进入梯队，有助于维护企业内部公平，让内部员工信服。重点依据来源于对被评估人的绩效考核结果。

（3）知识技能：主要是指人才对岗位专业知识和技能的掌握程度，以及对新知识和新技能的自主学习能力。重点依据来源于对被评估人的任职资格测评结果。

（4）发展潜力：梯队人才在企业未来的发展中将承担更重的任务与更大的职责，企业看重的是人才未来的发展，而潜力是人才进一步发展的基础和动力源。发展的潜力可以通过被评估人的成就动机、思维方式、适应能力、抗压能力、格局高度等方面进行综合评价。重点依据请参考"360度评估"的结果。

大家可以根据具体关键岗位的任职资格标准和能力素质模型来进行评估，重点是要有平时的考核记录数据，如果平时没有考核数据记录，那么在进行梯队人才的评估时，就需要花费更多的时间，且结果的可靠性也会大打折扣。

以下是我整理的梯队人才选拔评价表（见表9-3）模板，供大家参考使用。

表9-3 梯队人才选拔评价表

姓名： 　　　　部门： 　　　　　岗位： 　　　　　岗位级别：

维度	指标		定义	权重	自评	主管评	HR评分	备注
态度行为（25分）	1	诚信自律	①严格遵守企业规章制度，无违纪行为；②对工作诚实守信，不推诿责任；③积极维护企业形象，具有团队合作精神	5分				
	2	积极主动	①积极主动承担工作任务，不拖延；②对工作充满热情，有进取心；③勇于接受挑战，乐于承担额外工作	5分				

续表

维度	指标		定义	权重	自评	主管评	HR 评分	备注
态度行为（25分）	3	沟通协作	① 与同事保持良好沟通，信息传达准确及时； ② 积极参与团队协作，共同解决问题； ③ 能够有效调解团队矛盾，共同营造和谐氛围	10分				
	4	责任担当	① 面对问题时冷静分析，不轻易放弃； ② 主动寻求解决方案，不推脱责任； ③ 能够举一反三，预防类似问题再次发生	5分				
业绩成果（35分）	5	职责履行	① 能按时、高质量完成工作任务； ② 工作成果符合企业或部门期望； ③ 在关键项目中发挥重要作用，贡献突出	15分				
	6	目标达成	① 达成个人或团队设定的目标； ② 目标完成情况超出预期，取得显著成绩； ③ 在目标达成过程中展现出创新思维和解决问题的能力	10分				
	7	创新贡献	① 提出并实施创新性的想法或改进方案； ② 创新成果对企业业务产生积极影响； ③ 在创新过程中展现出卓越的领导力或执行力	10分				
知识技能（25分）	8	专业知识	① 熟练掌握本岗位所需的专业知识； ② 能够对专业知识进行深入理解和应用； ③ 在实际工作中展现出较高的专业素养	10分				
	9	工作技能	① 高效完成工作任务，具备扎实的工作技能； ② 熟练使用相关工具和软件，提高工作效率； ③ 技能上不断提升自己，满足岗位发展需求	10分				
	10	学习能力	① 积极参加企业或部门的培训和学习活动； ② 自主学习新知识、新技能，追求不断进步； ③ 将学习成果应用于工作中，取得良好效果	5分				
发展潜力（15分）	11	成长速度	① 在过去评价周期内取得显著的成长和进步； ② 能够迅速适应新环境和新任务； ③ 展现出较强的自我驱动力和学习能力	5分				
	12	适应能力	① 面对新的挑战，能够迅速调整心态和行动； ② 具备良好的抗压能力，能保持积极心态； ③ 在新的环境或角色中迅速发挥自己的优势	5分				

维度	指标		定义	权重	自评	主管评	HR评分	备注
发展潜力（15分）	13	管理能力	①在团队中展现出一定的领导力或管理潜力；②能够引导和激励团队成员共同完成任务；③具备一定的决策能力和组织协调能力	5分				
合　计			—	100分				
部门推荐和评价								
HR评价								
企业领导评价								

以下是梯队人才评价表的使用说明。

（1）HR评分：由人力资源部（或行政人事部）综合被评估人的自评结果、直接主管的评价意见，以及通过"360度评估"方式收集到的其他相关评价信息来确定。

（2）指标定义：对于选择的指标及定义标准，企业可以根据实际情况进行细化和调整。

（3）评估要求：参与评价的人员应秉持客观、公正的原则，根据人才的实际表现进行评分，并提供具体的评价依据和建议。

3．关键岗位人才测评

对于关键岗位梯队人才的选拔，在进行以上评估的同时，还需要进行人才测评以作为参考的依据。以下是我们咨询项目组常用的价值需求测评工具说明书，一并提供给大家参考。若大家有条件的话，也可以采用其他的人才测评工具。

价值需求测评工具说明书

一、测评问题

得分标准：完全如此（2分）；基本符合（1分）；完全不是（0分）。

1. 我满脑子创业，并有所行动（　　）

2. 我会理财，让钱能生钱（　　）

3. 我与其他朋友或同学相比，收入相对较高（　　）

4. 我有独特的项目并形成了行动力（　　）

5. 我对未来的事情分析较准（　　）

6. 我为了使团队成功，可以得罪人（　　）

7. 我善于外交（　　）

8. 我经常做而不是经常说（　　）

9. 我吃饭很在意营养，而且并不多吃（　　）

10. 我每天睡眠平均不少于七小时（　　）

11. 我看待钱很平淡（　　）

12. 我时常忘记苦恼的事情（　　）

13. 我几乎没有仇人，我不恨别人，也不抱怨社会制度（　　）

14. 我每周都运动，且不少于两小时（　　）

15. 为了身体健康，我可以暂停工作（　　）

16. 我清楚不良的习惯会给身体带来危害（　　）

17. 我认为生命是艳丽的，我追求着装与众不同（　　）

18. 我没有手机简直不能生活（　　）

19. 我知道很多时尚品牌（　　）

20. 我经常参加娱乐活动（　　）

21. 我身上至少有两件饰品，包括美丽的包（　　）

22. 我对一件物品动情即买之（　　）

23. 我经常没钱，一年至少有一次需要借钱度日（　　）

24. 我对度假游玩有兴趣（　　）

25. 只要事业可以更好，我可以承受更多的压力（　　）

26. 我强调付出，从不强调收入（　　）

27. 我认为只要是为公司着想，即使突破制度也有必要（　　）

28. 我想一生都不停工作（　　　）

29. 我常常为公司的发展写出报告或文字（　　　）

30. 我经常谈我对公司发展的看法（　　　）

31. 我没有做过吃回扣等公司严防的事情（　　　）

32. 在别人并没有要求的前提下，我经常做家务或公司事务（　　　）

33. 我与别人谈话是为了影响或控制别人（　　　）

34. 我没有给别人进行过情感性打分（　　　）

35. 我不会拍马屁（　　　）

36. 我能控制混乱的局面（　　　）

37. 我喜欢人力资源管理胜过研究与技术（　　　）

38. 我想成为公司的高管，带领团队快速成长（　　　）

39. 我喜欢哲学，并了解宗教（　　　）

40. 我认为我能处理好下级的分配问题，让他们没有怨言（　　　）

41. 我喜欢物理（　　　）

42. 我有独特的创意，并在尝试后取得了不错的效果（　　　）

43. 我有专利或专利级的产品或技术（　　　）

44. 我学习能力强并精通某一方面（　　　）

45. 我不在意工作的回报，更看重工作中的兴趣（　　　）

46. 我经常思考或工作得忘记时间（　　　）

47. 我爱看科普类栏目（　　　）

48. 我逻辑能力强（　　　）

49. 我认为家庭是第一位的（　　　）

50. 我工作不是为了钱，而是为了情感（　　　）

51. 我从不说假话（　　　）

52. 我为了爱人牺牲了很多（　　　）

53. 我认为承诺比生命更重要（　　　）

54. 我会因为情感而放弃工作或生活的城市（　　　）

55. 我时常想起初恋（　　　）

56. 我发现爱情对我的激励作用很大（　　　）

57. 我经常原谅别人（　　　）

58. 我认为自己有追随者（　　　）

59. 我认为自己有品位，而且从不说脏话（　　　）

60. 我是某项目的专家，负责培训他人使其成为胜任者（　　　）

61. 我出席各级名流活动（　　　）

62. 我决不拿不属于自己的东西（　　　）

63. 我教导别人做好事（　　　）

64. 我赞同现行的规则，主动提出见解而非抱怨（　　　）

二、分数统计

题目	结果	题目	结果
1 ～ 8	一（　　）	33 ～ 40	五（　　）
9 ～ 16	二（　　）	41 ～ 48	六（　　）
17 ～ 24	三（　　）	49 ～ 56	七（　　）
25 ～ 32	四（　　）	57 ～ 64	八（　　）

三、需求类型及分析

心理学家将人的需求归纳为 15 类，后经管理学家整理，重新划分为 8 类组合。不同的价值观会引发不同的行为，进而造就不同的命运结果。

1. 需求类型

第一项，财富需求（金钱）；第二项，健康需求（安全）；第三项，享乐需求（自由）；第四项，工作需求（机会）；第五项，权力需求（权力）；第六项，研发需求（殊情）；第七项，情感需求（恩德）；第八项，成就需求（荣誉）。

2. 分数对应的类型

A 的值：将一、四、五、八项的得分相加，得 A ＝（　　　）；

B 的值：将二、三、六、七项的得分相加，得 B ＝（　　　）；

C 的值：C ＝ A+B ＝（　　　）。

若 A>B 且超过 3 分，则为社会价值工作型；

若 B>A 且超过 3 分，则为家庭价值工作型；

若 A-B 在正负 3 分以内，则为平衡型；

若 C>90 分，则为前锋（业绩进攻型岗位）；

若 C 在 72 ～ 90 分之间，则为前卫（业绩管理型岗位）；

若 C 在 60 ～ 71 分之间，则为后卫（职能管理型岗位）；

若 C 低于 60 分，则为守门员（职能保障型岗位）。

3. 各种类型对应的分析

一、四、五、八得分最高，为老板；

二、三、六、七得分最高，为顾家者；

一、四、八得分最高，为营销管理者；

四、五、八得分最高，为管理者；

五、六、八得分最高，为技术领导者；

一、六、八得分最高，为技术创业者；

二、三、七得分最高，为非职业化者；

八得分最高，为创业者。

（1）当一的得分最高时，人的特质体现为期望创造财富，偏向营销及业务管理型岗位。

（2）当二的得分最高时，人的特质体现为缺乏安全感，往往较为关注健康状况或身体状况欠佳。

（3）当三的得分最高时，人的特质体现为对制度及法律不敏感，对消费感兴趣但理财能力差，适合明星型岗位、公关型岗位。

（4）当四的得分最高时，人的特质体现为工作动力强劲，适合从事具体事务型管理岗位。

（5）当五的得分最高时，人的特质体现为具备领导影响力与控制欲望，适合带领团队。

（6）当六的得分最高时，人的特质体现为理性的思维方式，擅长提出想法，适合制定产品策略及研发。

（7）当七的得分最高时，人的特质体现为关注个人及直系亲属的幸福，属于平衡型工作。

（8）当八的得分最高时，人的特质体现为渴求获得认同，成就需求强烈，属于独立工作型。

四、注意事项

（1）要求测试者认真作答。

（2）定期对优秀人员开展测试，据此制定招聘岗位的标准。例如，主动型营销岗位重点关注一、四、八项；方案型营销岗位重点关注四、六、八项。

（3）不断收集各岗位榜样人才数据，动态调整岗位最佳匹配得分（即最高得分）。

（4）选拔人才的方法有两种：①根据公共性状；②参照本企业优秀人才标准。

（5）公共性状相关标准：

上山型岗位（业绩类人员）：一、四、八项得分偏高；

平路型岗位（管理类人员）：四、五、八项得分偏高；

下山型岗位（技术类人员）：四、六、八项得分偏高。

当长期合作人员一、四、五、八项得分最高时，股东需商谈深度合作，因其具备创业倾向。

（6）矛盾得分情况：

一与二属于矛盾得分，一得分高时，二得分通常较低，体现个人工作与个人健康的选择倾向；

三与四属于矛盾得分，反映个人消费与个人工作的选择冲突；

五与八属于矛盾得分，表现为个人控制他人完成目标与个人实现自我成就的选择矛盾；

六与七属于矛盾得分，选择六的人倾向于研发工作，选择七的人更注重家庭。

（7）岗位得分要求：选择业绩型岗位，总分需高于70分；选择管理型岗位，总分应在64～80分之间。

（8）股东合作类型：

业绩并列型：一、四、五、八项得分同时较高；

分工互补型：A侧重追求一、四、八项高分，B侧重追求五、六、八项高分；

上下型：A的第四项得分较高，B的第五项得分较高。

（9）接班人培养：接班人或下一代，第一、四、五、六、八项得分应高于其他项。

（10）一般企业岗位需求：A的得分超过B的得分。

可以扫描上方价值需求调研问卷的二维码进行测评

（二）述职会

对关键岗位的人才做完评价和测评后，接下来还需要安排述职会。行政人事部应提前通知参加梯队人才评价的人员，准备述职 PPT 报告，并做好述职会的相关准备工作。关键岗位述职评价标准及关键岗位述职评估表，分别如表 9-4 和表 9-5 所示。

表 9-4　关键岗位述职评价标准

序号	内容	分值	评分	标准分级				
				A	B	C	D	E
1	业绩指标完成情况	15	A：13～15分 B：10～12分 C：7～9分 D：4～6分 E：1～3分	①部门重点指标总体上达成目标，个别指标超过预期； ②个人主导能力强，尽管完成难度大，仍能反复主导、跟踪，直至工作达成	①部门重点指标基本达成目标，没有明显的弱项； ②个人主导能力较强，能及时有效跟进工作	①部门重点指标均没有达成，只对工作的过程进行简单描述； ②个人工作主导能力一般，但能及时跟进工作	①工作成果和业绩不明显，无法很好地表述自己的工作业绩； ②个人主导能力较弱，对工作的把控较为吃力	①无成果和业绩的展现，所有指标均未达成； ②个人无主导经验，无法把握工作的进度
2	重点工作完成情况	20	A：17～20分 B：13～16分 C：9～12分 D：5～8分 E：1～4分	①熟悉本职岗位各项工作要求，对现有岗位重点工作有详细阐述； ②能独立完成本职工作，条理清晰，并对其他部门有明显的正向促进效果	①熟悉本职岗位各项工作要求，对重点工作有一定的阐述； ②基本能如期完成本职工作，不需要他人的帮带	①基本了解本部门工作职责和工作要求，工作总结没有突出重点，仅做一定的阐述； ②本职工作任务只能基本完成，工作进度有待提升	①基本了解本部门工作职责和工作要求，工作总结缺乏数据及案例支持，像流水账； ②工作项目暂不能完成，需要资深人员帮带及反复教育	①对本职工作要点不清晰，工作总结粗糙，没有对工作项目做实质性的总结； ②工作常需人帮助和督导，影响团队整体工作效率

序号	内容	分值	评分	标准分级				
				A	B	C	D	E
3	未达成工作的原因分析及改善措施	15	A：13～15分 B：10～12分 C：7～9分 D：4～6分 E：1～3分	①原因分析透彻、全面，能紧扣主题，明确真正原因；②改善措施有效性、明确性、可操作性强，能有效解决相关问题	原因分析深刻，有对应的改善措施，具一定的有效性	有基本的原因分析和改善对策，有效性不够强	有基本的原因分析，但浮于表面，无有效性改善措施	对未达成项未进行原因分析，且无改善措施
4	存在的主要问题	10	A：9～10分 B：7～8分 C：5～6分 D：3～4分 E：1～2分	①非常清楚工作中自身的缺点和不足，知道不足的原因，明确改进的方向，让工作更好地衔接；②有全局观，对未来进步的方向和目标明确，能意识到本岗位对企业发展的重要性	①能发现现有工作中的缺点和不足，知晓不足的原因，知道未来努力和进步的大致方向；②有全局意识，善于发现和学习别人的优点，以及改进工作中的不足	①能意识到目前工作的问题和不足，但是不能很好地找出问题的关键点和解决办法；②不能从企业发展的大局出发，认识到自我的问题	①不能有效指出目前工作中的不足，想要进步但是找不到进步的方向；②缺乏全局观念，自我观念较强，略有抱怨	①骄傲自满，认为工作没有任何不足，不需要改进；②不相信团队，认为自己很厉害，经常抱怨
5	下一步的目标和重点工作计划	15	A：13～15分 B：10～12分 C：7～9分 D：4～6分 E：1～3分	①部门的目标和指标明确具体，富有挑战性，且信心满满；②工作重点能有效承接企业战略，并且明确了完成时间、实施步骤、责任人、考核标准及预防措施	①部门的目标和指标明确，不低于上半年平均水平；②工作计划详尽，重点突出，并具备完成时间、实施步骤、责任人、考核标准及预防措施等要素	①有部门的目标和指标数据，但数据不太合理；②有工作计划和重点事项，但完成时间、实施步骤、责任人、考核标准及预防措施等很不明确	①有部门的目标和指标数据，但数据不太合理；②有工作计划，但没有突出重点事项，缺少完成的时间节点	①有目标但没有数据；②有工作计划但没有抓住重点，缺乏可行性

续表

序号	内容	分值	评分	标准分级				
				A	B	C	D	E
6	下一步的工作思路和规划	15	A: 13～15分 B: 10～12分 C: 7～9分 D: 4～6分 E: 1～3分	①结合自身各工作模块，均有设定短期及中期工作规划；②各项规划均能明确计划步骤、完成时间和完成标准	能结合自身工作各模块明确中短期计划，有完成时间要求	有一定的工作规划，有计划完成时间，有可追溯性	只有短期工作计划，无明确计划步骤	只是浮于总结，无规划
7	需要的支持及对企业的建议	10	A: 9～10分 B: 7～8分 C: 5～6分 D: 3～4分 E: 1～2分	①能对企业或本部门的工作提出良好建议；②建议有可操作性，细致且明确到位；③建议有创新性，以及可预见的有效性	①对本部门现有工作或流程有良好建议；②建议有可实操性，细致且明确到位	①对本部门现有工作或流程有良好建议；②建议具备一定的实操性	有基本的建议，但实操性不强，或者有效性差	未对现有工作或部门现状及企业现状提出建议

表 9-5 关键岗位述职评估表

序号	姓名	项目评分							得分	备注
		业绩指标完成情况 （15分）	重点工作完成情况 （20分）	未达成指标的原因分析及改善措施 （15分）	存在的主要问题 （10分）	下一步的目标和重点工作计划 （15分）	下一步的工作思路和规划 （15分）	需要的支持及对企业的建议 （10分）	100分	
1										
2										
3										
4										
5										
6										

说明：
①评估小组成员均参与打分，每人一份评估表和评价标准。
②参照评估标准，直接在对应的项目下填写分数。

（三）校准会

在完成对每位准梯队人才的评价、测评和述职评估后，我们已经较为全面地掌握了他们的综合能力现状。接下来，需要进一步召开校准会，旨在分析综合评估结果与岗位任职资格标准要求之间的差距，并制订相应的培养和提升计划。

组织梯队人才评估后的校准会议，通常遵循以下六个步骤。

（1）确定参与者：确保所有关键决策者和评估人员参加会议，包括管理层、HR团队，以及直接负责员工培训和发展的人员。

（2）制定议程：明确会议讨论的目标和预期结果，通常包括评估过程的回顾、评估结果的详细讨论，以及对个人或团队发展计划的制订。

（3）准备资料：提供关于评估方法、标准和结果的详细信息，以便与会者了解背景并提出有建设性的问题或建议。

（4）开展讨论：在会议中，应围绕提高评估准确性、为员工提供更好的发展支持，以及改善未来的梯队构建和管理策略等主题，进行开放而坦诚的讨论。

（5）制订计划：根据讨论结果，制订一个明确的行动计划，包括改进措施、责任分配和时间表。

（6）形成报告：行政人事部汇总以上选拔评价、价值需求测评、述职评估及校准会讨论等多个维度的信息，编制成梯队人才综合评估报告，并纳入员工职业发展规划档案进行管理。

以下是针对个人的梯队人才评估报告模板，大家可以根据实际情况进行调整并填充具体内容。

梯队人才评估报告模板

一、基本信息

姓名：_____ 部门：_____ 岗位：_____ 入职时间：_____

学历：_____ 专业：_____

二、综合评价结果

（1）评价结果：

（2）测评结果：

（3）述职评估结果：

（4）个人的优点和缺点：

（5）培养的方向和目标：

（6）培养计划建议：

（7）附件和证据材料：

直接上司：＿＿＿＿＿＿　HR 负责人：＿＿＿＿＿＿　员工本人：＿＿＿＿＿＿

日期：＿＿＿＿＿＿

（四）恳谈会

经过校准会的对标分析，企业领导和管理层对梯队人才的优点和缺点、培养的方向和目标，以及培养的总体规划基本达成了共识，接下来需要与员工本人进行深入的沟通和反馈。

为了保证恳谈会的效果，恳谈会应遵循以下五个步骤，以确保过程的有效性和敏感性。

（1）准备工作：梯队人才的评估报告及相关附件材料。

（2）参与人员：由直接上司、HR 负责人和员工本人三方参与恳谈。

（3）安排场所：提供一个没有干扰的环境，保护员工隐私并鼓励开放交流。

（4）双向沟通：以积极、客观的方式分享评估结果；倾听员工的想法、顾虑和建议；讨论员工的优势和需要改进的领域；对下一步的培养计划达成共识等。

（5）记录存档：会谈结束后，记录下所讨论的要点和约定的行动计划，修订《梯队人才评估报告》，经三方签字后存档备案。

（五）人才地图

本章所述的人才地图（见图 9-1），是指关键岗位的人才继任计划或人才储备计划，是企业预先为内部关键职位培养和准备胜任人选的管理过程，主要涉及发现、评估和追踪高潜力人才，并为他们提供必要的培训和发展机会。

人才地图同样是企业长期战略规划的重要组成部分，它不仅涉及个别关键岗位的人才培养问题，更体现了企业对未来发展的前瞻性思考和系统化布局。通过有效的继任计划，组织能够持续稳定地实现战略目标，并在激烈的市场竞争中立于不败之地。

每个关键岗位的人才储备计划一般都可以分为三级：第一级是可以直接胜任者；第二级是需要再培养半年到一年才能胜任者；第三级是需要培养两年甚至三年才能胜任者。每一级的储备人才优先从企业内部产生，也就是通过以上梯队人才选拔程序最终评估出来的高潜力人才。当内部没有一级或二级储备人才的时候，则需要通过外部招聘获得。

图 9-1　人才地图

（六）人才库

人才库也称为人才池，涵盖了人才招聘、分类、培养和阶段性选拔评估的全过程，这个池子是企业人才资源的储备库，可以为企业源源不断地输送业务发展所需的各类人才。

建立人才库可以通过校园招聘、社会招聘及内部培养等方式，本章只介绍内部培养的方式。

企业的人才库建设属于系统工程，需要实施动态化管理。随着企业的发展，同一名员工在不同阶段可能适合不同的岗位，需要适时进行提拔或换岗。同时，一旦某个岗位出现人员变动，就必须有适合的备选人员迅速补上。这就需要企业在人才吸纳、培养和评估等方面做出持续的努力。

为了更有效地跟踪和管理企业的人才资源，人力资源部需要建立一个人才库管理表。以下是企业人才库管理表模板，供大家参考使用，如表 9-6 所示。

表 9-6　企业人才库管理表模板

一、基本信息

序号	姓名	性别	年龄	学历	岗位	部门	入职时间
1	张三	男	32 岁	本科	生产经理	生产部	2018-05-01
2	李四	女	29 岁	硕士	质量工程师	质检部	2020-02-15
3	王五	男	35 岁	专科	设备维护主管	设备部	2016-09-01
……	……	……	……	……	……	……	……

二、人才池类型与定位

人才池类型	定位描述
生产管理核心人才	负责生产流程优化、生产效率提升等核心任务
质量控制专才	专注于产品质量把控、质量问题解决及质量体系建设
技术创新与研发	推动生产技术革新、产品研发及工艺改进
……	……

三、技能与经验

技能 / 经验	描述
生产流程优化	熟悉生产线布局、流程优化及成本控制
质量管理体系	精通 ISO9001 等质量管理体系认证与维护
设备维护与故障排查	具备丰富的设备维护经验，能快速定位并解决设备故障
……	……

四、培训与资质

培训 / 资质	获得时间	有效期
精益生产培训	2022-03-01	持续更新
安全生产证书	2021-06-01	2024-06-01

续表

培训 / 资质	获得时间	有效期
设备操作与维护认证	2020-09-01	2023-09-01
……	……	……

五、绩效评估与职业发展

评估周期	绩效评估结果	职业发展规划
2022 年度	优秀	提升为生产总监候选人
2023 年度	良好	加强精益生产方面的培训
……	……	……

在使用上述表格时，建议将相关内容录入电子表格（如 Excel）进行管理和更新，以便于对人才信息进行查询、筛选和统计。同时，需定期更新表格内容，确保信息的及时性和有效性，从而为企业的人才决策提供有力支持。

【方案小结】本章围绕人才梯队搭建方案，通过四会、一图和一库的"411 工程"做了系统的介绍和展示。最终挑选出中小民营企业的关键岗位及关键岗位的高潜力人才，再针对高潜力人才制订培养计划，并纳入人才库统一管理，这样就能够逐步建立起企业的人才梯队。

只要中小民营企业将人才梯队建设的人才培养工作，与岗位任职资格标准及能力素质模型关联起来，并与人才晋升和薪酬体系相挂钩，就会收到立竿见影的效果。

深度分享

中小民营企业人才梯队搭建的未来发展趋势将更加重视内部培养，通过提供培训、创造职业发展机会、实施激励措施，以及强化企业文化等方式，吸引和留住人才。这种转变不仅有助于中小民营企业降低招聘成本、提升员工忠诚度，还能为中小民营企业长期发展提供稳定的人才保障。

附 录

附录 A　各章内容小结

总论			
一、经营金三角：产品、技术和营销			
二、管理金三角：岗位、事情和人才			
第一章　企业战略管理			
一、问题现象			
1. 战略都在老板的脑子里	2. 顺其自然地发展	3. 有销售目标无整体规划	4. 销售目标定得不科学
5. 有战略规划但不系统	6. 战略目标没有达成共识	7. 战略目标分解不到位	8. 战略规划及措施没有实施
9. 配套的资源没有到位	10. 战略管理缺少复盘		
二、原因分析			
1. 对企业的战略管理有畏难情绪	2. 对战略管理的重要性认识不够	3. 整个团队的管理能力不足	4. 对企业的战略目标没有达成共识
5. 在战略管理上缺少有效的方法和措施			
三、方案措施：六个步骤			
（一）基本认知			
1. 企业战略与企业文化的关系	2. 企业战略的三个层次及关系	3. 企业战略管理的四个环节	4. 企业战略管理的基本逻辑
（二）战略思考			
1. 成立战略小组	2. 完成战略思考作业	3. 作业成果汇总	4. 小组集中讨论
5. 战略信息汇总定稿			

（三）战略方针：模板 A、模板 B、模板 C、模板 D			
（四）发展纲要			
1. 统一模板	2. 分工填写	3. 信息汇总	4. 小组讨论
5. 部门讨论	6. 讨论定稿		
（五）部门计划：一个模板			
（六）战略复盘			
1. 熟悉战略目标	2. 收集数据结果	3. 分析目标差距	4. 识别关键因素
5. 学习反思改进	6. 制订改进计划	7. 持续跟踪优化	

第二章　企业文化建设

一、问题现象			
（一）有文化理念情况			
1. 文化理念缺乏系统性	2. 文化理念缺乏逻辑性	3. 文化理念缺少群众基础	4. 文化理念没有解析
5. 文化理念缺少培训	6. 文化理念没有落地	7. 文化建设活动不能坚持开展	8. 文化理念没有及时更新
（二）认知上的误区			
1. 将企业文化等同于文体活动	2. 将企业文化等同于口号和标语	3. 将企业文化等同于对外形象宣传	4. 认为企业文化太抽象了，无法落地
5. 认为企业文化是老板的事情，老板定就可以了	6. 认为企业文化就是做好员工关怀工作	7. 认为企业文化可以一劳永逸	
（三）不和谐的文化氛围			
1. 工作沟通不畅	2. 工作环境压抑	3. 工作态度消极	4. 领导太过强势
5. 缺乏创新精神	6. 员工流失严重	7. 裙带关系复杂	
二、原因分析			
（一）客观方面的原因			
1. 企业处于快速发展阶段	2. 员工队伍综合素质不高	3. 企业可投入的资源不足	
（二）主观方面的原因			
1. 领导层重视不够	2. 管理层意识不足	3. 员工层参与度低	

三、方案措施：五个板块			
（一）基本认知			
1. 两个定义	2. 三个原则	3. 四个层次	4. 六个要素
5. 七个功能			
（二）理念体系：七个阶段			
1. 成立小组	2. 素材收集	3. 汇总提炼	4. 讨论精进
5. 理念定稿	6. 编写手册	7. 文化发布	
（三）培训宣导：七个动作			
1. 培训课	2. 座谈会	3. 文化墙	4. 宣传栏
5. 写标语	6. 唱歌曲	7. 演讲比赛	
（四）实施落地：七个举措			
1. 价值观考核	2. 举行文化仪式	3. 评选先进标杆	4. 授予荣誉称号
5. 开展团队建设	6. 融入制度流程	7. 影响合作伙伴	
（五）优化升级：企业文化建设自我诊断表			
第三章　流程制度梳理			
一、问题现象			
（一）流程管理方面的问题			
1. 没有制定流程	2. 有流程但不系统	3. 有流程但很少执行	4. 有流程但很少更新
5. 流程体系同企业战略脱节			
（二）制度管理方面的问题			
1. 制度缺失或不完整	2. 制度执行不到位	3. 制度繁多更新滞后	4. 制度与实际操作脱节
5. 制度培训不到位			
二、原因分析			
1. 企业规模不大、资源有限	2. 业务发展太快、变化较大	3. 管理经验缺乏、能力不足	4. 团队不稳定、更换频繁
5. 管理意识不强、重视不够			

三、方案措施："三个一"方案

（一）一条价值链分析主线

1. 企业价值链的基本概念	2. 企业价值链的应用（梳理企业价值链，分享关键增值活动）

（二）一张流程制度清单

1. 业务流程的梳理和分析	2. 管理制度的梳理和分析

（三）一个员工手册的模板

第四章　组织架构设计

一、问题现象

1. 法人治理结构不明确	2. 组织架构与实际不相符	3. 部门职责界定不规范	4. 部门管理权限没有界定
5. 部门设置频繁因人而变	6. 部门设置与战略和流程脱节	7. 管理层级较为混乱	8. 部门岗位缺少编制计划
9. 岗位名称没有统一	10. 组织架构没有及时更新		

二、原因分析

1. 高层领导不重视	2. 人力资源不支持	3. 中层干部不配合	

三、方案措施：两条主线　四个阶段

（一）两条主线

1. 纵向部门之间的管控机制	2. 横向部门之间的协调机制

（二）四个阶段

阶段一：设计组织架构图

1. 信息资料收集	2. 问题现状分析	3. 部门定位职能	4. 确定汇报关系
5. 画出架构图形			

阶段二：编写部门组织描述

阶段三：拟定岗位编制计划

阶段四：试行逐步完善优化

续表

第五章 岗位体系设计			
一、问题现象			
1. 岗位说明书没有实用价值	2. 岗位任职资格标准不规范	3. 缺少晋升通道和晋升标准	4. 缺少岗位序列和岗位等级
5. 没有进行岗位价值评估			
二、原因分析			
（一）缺乏专业知识和技能			
1. 行政人事部越俎代庖		2. 岗位说明书不规范	
（二）管理者的重视不够			
1. 缺少员工参与的环节	2. 不愿投入太多资源	3. 忽视人才管理方面的应用	4. 忽视动态管理机制
三、方案措施：两项基础工程			
（一）岗位工作分析工程："三步成书法"			
1. 成立专项小组	2. 收集岗位信息	3. 编写岗位说明书	
（二）岗位价值评估工程："七步有果法"			
1. 成立评估小组	2. 确定岗位编制	3. 选择付薪要素	4. 确定评估方案
5. 召开评估会议	6. 分段实施评估	7. 汇总评估结果	
第六章 人才选拔机制			
一、问题现象			
1. 选拔标准不明确	2. 重视能力而轻视潜力	3. 内部推荐和任人唯亲	4. 缺乏科学的评估和测试手段
5. 文化和价值观匹配度不足	6. 转正评估流程不健全	7. 不透明的人才选拔过程	8. 重视成本而轻视实效
9. 完美主义倾向			
二、原因分析			
1. 资源限制与认知不足	2. 管理体系和流程不成熟	3. 家族式管理与裙带关系	4. 缺乏专业人才和专业技能
5. 文化与价值观不匹配	6. 短视行为和成本控制		

三、方案措施："3+3"方案			
（一）建全三个标准			
1. 任职资格标准	2. 能力素质模型	3. 岗位人才画像	
（二）走好三个流程			
1. 实习与考察流程	2. 转正述职流程	3. 内部竞聘流程	
第七章 人才培养机制			
一、问题现象			
1. 培训管理不成体系	2. 培训团队水平较低	3. 培训方法较为单一	4. 培训效果差强人意
5. 培训认知观念传统			
二、原因分析			
（一）主观方面的原因			
1. 领导和管理者对人才培养不够重视	2. 人才培养观的错位	3. 缺乏明确人才规划和培训目标	4. 员工对培训和自我提升的意识不强
（二）客观方面的原因			
1. 资金和资源条件受限	2. 员工流失率较大	3. 缺乏专业的培训团队	
三、方案措施："53231"方案			
（一）五大岗位序列			
1. 管理序列	2. 技术序列	3. 生产序列	4. 销售序列
5. 职能序列			
（二）三个晋升通道			
1. 管理线	2. 技术性	3. 职能线	
（三）两种晋升标准			
1. 岗位晋升标准	2. 工资晋级标准		
（四）三级培训体系			
1. 新员工入职培训体系			
（1）明确培训目标和内容	（2）设定培训阶段和形式	（3）制订培训计划和流程	（4）强化培训效果评估和反馈

（5）营造积极的学习氛围和文化	（6）确保培训资源的有效利用		

2. 员工岗位技能培训体系

（1）分析技能的差距	（2）确定培训的内容	（3）明确培训的方式	（4）制订培训的计划
（5）强化培训的实操性	（6）实施效果评估和持续改进	（7）建立激励机制和培养企业文化	

3. 员工的职业发展培训体系

（1）明确职业发展规划路径	（2）制订阶段性的培训计划	（3）实施定期评估和反馈机制	（4）建立激励和晋升机制
5）营造积极的学习氛围和文化	（6）加强内部导师制度和人才库建设		

（五）一套职业规划：指员工职业发展规划管理办法

第八章 人才激励机制

一、问题现象
（一）薪酬管理方面的问题

1. 薪酬制度不完善	2. 薪酬水平不合理	3. 薪酬结构不规范	4. 薪酬增长少机制
5. 薪酬管理不透明	6. 工资发放常延迟		

（二）员工福利方面的问题

1. 福利项目单一，缺乏创新与个性	2. 福利水平偏低，缺乏市场竞争力	3. 福利管理缺乏长期规划，投入不足	4. 缺乏与员工的沟通和反馈机制
5. 忽视员工心理健康和职业发展			

（三）绩效管理方面的问题

1. 绩效方案不完整	2. 指标设置不科学	3. 考核流程不规范	4. 考核周期不合理
5. 考核应用较单一	6. 考核成效不明显		

（四）其他长期激励方面的问题

1. 缺乏清晰的长期激励政策	2. 长期激励条件苛刻	3. 长期激励设计不合理	4. 长期激励缺少信任
5. 长期激励效果不佳			

二、原因分析			
1. 管理层认知和重视不足	2. 资源限制与成本控制	3. 沟通与信息透明度不足	4. 制度设计与执行不当
5. 专业人力资源能力缺乏			
三、方案措施："三短两长"激励方案			
（一）薪酬管理体系设计			
1. 薪酬管理体系的操作流程		2. 薪酬管理制度参考模板	
（二）福利管理制度设计：福利管理制度模板			
（三）绩效管理体系设计			
1. 关于岗位考核指标的设计	2. 关于考核实施的说明	3. 关于绩效管理制度的模板	
（四）超额利润激励方案设计			
（五）虚拟股权激励方案设计			
第九章　人才梯队建设			
一、问题现象			
1. 缺乏具体规划	2. 人才储备不足	3. 成长空间受限	4. 缺乏科学评估
5. 中层动力不足	6. 成长速度太慢	7. 人才流失率高	
二、原因分析			
1. 战略规划与意识不足	2. 资源限制与成本考虑	3. 管理制度与文化缺失	4. 培训与发展体系不健全
5. 市场竞争与人才争夺			
三、方案措施："411工程"解决方案			
（一）四会：选拔会、述职会、校准会、恳谈会			
1. 选拔会			
（1）关键岗位的挑选	（2）关键岗位人才评估	（3）关键岗位人才测评	

2. 述职会
3. 校准会
4. 恳谈会
（二）人才地图
（三）人才库

附录 B　企业管理规范化程度测评表

测评维度	测评内容	测评内容描述及评分标准		得分
一、 战略管理 （20分）	1. 战略规划 （10分）	① 没有战略规划，只有经营的目标，老板平时很少讲未来的发展规划	2分	
		② 有战略规划，但没有形成书面文件，老板会经常做口头的宣导，只有高管人员略知一二	4分	
		③ 有书面的战略规划和目标，老板和高管人员清楚，但各级干部和员工不清楚	6分	
		④ 有具体的战略规划和目标，高层领导和中层干部都很清楚，仅有部分员工不清楚	8分	
		⑤ 总体战略规划系统而全面，各层级员工都很清楚	10分	
	2. 目标分解 （10分）	① 没有明确的战略方向和具体目标，各部门凭自己的理解制订部门年度工作计划	2分	
		② 虽无书面战略规划和目标，但有明确的年度目标，各部门据此进行分解和推进	4分	
		③ 重点工作事项和目标都有部门来承接，各部门员工也基本都清楚	6分	
		④ 有系统的中短期战略目标，基本上能够分解到各部门进行贯彻落实，但很少做定期的复盘	8分	
		⑤ 管理层已将企业战略方向和目标分解为部门的工作重点计划和措施，并定期进行复盘总结，整体运行顺畅	10分	
二、 文化建设 （20分）	3. 文化理念 （10分）	① 没有文化理念体系，文化建设活动无特色	2分	
		② 文化理念体系不完整，仅张贴展示，绝大部分员工不知晓	4分	
		③ 文化理念体系不完整，文化建设有活动，员工大概知晓	6分	
		④ 文化理念体系完整，部分落地执行，一部分员工不理解	8分	
		⑤ 文化理念体系完整，落地执行到位，员工知晓、认同	10分	
	4. 团队氛围 （10分）	①氛围相对压抑，部门扯皮较多，员工倾向自保	2分	
		②氛围不融洽，经常发生扯皮情况，需要老板出面解决才行	4分	
		③氛围还算融洽，部门偶有扯皮问题，有人负责协调解决	6分	
		④氛围融洽，部门之间出现问题基本能自行协调解决。	8分	
		⑤氛围和谐融洽，部门通力合作，团队积极配合	10分	

续表

测评维度	测评内容	测评内容描述及评分标准		得分
三、 流程制度 （20分）	5. 完善情况 （10分）	① 内部管理较为粗放，基本上没有什么流程和管理制度	2分	
		② 内部管理较为松散，有最基本的业务流程，管理制度缺失	4分	
		③ 管理水平一般，有基本的业务流程和管理制度，但不系统	6分	
		④ 管理相对规范，有系统的业务流程和管理制度，少部分需要更新	8分	
		⑤ 管理较为规范，业务流程和管理制度都非常健全，且都处于有效控制状态	10分	
	6. 执行情况 （10分）	① 没有流程和制度，均靠经验进行管理。即便是有，也常出现业务流程和实际执行脱节，管理制度形同虚设	2分	
		② 有业务流程和管理制度，但过半的员工认为效果差，改善空间大	4分	
		③ 具备基本的业务流程和管理制度，且大部分被贯彻执行，但效果一般	6分	
		④ 业务流程和管理制度相对健全，80%以上被执行到位，效果尚可	8分	
		⑤ 业务流程和管理制度健全，全部都能够被贯彻执行，并且效果很好	10分	
四、 组织架构 （10分）	7. 部门职责 （5分）	① 只有简单的组织架构图，没有书面的部门职责分工，组织架构没有正式发布	1分	
		② 有组织架构图和部门职责分工，正式发布过，但过半员工不熟悉	3分	
		③ 有明确的组织架构图和规范的部门职责分工文件，并会按规范的程序做调整，大部分员工都知悉	5分	
	8. 岗位编制 （5分）	① 没有岗位编制计划，岗位名称也没有统一规范，人员需求随意性较大	1分	
		② 有明确的岗位编制计划，行政人事部是清楚的，但其他部门不是很清楚	3分	
		③ 有明确的岗位编制计划，各部门都较为清楚，人员的招聘补充也都会按编制执行	5分	

测评维度	测评内容	测评内容描述及评分标准		得分
五、 岗位体系 （10分）	9. 岗位职责 （5分）	① 没有岗位说明书，也没有书面的岗位职责让员工知晓	1分	
		② 有岗位说明书，但不太完整，起到的管理作用不大	3分	
		③ 有规范的岗位说明书，能够及时更新，且经员工签字确认	5分	
	10. 岗位评估 （5分）	① 没有进行过岗位评估，对各岗位的重要程度没有衡量的标准	1分	
		② 做过简单的岗位评估，对各岗位的重要程度基本能达成共识	3分	
		③ 进行过专业和系统的岗位评估，评估结果已经体现在薪酬和奖金的分配机制中	5分	
六、 人才选拔 （10分）	11. 人才标准 （5分）	① 没有岗位任职资格标准，招聘选拔、晋升考核等均靠经验判断	1分	
		② 有简单的岗位任职资格标准，只在招聘时做参考，其他方面用处不大	3分	
		③ 有规范的岗位任职资格标准和能力素质模型，对关键岗位有人才画像，并在人力资源管理中得到有效应用	5分	
	12. 选拔流程 （5分）	① 缺少内部招聘、员工实习和转正评估的流程和要求，均靠经验进行管理	1分	
		② 有内部招聘、员工实习和转正评估的流程和要求，但很少遵照执行	3分	
		③ 对人才选拔的流程是完善和有效的，均能够贯彻执行，效果良好	5分	
	13. 晋升标准 （5分）	① 没有明确的晋升通道和晋升标准，员工的晋升、转岗等基本上靠领导来决定	1分	
		② 有明确的晋升通道和晋升标准，但是很少按标准执行，还是习惯性地靠领导来决定	3分	
		③ 有明确的晋升通道和晋升标准，所有员工的晋升、转岗等都会按标准流程执行，各级领导会按标准进行审核把关	5分	

测评维度	测评内容	测评内容描述及评分标准		得分
七、 人才培养 （20分）	14. 培训体系 （10分）	① 只有简单的入职培训，缺少最基本的人才培养机制	2分	
		② 有相关培训机制，部分员工感受不到，效果不佳	4分	
		③ 有相关培训机制，员工能够感受到，效果尚可	6分	
		④ 有明确的三级培训（入职、岗位、职业发展）管理体系，并有专人负责	8分	
		⑤ 有一套独特有效的人才培养选拔体系(讲师+课程+评估等)	10分	
	15. 职业规划 （5分）	① 没有关于员工职业发展规划的规定，也没有开展此类工作	1分	
		② 有相对规范的员工职业发展规划制度，但还没有正式实施	3分	
		③ 有规范的员工职业发展规划制度，并建立了关键岗位的员工职业发展档案，效果有待验证	5分	
八、 人才激励 （25分）	16. 薪酬体系 （10分）	① 缺乏基本的薪酬制度，年度调薪是被动的，需要员工提申请	2分	
		② 有粗糙的薪酬标准框架，没有年度调薪机制，员工感受不到激励	4分	
		③ 有基本的薪酬管理制度，能够根据实际情况灵活执行	6分	
		④ 有合理的增长机制，有薪酬管理体系，实际运行尚可	8分	
		⑤ 调薪机制明确，同绩效考核结果密切相关并保持合理增长	10分	
	17. 绩效管理 （10分）	① 缺少有效的绩效考核体系，也无晋升通道，先进评选机制仅限于年底	2分	
		② 有绩效考核，仅同工资发放挂钩，奖的少、扣的多，员工认同度低	4分	
		③ 绩效同收入关联，仅限于绩效考核，缺乏绩效管理意识	6分	
		④ 绩效同收入关联，绩效管理体系运行尚可，有一定的促进作用	8分	
		⑤ 绩效同收入挂钩合理，绩效管理体系运行良好，重用有能力的人并激发其潜力	10分	
	18. 长期激励 （5分）	① 除工资外，没有超额目标奖金、分红等中长期激励政策	1分	
		② 有年度奖金或利润分红政策，没有长期的股权激励政策	3分	
		③ 有针对核心关键岗位的中长期激励政策	5分	

测评维度	测评内容	测评内容描述及评分标准		得分
九、 人才梯队 （15分）	19. 人才密度 （5分）	① 部分关键岗位人才经常性空缺，员工流失率超过行业平均水平	1分	
		② 关键岗位人才存在部分空缺，专业技能人才及基层员工充足	3分	
		③ 目前不缺人才，关键岗位的人才都能合格胜任	5分	
	20. 人才储备 （10分）	① 没有做人才储备计划，招聘和培养方面呈现短期导向，且没有人才库	2分	
		② 有初步的人才储备规划制度，处于开始启动阶段，需要继续完善	4分	
		③ 每年都会定期做人才盘点工作，能把内部培养和外部招聘相结合，但关键岗位的后备人选仍然不足	6分	
		④ 有规范的人才盘点机制，内部培养效果明显，关键岗位的后备人选充足	8分	
		⑤ 人才储备管理具有前瞻性，招聘和培养体系较为成熟，关键岗位人选做了三级储备	10分	
得分合计		满分共计150分		
规范化等级		优：120~150分（　　　）　　　良：90~120分（　　　） 可：60~90分（　　　）　　　差：60分以下（　　　）		

以下为测评表设计及使用说明。

（1）权重分配：针对当前的中小民营企业，将相对重要且影响长远的项目权重设为10分；将相对次要且操作难度不大，或者是当前大多数企业还没有导入的项目权重设为5分。

（2）测评打分：将管理现状与测评标准进行对照，对每项内容按从低到高的顺序打分，分值为1~10之间的整数，不使用小数。

（3）结果应用：采取管理小组多人打分时，取小组的平均分作为测评结果。优先从评分差异较大或得分最低的项目入手，制订、管理并改善活动计划。

后记

回首二十余年民营企业人力资源管理与管理咨询的历程，我深切感受到中小民营企业在经营与管理中面临的独特挑战与机遇。这些企业在资源有限的条件下，为实现创始人的梦想与目标不懈奋斗，展现出顽强的生命力与创造力。

本书正是基于这样的背景与认知，深入探讨中小民营企业在经营和管理两大核心系统下的生存发展之道。经营系统聚焦产品、技术和营销的有效结合，形成"经营金三角"，以此满足外部客户需求并实现盈利；管理系统则强调岗位、事情和人才的协调统一，构建了"管理金三角"，以提升组织效能，实现阶段性目标。

在本书的撰写过程中，我始终坚持理论与实践相结合，通过深入浅出的方式，阐述那些在实践中得到验证的管理方法与工具，避免使用复杂的专业术语和理论堆砌，而是借助丰富的案例和实用的建议，为读者提供一套系统的管理解决方案。我相信，这些具体且实用的指导，将有助于企业家和管理团队在企业中借鉴实施，进而建立起独具特色的规范化管理体系。

同时，本书也暗含了一个非常重要的前提，即我们所面对的不是"卓越"的组织，而是"正常"的组织。这些企业虽不是行业翘楚，但也未陷入绝境，它们有优点也有不足，既蕴含潜力，也面临诸多挑战。因此，我们在探讨经营管理时，需要立足于这类"正常"组织的实际情况，探寻最合适的发展路径。

当前，中小民营企业在生产技术、管理手段等方面呈现数字化、智能化发展趋势，企业的经营管理方法也在快速升级和迭代。本书正是基于这样的时代背景，力求抓住问题的本质，提供与时俱进的管理思路和方法。

此外，在新时代背景下，中国的中小民营企业正从战略高度、经营广度及文化深度出发，以全新的视角、思维、理念和方法，全面系统地解决企业的人才管理问题。这是一个充满挑战与机遇的时代，也是一个需要不断创新与探索的时代。

在本书的编撰过程中，我得到了许多企业家、同事和朋友的支持与帮助。他们的实践经验不仅丰富了本书的内容，也为我提供了宝贵的启示和灵感。在此，我向他们致以衷心的感谢。

最后，虽然本书已经完结，但学习永无止境。我期待与各位读者在未来的日子里，通过彩旭咨询平台继续交流、分享与成长，共同为中小民营企业的发展贡献力量，构筑坚不可摧的经营管理三棱柱，携手开创更加辉煌的未来。

致谢

首先，衷心感谢厚成人力资源集团有限公司的周红东董事长及各位团队成员，在为温州中小民营企业提供咨询和猎头服务的七年里，不断研讨、开发和改进咨询服务产品。在这一过程中，大家深刻理解到中小民营企业的痛点、需求点和敏感点，并能够针对性地提出改进方案和措施。我个人也在其中得到了系统性的提升，使专业知识和能力得到了进一步升华。

感谢与我们合作的中小民营企业，无论是培训学习、访谈诊断、方案实施，还是项目的后期跟踪回访，你们都给予了我们充分的信任、支持与配合，并提出了很多宝贵的意见和建议。

特别感谢前期接受过咨询服务的部分客户，在本书的编写过程中，能够抽出宝贵的时间阅读我的书稿，并提出了非常中肯的意见和建议。他们分别是雅虎集团的池瑞伟总经理、巴腾动力的赵典秋董事长兼总经理、奇铭科技的任炯总经理、天富科技的邵成国董事长、品客瑞成的董学淀总经理、辰铠洁具的钱晨晖董事长、亚美力新能源的陈元锋总经理、天虹紧固件的谢天奉总经理、丰禾股份的张智勋董事长兼总经理、三美优家的缪亚儒总经理等。

也非常感谢"识干家"给予的信任，为我提供专业且细致的指导！

期望本书能够帮助更多中小民营企业老板及管理团队增强管理信心，提升管理水平，进而推动企业实现持续发展与成功。

如果各位读者对本书中提到的观点或管理咨询有任何疑问或建议，欢迎随时与我联系。电话：18916927496（微信同），邮箱：18916927496@163.com。

期待与您交流，共同进步。

读者反馈

【读者反馈】

1. 读者信息

姓名:_____   职业:_____   城市:_____   手机:_____

2. 最感兴趣的内容:_____

_____

3. 最有收获的内容:_____

_____

4. 其他意见和建议:_____

_____

【联系作者】

1. 添加作者微信（caixuzixun），一对一解答关于书中的任何疑问。

2. 免费获得书中涉及的表格、模板、附件等电子版资料包。

作者微信二维码

反侵权盗版声明

电子工业出版社依法对本作品享有专有出版权。任何未经权利人书面许可，复制、销售或通过信息网络传播本作品的行为；歪曲、篡改、剽窃本作品的行为，均违反《中华人民共和国著作权法》，其行为人应承担相应的民事责任和行政责任，构成犯罪的，将被依法追究刑事责任。

为了维护市场秩序，保护权利人的合法权益，我社将依法查处和打击侵权盗版的单位和个人。欢迎社会各界人士积极举报侵权盗版行为，本社将奖励举报有功人员，并保证举报人的信息不被泄露。

举报电话：（010）88254396；（010）88258888

传　　真：（010）88254397

E-mail：　dbqq@phei.com.cn

通信地址：北京市万寿路 173 信箱

　　　　　电子工业出版社总编办公室

邮　　编：100036